产业智能之路

拥抱数字化转型浪潮

■ 祁国晟 等 ┃ 著

人民邮电出版社

北 京

图书在版编目（CIP）数据

产业智能之路：拥抱数字化转型浪潮 / 祁国晟等著
. -- 北京：人民邮电出版社，2021.3
ISBN 978-7-115-55318-8

Ⅰ．①产… Ⅱ．①祁… Ⅲ．①产业结构升级－数字化
－研究－中国 Ⅳ．①F269.24

中国版本图书馆CIP数据核字（2020）第229897号

内 容 提 要

本书共 6 章，分别介绍了产业智能的发展历程，以数字营销、专业服务智能化、工业互联网等为代表的产业数字化探索过程，产业智能面临的技术和安全挑战，以及产业智能对未来生活的影响。本书将北京国双科技有限公司多年从事产业智能工作的经验进行总结和系统梳理，并以大量的实践案例为基础，从技术发展、行业变革、方法逻辑、机遇挑战等多方面全面阐释了产业走向数字化、智能化的路径，为企业和组织在更多的业务领域和产业领域转型升级提供借鉴和帮助，迎接智能化时代的到来。

◆ 著　　　祁国晟　等
　　责任编辑　周　璇
　　责任印制　陈　犇

◆ 人民邮电出版社出版发行　　北京市丰台区成寿寺路 11 号
　　邮编　100164　电子邮件　315@ptpress.com.cn
　　网址　https://www.ptpress.com.cn
　　北京富诚彩色印刷有限公司印刷

◆ 开本：787×1092　1/16
　　印张：14.75　　　　　　　　2021 年 3 月第 1 版
　　字数：255 千字　　　　　　2021 年 3 月北京第 1 次印刷

定价：89.00 元

读者服务热线：(010)81055493　印装质量热线：(010)81055316
反盗版热线：(010)81055315
广告经营许可证：京东市监广登字 20170147 号

序

自人类发现并利用火以来，技术革新一次又一次地把人类文明推向新的高度，并重塑组织形态和世界秩序。在人类进入信息社会的今天，新一代信息技术创新驱动的数字化转型正风起云涌，不断催生新产业、新业态、新模式，为国家持续推进供给侧结构性改革、建设现代化经济体系和实现高质量发展提供了创新引擎和不竭动能。特别是人工智能技术与云计算、大数据、物联网、区块链等协同发展和融合应用，推动产业智能步入了快车道，极大地提升了数字化转型的质量，加快了数字化转型的进程，为我国在新一轮科技和产业革命中实现变道超车、构筑新的全球化竞争优势提供了重大机遇。随着"智能＋"在 2019 年首次被写入政府工作报告，加速传统产业数字化转型、智能化升级已成为国家战略。

传统产业数字化转型的本质是基于信息化创新应用的资源优化配置及由此带来的业务、管理和商业模式变革。其中，集流程、技术、数据于一体的信息系统建设是基础，数字化技术赋能是手段，业务变革创新是内核。数字化转型的演进遵循信息化分散、集中、集成、共享、智能的发展规律，从技术资源的优化，逐渐转向企业资源优化和运行管理模式创新，转型的目标和方向日趋清晰。

数字化转型大致可分为数字化和智能化两个大的过程，虽相互关联、互有重叠，但层次不同。第一个层次是基于数据分析驱动的业务决策和自动化，对应着以机器学习、深度学习为代表的数据驱动型人工智能；第二个层次是建立在知识、经验基础上的智能化、智慧化，对应着以知识图谱、认知计算为代表的知识驱动型人工智能。这两个层次背后的实现逻辑与产业智能的发展路径一脉相承。

产业智能是利用"云、大、物、移、智、链"（云计算、大数据、物联网、移动互联网、人工智能、区块链）等新技术，将研发设计、生产加工、运行维护、物流销售、消费服务等全产业链条的数据，结合各传统行业知识、经验，构建智能化应用，支持并推动产业智能化升级，达到降本、增效、提质的目的。推动产业智能加速发展的主要因素是人工智能技术在大数据时代的重生及与实体经济的深度融合。在数据驱动下，基于机器学习、深度学习的感知智能仍存在巨大的提升和改进空间。要实现通用的人工智能、解决传统产业的复杂问题，还需要叠加知识驱动的认知智能，借助知识图谱、自然语言处理技术，将各行各业的知识、经验代码化，构建"语言图谱"和"知识图谱"，以数字方式映射真实世界中深入而全面的特定领域知识，赋予机器学习、判断和推理的能力，使机器像人一样思考。从这个层面看，产业智能应该是数据与知识共同驱动、感知智能与认知智能融合应用的混合式人工智能，基于数据、知识、算法、模型的高度融合，借助行业专家、数据科学家、软件开发人员的联合工作，通过平台、工具、流程的自动化，共同解决传统行业高价值难题，逐步实现解决方案的规模化，为更多行业智能化转型赋能。

本书的作者所在单位为北京国双科技有限公司（以下简称"国双"）。国双是国内领先的企业级大数据和人工智能解决方案提供商，创立于 2005 年，也是最早提出"产业智能"概念的公司。在过去 15 年的发展历程中，国双始终秉承"技术改变产业、促进社会发展"的理念，以赋能传统产业数字化转型为己任，致力于打造一流的专注数据、面向企业机构服务、具有自主知识产权和技术竞争力的国产化软件产品及解决方案。国双自主研发的基于数据和知识驱动的产业人工智能平台为营销、司法、工业、政务、媒体等多领域数字化转型赋能：在营销自动化领域，帮助用户制定数据驱动型营销决策，实现更高的投资回报率和绩效指标；在专业服务领域，帮助司法、审计、金融、法务等行业实现解决方案自动化，形成知识驱动型专业服务新业态；在工业互联领域，帮助企业打造"数字孪生"，基于传感器操作数据和行业专家知识的整合分析，实现生产过程、设备运行和能源消耗的精益管理。同时，国双在每个领域都会提供完整可靠的网络安全防护解决方案。

本书是国双多年从事产业智能工作的经验总结和系统梳理，从技术发展、行业变革、方法逻辑、机遇挑战等方面全面阐释了产业智能之路、数字化转型之道，中间穿插大量实际案例，期望成为对关注、参与这场伟大数字化变革的广大同行者具有参考价值的读物。产业智能的前景广阔，让我们一起拥抱数字化转型浪潮！

北京国双科技有限公司创始人、董事长兼 CEO　祁国晟

前言

你好，数字化时代

回顾过往，我们知道无论是自然灾害还是人为灾难，都会给人类的生产与生活带来巨大影响，但同时也会促进人类更加深刻地了解和把握自然与科技发展的规律，进而推动人类文明进步。正如第二次世界大战以后，电子数字计算机的诞生直接推动了人类在信息技术领域的长足发展。2020 年一场史无前例的疫情在全球爆发，这场战"疫"既是人类与病毒的战"疫"，也是大数据、人工智能、生物技术等科学技术的战"疫"，而这终将加速数字化时代前进的脚步。

某种意义上来讲，这场战"疫"也是为人们提前适应数字化时代进行的一场演练。这次新冠肺炎疫情直接导致了全球供应链的紧张混乱、国际贸易减少以及企业信心下降。在交通阻断、人们闭门不出的特殊时期，人们不得不依赖以"线上办公"和"工业互联"为代表的新一代生活与生产方式。尽管从数年前开始，各行各业就在不断宣传数字化转型升级建设，但通过这场真实的演练，我们知道现在离真正的产业数字化还有不小的距离。我们看到有的企业在开展市场推广时，因无法通过线上精准定位和触达目标客户导致销售困难；有的工厂因智能化水平较低，工人无法返工而停摆；还有的企业尽管自身智能化水平较高，但因上下游产业链中断最终只能望洋兴叹……归根结底，还是企业数字化程度不足。

在新一轮科技革命引领产业变革的关键时期，只有实现产业链上下游每一个环节的数字化，才能实现真正的产业升级。当前，以大数据、人工智能等为代表的新兴技术，解决的问题大部分还停留在语音识别、图像识别等单场景应用层面，亟待在生产、研发、运维、管理、销售、服务等深层次问题上有所突破。这次疫情无疑加深了人们对于这一问题的认知，也在促使各行各业做出改变。正如中国工业互联网研究院院长徐晓兰在发表署名文章时称，"在疫情阻击战的后半程，以'线上'和'工业互联'为特征的'场景式'变革，正在通过全要素、全产业链、全价值链的全面连接，加速我国数字化转型进程。"

显然，以"产业"为单位的智能革命正在引领数字化浪潮的下半场。我们将这次的变革主体称为"产业智能"。产业智能的本质，就是区分不同行业具体应用场景，利用物联网、大数据、人工智能、数字孪生等新兴技术，将研发设计、生产加工、运行维护、物流销售、消费服务等全产业链条、产业链全域的数据，结合代码化的各行业的经典知识和实践经验，通过构建数据模型和机理模型，搭建各式各样的智能化应用，支持并推动相应产业场景实现智能化升级，达到产业发展降本、增效、提质的目的。

在产业链数字化、智能化全面升级成为当前及未来发展的必然趋势之时，我们出版这本书，希望能让更多人了解产业智能的本质，以及营销、司法、能源、制造、金融等领域的数字化探索经验，并共同探讨智能时代的安全难题与未来发展方向。全书共分为6章，第1章介绍了信息技术革命以来产业智能的发展历程。伴随着数字化革命走向纵深，互联网迎来了下半场——产业互联网，这将驱使人类社会走向数据驱动与知识驱动相结合的智能新时代。按照行业数字化探索进程的先后，本书第 2 ~ 4 章分别介绍了最早尝试数字化的营销行业，以公检法、税务、审计为代表的专业服务领域，还有以工业互联网为代表的产业数字化探索过程。随着各行各业数字化探索的脚步加快，今天，我们正迎来产业智能全面发展时代，机遇与挑战并存。为了辩证地看待产业智能带来的影响，本书最后两章集中探讨了智能时代的安全问题以及对产业智能时代生产、生活场景的畅想。

本书的核心内容均源于国双成立 15 年来服务于各大行业数字化转型的经验。作为国内起步最早的企业级大数据、人工智能软件提供商之一，国双不仅亲历了人工智能在大数据时代的崛起和发展过程，也见证了各行各业数字化转型的阵痛与磨砺。我们深知，产业的数字化转型和智能化发展是一个长期的、系统性工程，很难从一个层面给出解决方案，因此我们在书中增加了大量案例以及历史背景，并首度以介绍真实行业数字化探索过程的方式帮助大家认识产业智能的来龙去脉。同时，我们也了解，当前很多企业感受到数字化转型、产业智能的重要性，但囿于技术、方法和工具，不知如何着手，因此我们也希望通过这本书将国双的经验做法传递给更多的企业。我们相信，随着产业智能的发展和推广应用，未来在更多的企业业务领域和产业领域，产业智能将发挥更加重要的作用，为企业数字化转型和全产业链升级带来更加深远的影响。

本书是国双众多智库专家多年的心血结晶，能够出版得益于国双"技术改变产业、促进社会发展"的责任驱动，感谢人民邮电出版社有限公司的鼎力支持。囿于行业背景及个人水平，本书可能存在疏漏之处，希望广大读者不吝指正。

国双智库团队

2020 年 3 月 10 日于湖北

目录

C O N T E N T S

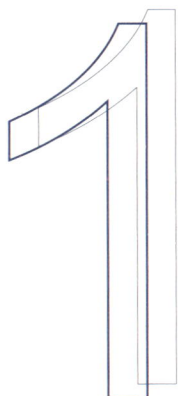

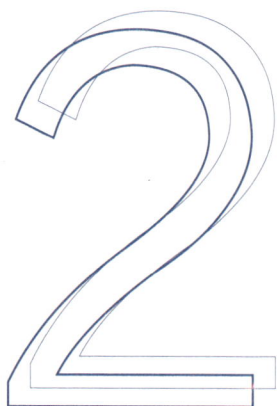

5

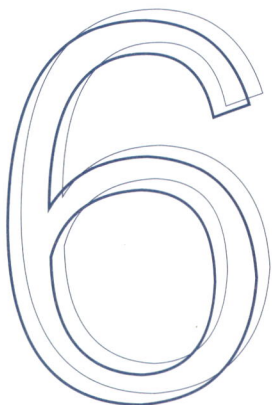

6

1

第 1 章

打开产业智能时代之门

20 世纪的信息技术革命，推动人类进入了互联网时代，人们的衣食住行、生产生活等方方面面都发生了翻天覆地的变化。借助互联网，人们可以实现随时随地连接，这极大地方便了人们的生活、工作以及社会生产。从门户网站到电子商务再到社交网络；从 Web 网站到 App 再到小程序，互联网在不停地创造并满足人们的消费需求，创新商业模式，同时也在以前所未有的速度产生新的数据。

互联网的出现和发展，引发了数据、信息大爆炸，信息流与人流、物流、资金流一起，成为改变人类社会生活、生产和交互方式的主要推动力，人类社会由此迎来一波又一波的数字化浪潮。在大数据、云计算等新兴信息技术的助力下，人工智能技术焕发新生，逐渐被应用于生产生活的各种场景之中，开启了各领域数字化、智能化升级。伴随着数字化、智能化革命走向纵深，互联网逐步从消费互联网进入下半场——产业互联网，从而驱使人类社会走向数据驱动与知识驱动相结合的产业智能新时代。

1.1 信息技术革命下的互联网上半场

1.1.1 信息技术革命与互联网崛起

五次信息技术革命

提到信息技术革命，很多人会觉得这是从 20 世纪电报、电话等通信技术发明开始的，也会有人认为信息技术革命是从互联网出现而兴起的。诚然，这些发明创造推动了信息技术大跨步地发展，让我们今天可以随时随地与他人自由地联系、与万物互联，但是广义上的信息技术革命从远古时期语言的出现就已经开启，至今已历经了 5 次。

从定义来看，"信息技术革命"是指人类社会中信息的存在形式、传递方式以及人类处理和利用信息的形式所发生的革命性变化[1]。人类诞生至今，对于信息的传递、处理等方式也经历了多次变革，从最早语言的出现，到今天互联网的普及，每一次变革都使人类文明向前跨越一大步，极大地改变其所处时期的生产关系以及社会经济结构。

根据进化论，人类在 200 多万年前从猿进化为早期人类——"能人"，此时的能人相较于猿以及其他动物，根本性的区别是能人能够制造工具用于生活、打猎等日常活动，并由此开启了石器时代。但能人并没有基本的语言，他们彼此的交流更接近于动物行为。经过数十万年的演变，直立人出现，并最终取代能人。直立人懂得用火，并开始使用符号和基本的语言进行交流，自此原始语言开始出现，人类信息的处理方式发生了第一次质的改变。语言的出现也使原始人类得以通过这一更加有效的沟通方式维系族群和部落成员之间的关系，并能够使小型群体向大型的社会化组织演进，提高自身生存能力，在繁衍生息的生物进化历程中占据优势。

在约 5000 年以前，人类处理信息的方式开始发生第二次革命性改变，这个变化的标志就是文字的出现。最初的文字是通过模仿的方式用简略的"画"对事物进行符号化的表达。中国古代的象形文字、古埃及的象形文字以及美索不达米亚的楔形文字均采用这种方式。在传播和演进过程中，西方文字逐渐符号化，从象形文字转变为更为简单、易书写的字母式符号。我国的文字则一直沿着象形文字的道路演进，从甲骨文、金文、小篆、隶书一直到简体中文，整个演进过程也基本是遵循简单、易书写的标准，但一直保留着"象形、指事、形声、会意、转注、假借"这 6 种文字组成方式，从而使中华文明历经数千年的洗礼，还能够保留和传承至今。文字的创造，将人类带入了有确切记载的新纪元，推动了人类社会文明和科学技术的大发展，这是其他任何媒介都无法做到的。

---

❶ 金炳华，等，编.哲学大辞典（修订本）.上海：上海辞书出版社，2001.

前两次信息技术革命是整个人类社会发展的结晶，而第三次革命则基本上由我国古代的科技进步而推动。首先是纸的发明，早在西汉时期（公元前 206 年至公元 8 年），我国就已经出现了麻质纤维纸，但是这种纸质地粗糙，且成本较高，不利于推广普及。东汉时期，宦官蔡伦和他的技工对麻纸进行了改造，并于元兴元年（公元 105 年）研制出新的纸张，被后人称为蔡侯纸。蔡伦的改造形成了新的造纸方法，促进了造纸技术的飞跃，最终流传至世界各地。又过了大约 1000 年，北宋毕昇发明了活字印刷术，大大提升了印刷的速度和质量，成为古代印刷术的重大突破，在信息大规模生产、复制、交流、传播等方便性上发挥了革命性的作用，极大地推动了人类文明的发展和进步。

时间再往近代推进 800 年，世界在电报、电话的发明中开启了第四次信息技术革命。1837 年，美国人萨缪尔·摩尔斯（Samuel Morse）、英国人查尔斯·惠斯通（Charles Wheatstone）和威廉·库克（William Cooke）几乎同时发明了电报，人类第一次实现即时远距离通信。1876 年，美国人亚历山大·贝尔（Alexander Bell）获得了世界上第一台可用的电话机的专利权，并创建了贝尔电话公司，电话开始正式进入千家万户，让处于不同地区的人们可以随时无延迟地利用电话进行沟通交流。50 年后，同样在美国，美籍俄罗斯人维拉蒂米尔·斯福罗金（Vladimir Zworykin）制造出比较成熟的光电摄像管和显像管，形成了全电子电视系统，进而推动了广播电视技术在全球的发展和应用。以上几位发明家通过电报、电话、电视的发明使人类的通信手段得到了巨大的提升，信息传递的速度发生了革命性的变化，将人类推向了第四次信息技术革命的浪潮。

第四次信息技术革命提升了人类对电子技术的研究速度和研究能力，同时也极大地缩短了信息技术革命的间隔周期。在电视系统发明的 20 年后，标志着第五次信息技术革命的电子数字计算机在美国宣告诞生，人类正式进入了计算机时代。这台计算机的全称是 Electronic Numerical Integrator And Computer，即电子数字积分计算机，于 1946 年 2 月 14 日在美国宣告诞生。该计算机本是美国为了加快新型大炮和导弹的研发，用于第二次世界大战而研制的，最终却推动了人类在信息技术领域的长足发展。第一台计算机问世之后，人们研制出了越来越多的高性能计算机，并在 20 世纪 70 年代推出个人微型电脑，逐渐让计算机进入千家万户，成为人们处理工作和日常生活不可或缺的工具。

互联网的诞生和发展

五次信息技术革命既有人类自身的进化，又有对于工具的创造，无论哪种形式的升级，都对当时社会的发展和生产关系起到了革命性的推动作用。特别是第二次世界大战后，第五次信息技术革命中半导体、集成电路、计算机的出现，将信息技术的应用推向了新的高度，也为互联网的普及和爆发奠定了物理基础。

互联网（Internet）是计算机交互网络的简称，其前身是美国国防部高级研究计划署（Defence Advanced Research Projects Agency）开发的ARPAnet。1969年11月，位于加州大学洛杉矶分校、圣芭芭拉分校、斯坦福大学、犹他州大学的四台大型计算机作为节点进行了联网，开始通过简单的ARPAnet网络进行资源共享，从而奠定了互联网未来发展的基础。

随着接入ARPAnet的计算机数量逐渐增多，1975年ARPAnet正式结束了网络试验，研究人员也开始了用于异构网络的TCP/IP（传输控制协议/因特网互联协议）的设计工作，并在1983年将ARPAnet所有主机全部转向TCP/IP。与此同时，美国国防部将ARPAnet拆分为两个独立网络，一部分保留ARPAnet的名称，继续用于研究用途，另一部分被称为MILNET，用于军事。此阶段的网络多为连接少数主机的局域网，并没有形成统一的广域互联网。1986年，美国国家科学基金会（National Science Foundation，NSF）利用ARPAnet发展出来的IP通信，建立了按区域划分的NSFnet广域网，并将区域网络和超级计算机中心互相连接在一起，同时吸引其他大学、研究机构将自身的局域网接入NSFnet，从而快速壮大NSFnet网络的规模，并最终在1990年替代ARPAnet，成为Internet的主干网。在NSFnet发展的同时，其他国家和地区，以及大量科研院所也在积极地建立自己的广域网，并不断地与NSFnet进行连接。1991年，接入Internet的商业用户数量第一次超过了科研用户数量，Internet迎来了发展历程上的一次重要里程碑，并自此进入高速发展期。在中国，中国科学技术网（CSTnet）于1994年首次实现和Internet的直连，标志着我国正式接入Internet。

随着全球经济的发展，世界各地的通信基础设施越来越完善，Internet逐渐从科研机构、政府部门走向普通家庭，让全球千千万万的用户实现了上网冲浪。We Are Social 和 Hootsuite 发布的报告显示，截至 2019 年 4 月初，全球互联网用户已达到 44.37 亿人，占全球总人口的 57.64%，并且依然保持较高的增长速度。相信在不远的将来，互联网将真正实现全人类的无缝覆盖，进一步改变和促进社会和经济的发展。

1.1.2 互联网引发数据爆炸

2019 年 10 月 29 日是世界互联网诞生 50 周年纪念日。半个世纪前的人们，不会想到世界会如今天这般紧密相连。追踪互联网的诞生因素，首要的驱动力就是人类传播与交流的内在需求。

1969 年 10 月 29 日，一条携带有"L"和"O"两个字母的数据传输信息在两台计算机之间发送成功，这是世界上第一次互联网络的通信实验。传送信息的完整版原本为"login"（登录），但是第二个字母发送后系统就崩溃了。不过，尽管只传送了两个字母，这一重大事件仍然成了人类文明进程中一个重要的里程碑。它的发送为互联网世界推开了一扇崭新的大门，之后才陆续出现了邮件、私信、网页、社交媒体等所有基于网络传输的交易与交流，我们也因此迎来了前所未有的大数据时代。

在互联网发展的前 30 年中，数据爆发的趋势其实并不十分明显，这一时期的互联网主要是由技术驱动发展，应用范围也大多局限在学术圈。从 20 世纪 90 年代开始，商业化的变革才真正将互联网推入了飞速发展阶段，数据大爆炸的趋势也在此埋下了伏笔。1990 年，第一个商业性质的互联网拨号服务供应商诞生；1991 年，世界上第一个网页被创建，正如第一封邮件解释什么是电子邮件一样，第一个网页同样解释什么是"万维网"，它的发明为人类带来了一种新的信息共享方式，深深改变了人类的生活面貌，发明人蒂姆·伯纳斯·李（Tim Berners-Lee）也因此被称为"互联网之父"；1993 年，互联网历史上第一个获普遍使用并能显示图片的网页浏览器 Mosaic 发布，它的出现在当时引起了极大反响，受到了极大欢迎，算是点燃了后期互联网热潮的火种之一；1994 年，Mosaic 浏览器开发的核心人物马克·安德森（Marc Andreessen）和吉姆·克拉克（Jim Clark）创立了"Mosaic Communications Corp"公司，中译名为"网景"。同年，网景开发的浏览器

Mosaic Netscape 0.9 发布之后迅速成为当时最热门的浏览器。1995 年 8 月 9 日，网景首次公开募股即获巨大成功，第一天收市，股价升至每股 75 美元，收盘价为每股 56 美元。这是美国资本市场上第一家互联网公司，《华尔街日报》评论说，通用电气花了 43 年才使市值达到 27 亿美元，而网景只花了 1 分钟。

以网景上市为起点，互联网商业化热潮正式拉开了大幕。此后 5 年间，亚马逊、雅虎、eBay、谷歌、腾讯、阿里巴巴、百度……这些世界主要互联网巨头先后诞生，使人类流传几千年的生活方式发生了天翻地覆的变化——人们足不出户就能获得自己想要的信息以及购买的商品。在此情况下，使用互联网的人越来越多，使用时间也越来越长。仅中国网民就从 1997 年 10 月的 62 万人激增至 2018 年 12 月的 8.29 亿人，❶ 居世界第一位。在庞大的市场消费需求驱动下，互联网迎来了黄金发展时期，也就是消费互联网时代。与之相应的，由网民激增带来的越来越庞大的数据，也引起了越来越多的关注。

在更早以前，人们对于数据的认识大都停留在数字层面，但互联网的诞生和流行让人们意识到数据不仅是数字或文字，它还包括字母、符号、图片、视频、音频等一切用于表示客观事物的未加工的原始素材。只要用户登录互联网就会产生数据，既包括网页地址、点击时间等浏览数据，也包括所有搜索、交易、运营等数据。用户在网上一个简单的购买行为就会产生诸如购买商品或服务的名称、支付金额、个人信息、商品服务明细、购买时间等多个数据，并且随着移动互联网的诞生，个人使用互联网越来越方便，产生的数据也越来越多，开始呈现爆炸的趋势。《大数据》《数据之巅》及《数文明》三部曲的作者——中国信息管理专家涂子沛说道："个人数据的爆炸，是大数据作为现象级事实出现最早也最为重要的原因。"❷

在互联网迅速发展的黄金时代，各行各业每天都在产生大量的数据，数据爆发式增长的速度已经超过了人们的想象。为了弄清人们周围到底有多少数据，不同机构和个人都做出了尝试。南加利福尼亚大学马丁·希尔伯特（Martin Hilbert）教授研究估算，2007 年，人类存储了超过 300EB 的数据，其中只有 7% 是存储在报纸、书籍、图片

---

❶ 《中国互联网络发展状况统计报告》，中国互联网络信息中心，2019 年 2 月 28 日发布。
❷ 《大数据文摘》2019 年 7 月署名文章《涂子沛：数据爆炸的时代，数据经济有哪些新"蓝海"？》。

等媒介上的模拟数据。有意思的是，在 2000 年，数字存储的信息还只占全球数据量的 1/4。❶ 仅仅不到 7 年的时间，互联网上承载的数字数据就已充斥在人们的生产与生活之中，这种有别于以往几千年来人们对于"数据"认识的变革，渐渐引出一个新的概念"大数据"。

尽管大众对"大数据"概念的认识也就在近 10 年，但其实早在 1980 年，著名未来学家阿尔文·托夫勒（Alvin Toffler）就在其所著的《第三次浪潮》中将"大数据"称为"第三次浪潮的华彩乐章"，这也被认为是大数据概念第一次出现在公众的视野中。不过，与互联网前 30 年的发展类似，直到 2011 年之前，"大数据"的认识与流行也只存在于少部分学术圈中。2011 年 6 月，全球知名咨询公司麦肯锡发布的一份研究报告真正将"大数据"带到了大众视野。麦肯锡在《海量数据，创新、竞争和提高生产率的下一个新领域》研究报告中不仅指出"数据，已经渗透当今每一个行业和业务职能领域，成为重要的生产因素"，同时还对"大数据"的影响、关键技术和应用领域等都进行了详尽的分析，也因此得到了金融界的高度重视，并使"大数据"逐渐受到了各行各业的关注。

2012 年开始，"大数据"频繁出现在人们的视野中。《纽约时报》2012 年 2 月的一篇专栏称，大数据时代已经降临，在商业、经济及其他领域中，决策将日益基于数据和分析而做出，并非基于经验和直觉。在这场由互联网引发的数据爆炸中，人们对于数据的价值终于有了一个全新的认识。

1.1.3 重新认识数据价值

数据在我们日常生活中无处不在，我们会经常用到数字，用纸笔记录信息，用计算机处理工作，这些过程都在时时产生数据。数据的含义很广，根据"汉典"网站对数据的定义，在汉语词语的环境下，数据就是数值，是我们通过观察、实验或计算得出的结果。数据有很多种，最简单的就是数字。数据也可以是文字、图像、声音等。而作为计算机术语，数据（data）则是事实或观察的结果，是对客观事物的逻辑归纳，是用于表示客观事物的未经

---

❶ ［英］维克托·迈尔－舍恩伯格，肯尼思·库克耶.大数据时代.浙江：浙江人民出版社.2013.

加工的原始素材。在计算机系统中，数据以二进制信息单元"0，1"的形式表示。❶

从数据的定义可以看出，无论是作为汉语词语还是计算机术语，数据其实都是一种对于信息的记载，包括数字、文字、图像、声音、信号、字节等。因此，数据是在人类生活、学习、工作等各种日常行为中不断产生的，其规模也随着人类活动的丰富而逐渐扩大。可以想象在远古时期，人类刚刚发明文字，将重要信息记录在龟壳上、铜器上，所产生的数据信息是少量、有限且单一的。在文字被记录到竹简、纸张上之后，由于书写和携带便利，极大地提升了文字的记录内容和受众范围，促进了信息的快速和广泛传播，从而推动了数据规模的增长。

随着信息技术革命的演进，每一次的变革都在本质上改变了信息的记录和传播方式，数据规模也在每一次的变革中呈现指数级增长。特别是伴随着第五次信息技术革命中计算机、互联网的出现和普及，人类产生的数据量迎来了大爆炸，大约每两年就能翻一番，致使最近两年产生的数据量相当于之前产生的数据量之和。英特尔预测，全球数据总量在 2020 年将达到 44ZB，❷ 而中国产生的数据量将达到 8ZB，占全球数据总量的 18%。在大数据技术出现之前，我们对数据的应用并没有发挥最大效用。与此同时，数据量级的增长也并非越快越好，因为数据量快速增长，对应的就会出现很多没有价值或者价值没有被挖掘的数据，如果不及时通过有效的技术手段对这类大规模数据进行转化，那么就是对资源的一种浪费。

由于数据的本质是对信息的记载和反映，通过对数据进行挖掘、清洗、分析，可以获得其对应承载信息的深层次价值。如同人类对于石油的利用，只有通过开采、提炼、加工等环节生产出汽油、柴油以及各类产品，才能最大化地发挥石油的作用。因此，可以说数据是新的石油，大数据和人工智能等技术的创新，能够让人们更容易地对数据进行深度的挖掘，让人们重新认识到数据的真正价值。

例如，在广告营销行业，采用原有的传统广告投放方式，企业投入了真金白银，但是由于缺乏对广告监测的手段，因此很难有效地评估广告投放效果以及客户转化效率。如今，

---

❶ 汉典网站对于"数据"解释。
❷ 1ZB = 1 千 EB = 1 百万 PB = 10 亿 TB=1 万亿 GB。

我们可以通过大数据技术，对广告投放进行精准监测，从投放、获客、识客、转化、培育等方面进行全流程数据监测跟踪，精确还原用户购买行为，有效分析广告投放在客户获取过程中的作用和价值，从而让企业清清楚楚地了解自身广告投放的准确度，适时调整营销策略，实现降本增效。企业通过对数据的挖掘与分析，在"杂乱无章"的原始沉淀数据中寻找规律，使单纯的数据变为具有价值的数据资产，这个数据价值化的过程是大数据技术的重要贡献。大数据让更多的数据真正地被利用起来，应用到各个行业的数字化转型当中，帮助企业更加科学合理地进行决策。

除了大数据技术对数据价值的挖掘和分析之外，影响数据价值的因素还有很多，如数据自身的属性、数据的结构化程度等。通常，在信息化系统中产生和存储的数据，如企业 ERP、财务系统、医疗 HIS 数据库等系统中的各类数据，由于具有结构化特征，更易被分析和应用。而一些非结构化的数据，由于分析和应用的难度大，包含的数据价值密度相对较低，数据价值容易被低估。在现今的信息化社会中，视频、音频、图像、文本等形式的非结构化数据规模增长更快速，占整体数据规模的约 80%。大数据叠加人工智能技术，能够更好更快地对非结构化数据进行解构，对其背后的价值进行深挖，从而大幅提升这类数据的价值。例如，在司法领域，通过自然语言处理、文本解析、机器学习等技术，利用文本标注平台、解析平台、算法模型，深度挖掘并准确提取法律文本中的各类信息，可以显著提高文本中非结构化数据的处理效率，提升文本挖掘价值。

随着大数据应用场景的逐渐增多，结构化数据和非结构化数据都能够更好地被开发并应用于人们的日常生活中，为企业、政府以及个人提供实实在在的便利，也让人们看到了数据所带来的巨大能量。在 2019 年 10 月召开的十九届四中全会相关决议中，明确"健全劳动、资本、土地、知识、技术、管理、数据等生产要素由市场评价贡献、按贡献决定报酬的机制"，第一次将数据定义为生产要素，并按照市场化机制分享报酬。把数据纳入生产要素，充分体现了国家对于数据价值的肯定，反映了数字经济正成为国家经济发展极为重要的支柱。数据正在成为数字经济时代最重要的战略性资产。

1.2 人工智能在大数据时代重生

1.2.1 人工智能的缘起与发展

2017 年 12 月，人工智能入选"2017 年度中国媒体十大流行语"。最近几年，人工智能概念被炒得沸沸扬扬，凡是与人工智能沾点儿边的事物都会被炒热，很多上市公司也千方百计地推出一个人工智能的概念，蹭个热度，好让股价趁势窜上一窜。其实，人工智能并非一个新的概念或技术，早在 1955 年，美国的约翰·麦卡锡（John McCarthy）就创造了这个专业词汇——Artificial Intelligence（人工智能）。当时，麦卡锡正在和马文·明斯基（Marvin Lee Minsky）、纳撒尼尔·罗切斯特（Nathaniel Rochester）、克劳德·香农（Claude Shannon）等人一同为 1956 年召开的达特茅斯会议 [Dartmouth Conference，又称"人工智能夏季研讨会"（Summer Research Project on Artificial Intelligence）] 撰写建议书，在该建议书中首次提出了 Artificial Intelligence 一词，麦卡锡也基于此和后来在人工智能领域的研究和贡献，被人们称为"人工智能之父"。

1956 年 8 月，在美国汉诺威小镇的达特茅斯学院中，包括麦卡锡、明斯基、香农等在内的 10 位科学家聚在一起，共同探讨着一个全新的且在当时看来完全不切实际的主题：用机器来模仿人类学习以及其他方面的智能。这次会议足足开了两个月的时间，虽然会议最终并没有达成普遍共识，但麦卡锡在下棋程序尤其是 α-β 搜索法上所取得的成功，以及西蒙（Herbert Alexander Simon）和纽厄尔（Allen Newell）带来的启发式程序"逻辑理论家"（Logic Theorist）、明斯基带来的名为 Snarc 的学习机的雏形（主要学习如何通过迷宫），使这次会议被后人视为人工智能诞生的标志。[1] 而 1956 年也就成了人工智能元年，之后的 60 多年里，人工智能经历了漫长的发展期，几度兴衰更迭。

达特茅斯会议后，人工智能进入第一个发展阶段。在这一阶段，研究学者纷纷提出基础性理论，为人工智能的发展制定了基本规则。同时，随着计算机技术和编程算法的不断演

---

[1] 吴鹤龄，崔林. ACM 图灵奖：计算机发展史的缩影（1966—2006）（第 3 版）. 北京：高等教育出版社，2008.

进，研究者们在几何定理、代数以及自然语言等问题上开始应用这些技术去寻找解决方法，人们对人工智能的热情逐渐迸发，将人工智能的发展推向了第一波高潮。成功和热情让当时很多人对人工智能的发展显示出了十足的信心，甚至认为"在 3 ～ 8 年的时间里我们将得到一台具有人类平均智能的机器""在 20 年内，机器将能完成人能做到的一切工作"。[1] 然而故事并没有像大多数学者认为的那样进行下去，因为当时计算机性能较差，仅仅能够处理一些线性分类、简单的逻辑推理问题，面对稍微复杂的分类和推理便不堪重负。再者，当时数据量缺乏，且没有足够的数据库工具和技术进行机器智能化训练，对人工智能的研究很难再上台阶，各个人工智能项目也基本上停滞不前，导致人工智能的发展在 20 世纪 70 年代第一次陷入低谷。

20 世纪 80 年代以后，以统计模型为基础的机器学习算法开始流行，决策树模型和人工神经网络被提出，人工智能技术开始被应用到包括语音识别、图像识别等在内的商业领域。IBM 在 1997 年首先推出了 ViaVoice 语音识别软件，其语音识别准确率可以达到90%，基本上可以与目前最新的语音识别技术媲美，只不过那个时候需要通过 6 张光盘把ViaVoice 软件安装到个人计算机上。同样，从 20 世纪 90 年代开始，面部识别技术也进入一个崭新的发展阶段，诞生了若干代表性的人脸识别算法，并出现了若干商业化运作的人脸识别系统，比如著名的 Visionics（现为 Identix）的 FaceIt 系统。面部识别技术自此逐渐走向成熟，起初的主要应用场景是闭路电视（Closed Circuit Television，CCTV）监控，但是由于计算能力的限制，每个监控工作站只能同时支持 8 个闭路电视镜头。

既然 20 多年前就已经出现了语音识别、人脸识别技术，那么为什么没有相应地出现Siri、Face ID 这样的应用呢？原因主要在于通信基础传输和计算能力的不足。进入 21 世纪，随着信息基础设施的建设以及计算机能力的快速提升，信息通过网络的传输速度已超过十几年前计算机和显示器连接的 VGA 电缆的传输速度，计算能力和机器学习算法取得了大幅进步，以大数据和深度学习（Deep Learning）为特征的人工智能研究开始兴起。

2006 年，杰弗里·欣顿（Geoffrey Hinton）和其学生的论文 *Reducing the Dimensionality of Data with Neural Networks* 在权威杂志 *Science* 上发表，在深度学

---

[1] 分别出自马文·明斯基（Marvin Lee Minsky）和赫伯特·西蒙（Herbert Alexander Simon）。

习领域取得了重要突破，引起了学界的广泛关注，并逐渐成为 AI 和神经网络最热门的研究方向。随着研究的深入，深度学习算法在语音和视觉识别领域有了一系列重大突破。2011 年，苹果公司推出了 Siri；2012 年，谷歌公司的无人驾驶汽车正式上路；❶ 2013 年，语音识别和人脸识别的准确率已分别达到 99% 和 95%；2016 年，Google DeepMind 团队的 AlphaGo 运用深度学习算法战胜了围棋世界冠军李世石，更是将人工智能推向了新的热潮。

同时，互联网和移动互联网的迅猛发展，为我们带来了海量的数据资源，而"云"计算的出现，又使计算能力有了质的飞跃。人们把人工智能学习和发现的新模式、新知识存储在"云"端，比起过往存放在单机上的效率有了几何级别的提升。如今，消费互联网和产业互联网的发展，为人工智能在这个时代获得新生提供了空间和机遇。充足的数据和强大的算力，使人工智能如同长出了一双翅膀，进入快速发展的阶段。

1.2.2　大数据与人工智能相伴相生

人工智能在 60 多年的发展历程中，经历了多次兴衰更迭，但是在前 50 年中并没有产生足够的影响力，也没有太多的实际应用。人工智能这一新兴领域着实让无数科学家伤透了脑筋：很多难题理论上看可以很容易得到解决，只需要少量的规则和简单的步骤，但是在实际过程中却需要庞大的计算能力。例如，要想让计算机自动识别一只猫的图片，必须建立一个百万张图像级别的训练库供计算机学习才能实现。类似这样的问题，在计算机和互联网没有普及的年代，根本无法通过数据的收集和计算去解决。有科学家指出，要用计算机模拟人类视网膜视觉需要每秒执行至少 10 亿条指令，而这样的计算量在当时是不可能实现的。要知道，在 20 世纪 80 年代，世界上最快的计算机也不过每秒执行 1 亿条指令，而人们日常使用的普通计算机每秒执行不到 100 万条指令。

计算能力和数据规模的限制，在最近几年得到了大幅度的改善，大数据技术的出现解决了困扰人工智能几十年的难题，人工智能在世界范围内均出现空前的热度。在杰弗里·欣顿于 2006 年发表论文 *Reducing the Dimensionality of Data with Neural Networks*

---

❶ 2012 年 5 月 8 日，美国内华达州机动车辆管理部门（DMV）为谷歌的自动驾驶车颁发了首例驾驶许可证，允许这辆自动汽车在公共道路上测试行驶。

之后，人们逐渐通过深度学习技术加强对数据的挖掘和使用，使数据的利用效率和广度被大大提升。与此同时，大规模的数据又反作用于深度学习技术，使人工智能算法更加精确智能，也使相应技术开始在图像识别、语音识别、机器翻译、生产制造、医疗、审计、金融等多个行业和领域开展。李开复先生曾在一次公开演讲中表示："人工智能离不开深度学习，通过大量数据的积累探索，在任何狭窄的领域，如围棋博弈、商业精准营销、无人驾驶等，人类终究会被机器所超越。AI 技术要实现这一跨越式的发展，把人从重复性的劳动中彻底解放出来，除了计算能力和深度学习算法的演进，大数据更是其中的关键。"

大数据与人工智能相辅相成，互相促进。可以说大数据的出现，赋予了人工智能灵魂，对各个行业大规模数据的收集、分析、挖掘，能够为人工智能高级算法提供丰富的素材资料，推动人工智能的发展和持续升级。在石油行业，抽油机是石油开采的主要设备，地面电机与机械运动装置通过井下管杆带动地下抽油泵做往复运动，将地下的原油进行举升并采出地面。抽油泵在地下井筒复杂环境中做不间断往复运动，一旦发生故障，将直接造成油井产量的下降。通过人工智能技术，利用油井生产参数数据及抽油机设备运行数据，结合采油工程专业知识，能够建立故障智能诊断系统，实现对抽油泵故障的预测和精确诊断，帮助用户及时合理地解决故障问题，达到增加产量、降低设备维护成本的目的。类似的案例正在传统行业逐渐上演，以过往被忽视或者难以被利用的生产制造数据为基础材料，利用人工智能技术进行加工提炼，进而赋予数据新的生命和价值，迸发前所未有的能量。

大数据与人工智能两个词汇往往被人们放在一起使用，各种有关会议也会采用"大数据与人工智能高峰论坛"等类似的词语作为主题，以此表达两者密不可分的关系。NewVantage Partners 2018 年对 60 家全球财富 1000 强企业或行业领先企业的调研发现，97.2% 的企业高管表示他们的公司正在投资、构建或启动大数据和人工智能计划。在接受调查的高管中，越来越多的人开始认同人工智能和大数据计划已经紧密地交织在一起，其中 76.5% 的高管表明，数据的扩散和更高的可用性正在为其组织内的 AI 和认知计划提供支持。❶

未来，大数据和人工智能技术将会更加紧密地结合在一起。通过对大规模数据的训练，

---

❶ MIT Sloan Management Review 网站文章：《How Big Data and AI Are Driving Business Innovation in 2018》。

持续优化人工智能算法，不断提高人工智能技术的成熟和智能化程度；而更加智能的人工智能算法能够进一步提升对数据的挖掘、提炼、加工、建模等能力，不断加强对数据的分析利用效果，让持续增长的海量数据得到更好的价值发现。大数据和人工智能的结合，将极大地扩展以智能化为核心的新技术应用，加速当前经济社会生产关系的变革步伐。

在制造行业，依托大数据和人工智能技术应用，可以搭建智能化工厂，从产品设计、物资采购、生产加工、物流运输等各个环节实现实时监控和自动化管理，并且能够从用户侧开始，以用户的个性化需求为产品生产的出发点，将用户的订单信息自动发送到智能工厂的各个工序生产线及所有供应商、物流商，实现需求、设计、采购、制造、物流、服务的全流程自动化和智能化，做到真正的C2M（Customer-to-Manufacturer）模式。在交通领域，利用大数据技术对人、车、路等交通要素的信息数据进行实时挖掘分析，并通过人工智能等技术进行建模，实现对人流、车流、道路状况的预测，做到智能化控制交通网络，有效缓解拥堵，提高路网通行能力和交通运输效率。

随着大数据和人工智能技术的不断完善和快速应用，两者也将被人们更加紧密地融合在一起，利用各自所长，发挥"1+1>2"的叠加放大效用，不断寻找和发现新的业态和模式，将人类送入智能化社会。

1.2.3 人工智能与深度学习的局限性

人工智能的本质是让机器像人一样思考，甚至超越人类智能。近些年深度学习和大数据技术的出现和发展，推动了人工智能的快速进步，使人工智能逐渐被人们所熟悉，人脸识别、图像识别、语音识别等已被广泛应用在人们的日常生活中。深度学习与大数据的结合，让人工智能具备现实意义成为可能，然而让机器像人一样拥有理解和思维等能力，依然任重而道远。深度学习是建立在足够多的有效数据之上的技术，通过深度学习的机器模型训练效果取决于大数据训练集的规模和质量。如果可供机器模型学习的样本不足，深度学习会产生比较奇怪或者具有偏见的结果。同时，一旦更换训练集，深度学习所产生的结果就会产生很大的差异，甚至难以继续应用。除此之外，深度学习还容易被负面样本所欺骗，有被蓄意破坏的风险。总体来看，当前阶段以AlphaGo为代表的深度学习技术，与人类智能比起来有很强的局限性。这些局限性主要体现在 3 个方面：一是无法真正从人类的角度理解世界；二是预测范畴无法超越历史训练数据集；三是不能创造新的知识。

现阶段，人类在专用人工智能领域已经取得了众多突破，在面向特定任务方面，人工智能的能力已经超越人类智能，如谷歌的 AlphaGo 战胜人类围棋冠军。然而在通用人工智能方面，仍处于起步阶段。人类的智能，能够对经历的事物、周围发生的情况进行复杂的抽象和认知，能够进行想象、推理、假设，有能力举一反三，从而对未来产生预见性，甚至发现新的知识或理论。人工智能现阶段无法真正从人类的角度理解世界。深度学习善于学习和识别曾经有过的重复模式，然后对类似的情况进行预测，但是预测范畴无法超越训练数据集，只能适应和过往经验极为相似的新情况，并不能够创造新的知识。

深度学习和人工神经元网络的拥护者会不时用飞机的发明和空气动力学做例子。莱特兄弟在 1903 年成功试飞了第一架有动力、载人、持续、稳定、可操纵的飞行器，从此开创了动力飞行的新纪元以及飞行器的大规模生产和应用，而在当时，很多重要的空气动力学理论和公式并没有被发明出来，所以飞机的出现早于空气动力学的成型。同样，深度学习到底如何通过学习辨识特定对象还不能被完全理解，深度学习的学习过程目前还类似一个黑箱模型，❶ 其拥护者相信人类会通过进一步的研究逐渐理解"黑箱"里面的逻辑和道理，如同人们在飞机发明之后又不断丰富和完善空气动力学一样。

然而，现实可能并没有想象得那么美好，因为人类理解空气动力学的过程与深度学习有着本质的不同。人类发现新的科学理论，通常是观察现象，提出假设，通过实验验证假设，对假设进行修正这样的一个过程，而深度学习很难理解自身所学到的东西，并不能通过观察而提出假设。例如，牛顿看到苹果从树上落下来从而发现了万有引力定律，深度学习在对大量的苹果落地过程进行学习后，可以完美地预测下一个苹果落地的时间，但是，苹果为什么会落在地上的问题，深度学习是无法去思考和理解的。甚至如果我们把苹果换成梨，深度学习同样也无法预测。

与此同时，深度学习易被欺骗和攻击的事实也已被很多研究人员所证实。密歇根大学的凯文·埃克霍尔特（Kevin Eykholt）和华盛顿大学的伊万·埃夫蒂莫夫（Ivan

---

❶ 黑箱模型（Black box）也称经验模型，指一些其内部规律还很少为人们所知的现象。

Evtimov）等研究员发表的论文 *Robust Physical-World Attacks on Deep Learning Visual Classification*，利用在停车标志上放置贴纸使自动驾驶 AI 系统产生误读，把停止标志认作"限速 45"的标牌，❶ 如果行驶中的汽车采用自动驾驶模式，识别到被"做了手脚"的停车标志牌，车辆就不会停止，而是继续通行，哪怕速度降低到 4km/h 以内，也可能引发严重的交通事故。莫斯科国立大学、华为莫斯科研究中心的研究学者斯特班·科姆科夫（Stepan Komkov）和阿莱克桑达·佩图什科（Aleksandr Petiushko）的论文 *AdvHat:Real-World Adversarial Attack on ArcFace Face ID System*，则通过在脑门上粘贴带有特殊纹路的纸条使目前性能领先的 Face ID 识别系统 ArcFace 出现错误，无法识别出人脸。❷ 这一技术只需要使用彩色打印机打印出包含"对抗样本"❸ 的纸条即可实现对 Face ID 的有效"攻击"，简单且易重复，使现在被广泛应用于手机、支付、门禁等的人脸识别系统不再像我们认为的那么安全可靠。

中国科学院院士谭铁牛先生曾在文章中说过："目前的人工智能系统可谓有智能没智慧、有智商没情商、会计算不会'算计'、有专才而无通才。因此，人工智能依旧存在明显的局限性，依然还有很多'不能'，与人类智慧还相差甚远。"❹

1.2.4 人工智能发展离不开应用场景

大数据的出现与发展，让人工智能成为具有现实意义的技术变为可能，但要真正发挥人工智能技术的巨大作用，还是要与实际应用场景相结合。如感知层面的人脸识别，应用到机场安检、银行身份验证、脸纹支付等场景才有价值；语音识别，应用到语音转写、同声翻译等应用场景才更有价值。可以说，行业应用才是一种技术存在与发展的核心推动力。在半个多世纪人工智能跌宕沉浮过程中，基于行业应用的场景驱动起到了关键作用。

---

❶ K. Eykhold, I. Evtimov, et al.. Robust Physical-World Attacks on Deep Learning Visual Classification. arXiv preprint arXiv:1707.08945, 2017.

❷ S. Komkov, A. Petiushko. Advhat: Real-World Adversarial Attack on ArcFace Face ID System. arXiv preprint arXiv:1908.08705, 2019.

❸ 对抗样本（Adversarial examples）是指在数据集中通过故意添加细微的干扰所形成的输入样本，会导致模型以高置信度给出一个错误的输出。

❹ 谭铁牛 . 人工智能的历史、现状和未来 [J]. 智慧中国，2019（Z1）。

如今，人工智能领域炙手可热的机器人产业就有着悠久的历史。1956 年，在一个鸡尾酒会上，美国工程师约瑟夫·恩格尔伯格（Joseph F. Engelberger）遇到了另一位伙伴乔治·德沃尔（George Devol），两个人顺势讨论起了科幻作家艾萨克·阿西莫夫（Isaac Asimov）的观点。彼时，正逢阿西莫夫的机器人系列小说风靡全美，尤其是《我，机器人》开篇中提出的"机器人学三定律"更被奉为"现代机器人学的基石"。恩格尔伯格读后大受启发，萌生了制造机器人的想法，与德沃尔交流后，两个人一拍即合，立刻行动起来。两年后，在德沃尔的研究获得美国专利后，他们成立了 Unimation 公司。1959 年，一个重达 2 吨的庞然大物诞生，这就是世界上第一个工业机器人尤尼梅特。不久之后，这座庞然大物就被安装在了通用汽车美国工厂的生产线上，并且随着 Unimation 公司与电信巨头诺基亚、日本工业企业川崎重工的合作，工业机器人逐渐被推广到欧洲和亚洲市场。事实上，日本如今在机器人产业领域的领先地位就与恩格尔伯格分割不开。为了表彰他对日本的影响与贡献，日本政府在 1997 年向他颁发了"日本国际奖"。

被誉为"机器人之父"的恩格尔伯格对于机器人产业的贡献不仅在于工业领域，他还开创了服务业机器人的先河。在恩格尔伯格看来，服务机器人与人们的生活密切相关，服务机器人的应用将不断改善人们的生活质量，这也正是人们所追求的目标。[1] 为此，1983 年，在将 Unimation 公司出售给西屋公司后，他又与同事创建了 TRC 公司，专注于服务机器人的研发，也因此带来了人工智能在 20 世纪 80 年代的发展高潮。

这一阶段，人工智能除了在机器人产业领域的发展如火如荼，在其他领域同样也获得了推广应用，尤其是模拟人类专家决策能力的计算机软件——专家系统。1980 年，美国数字设备公司（DEC 公司）与卡耐基梅隆大学研发的专家系统 XCON 正式投入使用，每年为 DEC 公司节省数百万美元。XCON 取得的巨大成功也让其他行业看到了发展前景，到 20 世纪 80 年代中后期，超过一半的世界 500 强公司都开始部署各自领域的专家系统。

但随后激情消退，人们渐渐发现人工智能并没有想象中的聪明，机器人行动笨拙、无法与人类正常沟通交流，而专家系统也不能自我学习并更新知识库与算法，维护成本越来越高，人工智能再一次陷入长时间的寒冬，直接表现就是相关产品销售市场的崩溃。

---

[1] 伐谋．"护士助手"机器人．机器人技术与应用．1996，1．

技术的价值在于应用，人工智能同样如此。20 世纪 80 年代的高潮过后，人工智能领域的研究者逐渐意识到技术实用的重要性，为了让研究工作更加顺利而不显得过于科幻，他们将人工智能技术与计算机软件技术深度融合起来，并使用诸如数据分析、商业智能、信息化等代替人工智能，即使进入 21 世纪也同样如此。

大规模数据的出现与存在，让人工智能算法的迭代优化更加便利。得益于此，近十余年来，人工智能先后衍生出了深度学习、强化学习、迁移学习、对抗学习等系列新型算法，有效促进了人工智能的进一步应用落地。

基于消费互联网诞生的数字营销领域就是第一个深度融合人工智能技术进行应用的领域，也是人工智能技术最成功的应用场景之一。进入 21 世纪，随着互联网的广泛应用，消费者上网的行为日益普遍，这也让一部分商家看到了网上消费者点击行为数据的价值。根据用户的点击行为，互联网广告系统能够自动收集用户行为数据，并抽取关键特征建立模型，之后利用模型对用户的行为进行分析、预测，进而优化用户体验。随着数据越来越多，模型变得更加精准，同时系统更懂得用户的兴趣爱好，个性化推荐由此而来。

技术只有在深度应用中才能迎来更加广泛且稳定的发展空间。沉淀了数十年之后，人工智能终于在大数据时代获得了重生。21 世纪的前十几年，人工智能概念并没有得到广泛推广，但应用场景却越来越多，应用越来越深入。比起诞生早期人们对于人工智能概念的盲目乐观与激情，这一阶段的人工智能开始从梦幻走向实际，真正走进人们的生活场景之中。

如今，应用大数据和人工智能算法的个性化推荐早已成为各大网站、App 的一大标签，成为人们司空见惯的场景。机器人产业也开始变得越来越"务实"，发展出了更加垂直、贴近人们生活场景的分支领域机器人，如专门解决家务的扫地机器人、清洁玻璃的擦窗机器人、专门搬送重物的搬运机器人、医院大厅看病咨询用的互动机器人等。

不知不觉间，人工智能已经在多个领域深度融入人们的生产与生活场景之中。脱离短时间建设人工智能王国的激情梦想之后，走进应用场景的人工智能开始真正发展起来，并慢慢由量变转向质变。各行各业因此迎来了新一轮业态重组，向数字化、智能化方向发展。

在这一轮产业变革的关键时期，人工智能的战略性地位毫无疑问脱颖而出，世界各国纷纷将之作为未来经济转型发展的重要驱动力，上升到国家战略层面，并先后推出相关产业政策支持人工智能技术和产业发展。2017 年 7 月，国务院印发了《新一代人工智能发展规划》，"以加快人工智能与经济、社会、国防深度融合为主线，以提升新一代人工智能科技创新能力为主攻方向，发展智能经济，建设智能社会"。在国家战略指引、行业创新发展的驱动下，各行各业纷纷做出了转型升级的行动，"智慧 + 行业""智能时代已来"等宣传口号比比皆是。但在新一轮热潮之下，人工智能与产业的融合是否真的名副其实？联想起人工智能半个多世纪的跌宕历程，也许我们需要再一次冷静思考。

1.3 产业智能时代来临

1.3.1 产业智能的本质

大数据、云计算、物联网、移动互联、超级计算、边缘计算、区块链等新一代信息技术日新月异、飞速发展，形成了群体性跨越，为产业智能提供了坚实的技术基础。特别是近年来新一代人工智能在大数据和云计算驱动下，成为推动产业智能的核心技术，新一轮产业革命正在全球范围内如火如荼地开展。

在医疗领域，随着人口老龄化加剧、慢性病患者群体增长、优质医疗资源紧缺等问题不断出现，人们于是寄希望于新的技术改变此局面，人工智能就是这一突破口。美国咨询公司弗罗斯特 – 沙利文公司就曾提到"人工智能可将医疗效果提高 30% ~ 40%，减少多达50% 的医疗成本"。[1] 市场开始将人工智能技术与医疗领域相结合作为尝试的方向，来自中商产业研究院的《2018 年中国智慧医疗行业市场前景研究报告》显示，2017 年中国智慧医疗市场销售规模已经突破 500 亿元。

医疗领域上下游产业链条长，人工智能技术落地的场景非常广泛，如今比较常见的就有利用人工智能医学影像提高早期发现疾病病灶的可能性，利用人工智能算法为医生推荐准确度更高的方案，智慧导诊减轻医院运营压力等。在下游可穿戴医疗设备领域中，人工智能同样发挥了极大作用。如将电子血压仪植入被监护者体内或者穿戴在被监护者身上，即可持

019

---

[1] 《中国医疗人工智能产业报告》，健康点、飞利浦联合于 2018 年 8 月发布。

续纪录各项生理指标，并通过设备内嵌通信模块将信息发送给医生或家人，既减轻了医护人员压力，又缓解了医疗资源分布不平衡的问题。可以说，在医疗领域产业链上的每一个环节，人工智能均能发挥巨大的作用。

喧嚣之下，智慧医疗概念变得更加炙手可热。与此同时，迅速发展的还有智能家居、智能驾驶、智慧司法、智能电网等系列"智能＋产业"概念，不同行业的相关智能企业如雨后春笋般接连涌现，从口号宣传的角度看我们似乎离智能社会的目标非常近，但实际是否如此呢？

一定程度上，人工智能的确解决了部分行业问题。麦肯锡分析也指出，在很多国家，科技在医疗服务场景中的落地能够带来的成本节约相当于 10% 的年医疗总支出。但在实际情况中，人工智能产业的发展并没有人们想象中的理想。在医疗领域，大量医疗数据缺乏标准化，导致整合困难；信息用自然语言描述，自动化分析处理困难；另外还有个人隐私、数据安全等多个难题亟待解决。美国在智慧领域领先全球，但也只有 30% 的美国医院通过了 HIMSS EMRAM 六级及以上评审，表明它们已能熟练使用 EHR（电子健康记录）系统，而在多数其他国家，只有不到 5% 的医院通过此评审。❶《2018 中国人工智能商业落地研究报告》称，中国目前从事 AI 行业的企业中，约有 90% 处于亏损状态，而余下的 10% 赚钱的企业基本都是技术提供商，究其原因还是相关智能产品用户体验不佳、脱离实际应用需求等。

结合 20 世纪 80 年代人工智能发展从高潮到低谷的过程，历史呈现了惊人的相似。面对市场再一次的热潮，我们必须重新冷静思考：现在的人工智能技术到底发展到了什么程度？"智慧＋产业"又是否满足了人们的需求？

仔细思考就会发现，两个问题的答案其实都离不开一个中心内容，即我们想要的到底是什么样的人工智能。在人工智能出现后的半个多世纪中，就有许多人试图对它进行定义，但至今也没有一个统一的答案，矛盾就在于"智能"。

人工智能领域权威专家斯图亚特·罗素（Stuart Russell）与彼得·诺维格（Peter Norvig）在《人工智能：一种现代的方法》一书中，将人工智能定义为有关"智能主体

❶ 《未来已来：智慧医院发展之路》，麦肯锡白皮书，2019 年 7 月发布。

（Intelligent Agent）的研究与设计"的学问，而"智能主体是指一个可以观察周遭环境并做出行动以达致目标的系统"。美国斯坦福大学人工智能研究中心尼尔逊教授对人工智能下了这样一个定义："人工智能是关于知识的学科——怎样表示知识以及怎样获得知识并使用知识的科学。"美国麻省理工学院的温斯顿教授则认为："人工智能就是研究如何使计算机去做过去只有人才能做的智能工作。"❶

凡此讨论不一而足，尽管至今也没有一个完美的答案，但综合对比就会发现这些定义的核心内容相差不远，都是让计算机去完成以往需要人类智力才能胜任的工作。而人作为社会生产与生活的主体，所有的行为往往又不会单一存在，总是与各行各业应用场景紧密相连的，这就导致出现了"产业智能"。**什么是产业智能？国双早在 2018 年就在国内第一个提出了产业智能的概念。产业智能的本质就是区分不同行业具体应用场景，利用物联网、大数据、人工智能、数字孪生等新兴技术，将研发设计、生产加工、运行维护、物流销售、消费服务等全产业链条、产业链全域的数据，结合代码化的传统各行业的经典知识和实践经验，通过构建数据模型和机理模型，搭建各式各样的智能化应用，支持并推动相应产业场景实现智能化升级，达到产业发展降本、增效、提质的目的，实现产业发展升级。从这个层面看，产业智能是一种混合人工智能。**

相比于单一的应用场景，产业链明显是一个更宏观的概念。围绕供给与需求的关系，产业链向上游延伸一般进入基础产业环节和技术研发环节，向下游拓展则进入市场营销环节和售后服务保障环节。大数据、人工智能等新兴技术若想与产业结合，真正实现产业智能，必须要深入产业链上下游每一个环节，深入产业链中具体企业和生产经营全域，否则单一场景的智能应用只能造成产业链断档、脱节的后果。

2019 年年初，《纽约时报》的一篇热议文章正好佐证了这一点。文中介绍，2012 年苹果公司 CEO 库克宣布苹果公司将在美国得克萨斯州奥斯汀建立组装 Mac 计算机的工厂，但等开工时人们才发现，计算机组装要用的一款螺丝钉供应不足，最终苹果公司 Mac Pro 只能无奈推迟数月上市。令人意想不到的是，这件事竟然是过度追求智能化导致的。

由于近年来美国有去工业化趋势，大量生产定制螺丝钉的需求逐渐萎缩，而为了节约

---

❶　[美] 温斯顿 . 人工智能（第 3 版）. 崔良沂，赵永昌，译 . 北京：清华大学出版社，2005.

人力成本和淘汰所谓的"低端制造"，苹果公司螺丝钉供应商用工业机器人流水线替代了能够人为加工螺丝钉的老式冲压机，但这条智能流水线尽管可以量产标准螺丝钉，却无法量产苹果公司所需要的定制化螺丝钉。更重要的是，当螺丝钉问题出现时，其他相关链条没能及时补足供给，最终才导致产品推迟上市。文章同时指出，如果是在中国，缺什么零件或者对零件设计有改动，中国供应商往往能在极短的时间内生产出足够数量的零部件，并凭借高效的物流体系快速运达。但是在得克萨斯州，与苹果公司合作的一个 20 人机械车间，每天最多只能生产 1000 颗这种定制螺丝钉。

从这里就可以看出，一个完整的产业链同步升级有多重要，在当前新一轮科技革命引发产业变革的关键时期更是如此。按照联合国产业分类目录，中国是全球唯一拥有该目录中全部 41 个大类、191 个中类、525 个小类工业门类的国家，能够生产从服装鞋袜到航空航天、从原料矿产到工业母机的一切工业产品。简单来说，中国建立了全世界最完整的现代工业体系。从这个角度来说，中国拥有世界上最为完整的工业数据、产业场景和产业链条。因此就产业智能的本质而言，中国是最有潜力以及能力率先实现产业智能的国家。

党的十九大以来，国家战略层面也已经发出产业基础高级化、产业链现代化攻坚战的号召，利用大数据、人工智能等新兴技术赋能传统产业，实现产业链数字化、智能化全面转型升级成为当前及未来发展的必然趋势。从这一角度来说，我们对于新兴技术应用思考的就不应仅仅是语音识别、图像识别等单场景技术问题，还要深入各行各业全产业链，深入各行各业的每一个具体企业，去思考生产、研发、运维、管理、采购、运输、销售、服务、消费等环节，如何实现智能化转型升级。要达到这一目的，当前的人工智能技术还有一定的距离。

1.3.2 数据与知识双轮驱动产业智能

今天，人工智能虽已成为世界各国竞争的关键领域之一，但距离解决更多的实际应用问题还有很长的路要走。前文中我们分析了当前人工智能和深度学习的局限性，这种局限性归根结底是没有赋予机器真正的认知能力。以大数据为基础的数据驱动能够让人工智能插上翅膀，而以认知能力为基础的知识驱动才能够让人工智能真正地翱翔。

在处理信息的过程中，人工智能可以分为两个层面：一是感知层，即对外在信号的反应；二是认知层，也就是信息加工的过程。目前社会上流行的人工智能技术，譬如图像识别、人脸识别、语音转译等，大都属于感知层面的人工智能，但对于绝大部分应用场景而言，仅仅拥有单纯的感知能力是不够的，必须对信息进行进一步加工、判断和推理，这时就必须结合认知类人工智能技术。深度学习技术能够通过大规模数据训练，让机器拥有图像识别、语音识别等感知层面的智能；而要让机器拥有认知能力，则需要借助自然语言处理、知识图谱等技术。语言赋予人类学习、理解的能力，知识是人类探索世界的积累和力量。只有打通感知与认知，让数据和知识共同驱动，才能让人工智能真正具备社会意义和实用价值。

自然语言处理技术被誉为"人工智能皇冠上的明珠"。在人工智能发展史中，有一个判断机器是否拥有智能的著名测试方法——图灵测试。简单来讲，就是将测试者与被测试者（一个人和一台机器）隔开，通过一些装置（如键盘）开启随意聊天模式，如果测试者无法判断被测试者是人还是机器，那就可以说这台机器通过了测试。可以想见，将人与机器区别开的关键就是机器是否具备理解自然语言的能力。自然语言处理技术提供了文本分析能力，帮助机器像人一样理解事物。机器可以通过自然语言处理技术解析不同层面的语义，更接近人的理解方式；同时也能生成有结构的文本，模仿人类写作。此外，专家标注与算法模型结合，能够大幅提升自然语言处理准确度，专家标注能够把专家的经验和知识赋予计算机，让机器更好地学习人类知识。

另一个能够赋予机器认知能力的关键技术就是知识图谱技术，即用于描述真实世界各种实体与概念的逻辑关系。机器理解数据的本质是建立从数据到知识库中实体、概念、关系的映射；机器解释现象的本质是利用知识库中实体、概念、关系解释现象的过程。知识图谱技术使机器理解与解释成为可能，是实现机器认知智能的核心技术。知识的沉淀与传承，铸就了人类文明的辉煌，也将成为机器智能持续提升的必经道路。现实世界中的知识很复杂，实体和概念、逻辑对机器来说是无法理解的。知识图谱富含实体、概念、属性、关系等信息，通过建立实体和概念之间的连接和逻辑关系，把行业内的一些结构化、非结构化数据（如论文、著作、专家观点等）以图谱的方式进行连接，进而帮助机器像人一样思考。

众所周知，人类区别于其他物种的关键之一就在于逻辑思维，而对机器而言，通过知识图谱就可以帮助机器像人一样思考、判断与推理。当我们构建完成一个行业知识图谱后，只要输入这一行业的相关信息，机器就会自动与行业知识图谱进行关联，做出相应判断。知识图谱可以帮助我们加速产业的智能化升级，解决不同行业和领域的实际应用问题。在医疗领域，当前已出现很多人工智能应用，如通过机器学习让人工智能识别医学影像，从而为医生诊断提供帮助。这类应用主要建立在深度学习的技术之上，利用大规模数据训练机器，提高诊断效率。但是临床医学其实更依赖人类的思维模式。医生诊断病情，一般需要通过观察、分析、推理、验证这一思辨过程来确定病人所患疾病，单纯依靠数据驱动的人工智能技术更多的是提供数据参考，只有利用知识图谱技术将医学专业知识"注入"机器，赋予机器认知能力，依托知识驱动，才能更好地让机器模仿医生看病的模式，让临床医学更加智能化。

知识驱动的实现需要通过知识代码化的方式，利用数据科学家的专业能力对行业专家的专业知识进行建模，再由计算机专家将模型通过代码变成可应用的程序。通过这一过程，在数据科学家、行业专家、计算机专家共同作用的情形下，将人类知识真正注入软件平台中，提升软件平台的智能化水平，从而与数据驱动一起，推动产业智能的实现。

中国科学院院士张钹先生在一次会议上阐述了数据驱动与知识驱动相结合的概念，并提出了两个基本模型，一个是以图像和语音为代表的数据驱动模型，另一个是以文本和语言为代表的知识驱动模型。两个模型的共同作用将数据驱动和知识驱动紧密结合在一起，从而使人工智能进入后深度学习时代，通过常识推理构建机器模型，以此来实现真正的智能决策。❶❷ 这从更加专业的角度进一步解释了产业人工智能。

目前，在单纯的数据驱动下，人工智能技术并不会产生想象中那么强大的力量。要真正实现通用人工智能，为整个世界建模，解决各个产业现实中的复杂问题，提升全产业链智能化水平，还需要叠加知识驱动的助力，结合人类知识和经验，赋予机器学习、判断和推理的能力，让机器像人一样思考，通过数据和知识双轮驱动来实现全产业链的智能化升级，最终推动人类进入真正的产业智能时代。

---

❶ 《张钹院士：人工智能将走上知识驱动与数据驱动的结合》，搜狐网，2019 年发布。
❷ 袁玉凝. 中国科学院院士、清华大学计算机系教授张钹：人工智能的现状与未来[J]. 中国教育网络，2018（11）.

1.3.3　产业智能的实现路径

产业智能紧密围绕传统产业数字化、智能化转型需求，以推进行业知识体系构建和知识智能为核心，采用知识图谱、自然语言处理、机器学习、深度学习、数字孪生等技术，融合专家知识经验，把各行业的专业信息、知识和能力代码化、模型化，实现基于知识智能的数据融合，以及基于机器学习和统筹规划的智能决策。

产业智能赋能传统产业的价值源于数据、算法、知识的高度融合，需要平台、工具、流程的自动化，需要行业专家、数据科学家、软件开发工程师的联合工作，共同解决传统行业高价值难题，并逐步实现产业智能解决方案的规模化，从而为更多行业智能化转型赋能。

产业智能方法论

产业智能问题的解决过程通常有以下 4 步：

第一步，分解问题，明确解决这个问题应该有哪些环节；

第二步，在各个环节搭建方案，有的环节需要用到数据，有的环节需要用到知识，有的环节需要用深度学习，或者需要把这几类资源甚至其他的资源组合起来；

第三步，把整体方案投入生产，去预测和验证；

第四步，根据验证过程的数据优化解决方案，并把获得的数据反馈到系统中，既丰富知识，又提升解决问题的准确度或性能。

所以，产业智能解决方案应该是一个闭环，在这个闭环里，把数据、知识、算法以及解决问题的其他资源充分融合在一起，共同对产业赋能，还需要平台、工具、流程的自动化，这样才能实现产业智能解决方案的规模化，同样的方法论、解决方案既可以用于解决一个行业的高价值难题，也可为更多的行业赋能（见图 1.1）。

产业智能不能简单理解为一个深度学习的人工智能，更不能单纯依靠如人脸识别之类的感知层次，还需要借助行业专家的经验能力，更需要具备知识图谱、自然语言处理，以及各行业的历史数据建模和预测能力，它应该是一个混合式人工智能。这种混合式主要体现在以下 3 个方面。

图 1.1 解决产业智能问题的通用框架

一是感知智能与认知智能的混合。目前市场上比较热点的人工智能，例如人脸识别、语音转写等，均属于感知类人工智能。要深入行业场景解决问题，必须建立该场景的知识图谱，这属于认知类人工智能。随着大数据红利的逐渐消失，以深度学习为代表的感知智能将会遇到天花板，认知智能将是未来一段时期内产业智能发展的焦点，是进一步释放人工智能产能的关键。因此，需要将语音、图片、视频解析等机器感知与自然语言处理、知识图谱等认知智能深度融合，形成混合式人工智能，共同应对复杂业务场景的智能化应用需求（见图 1.2）。

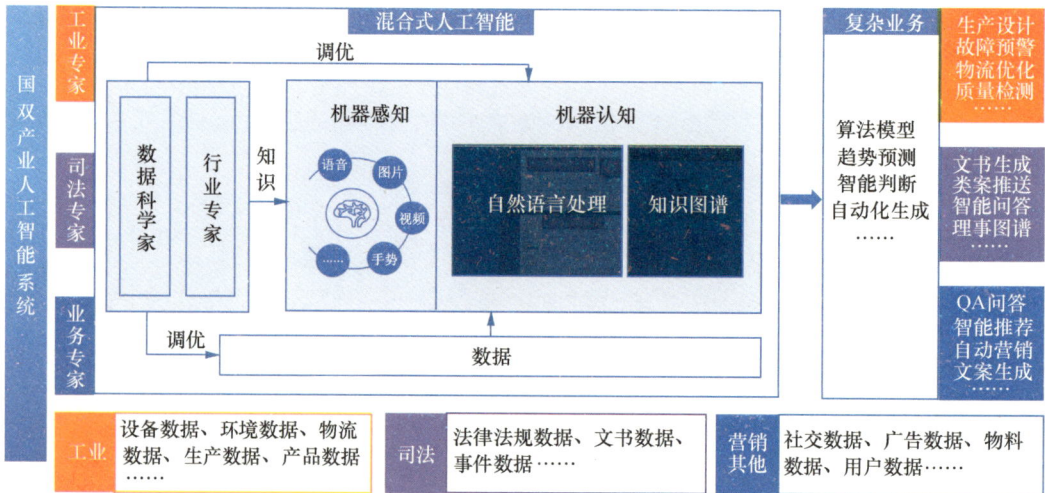

图 1.2 国双混合式人工智能实施框架

二是数据智能与知识智能的结合。知识和深度学习模型是解决产业智能问题的两种资源。我们把知识，特别是行业知识、经验，领域知识，以及深度学习的模型看作解决问题的不同资源。在面对一个问题的时候，根据问题的特征，用不同的资源组合来解决问题。比较简单的问题用知识、规则、定理去解决，如要计算力的大小，运用公式就可以了，这些知识已经成为理论可以直接使用；还有一些问题可以用深度学习实现，通过大量的数据、高质量的数据，不断试错，不断优化算法。但是，大量有价值的产业智能问题需要用知识和深度学习一起来解决，形成整合式解决方案（见图 1.3）。

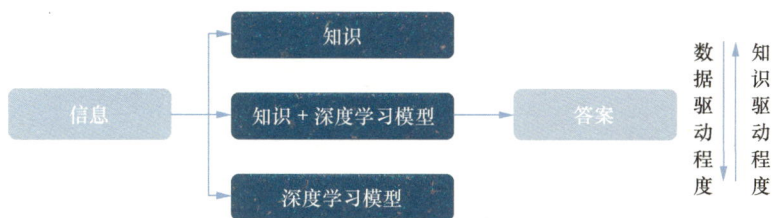

图 1.3　数据与知识驱动产业智能模式

三是行业专家、数据科学家与技术研发人员联合工作。"产业人工智能驱动数字经济"，驱动经济就要解决实际问题，解决问题就需要专家，没有专家，没有足够的行业经验，做得再好的大数据、人工智能的平台系统都是空中楼阁，都不能解决问题，也不能促进生产力发展。因此，产业智能绝不能离开专家，要结合数据科学家、行业专家，用自然语言的能力、知识图谱的能力把行业的专业性信息、专业性能力代码化，同时用计算机处理海量数据，发现规律，这样对产业赋能的力量就非常强大。在数据科学家、行业专家等的共同参与下，针对产业链条中的具体问题、痛点，共同提出解决方案，产业智能平台通过数据、知识对解决方案进行持续调优，让数据分析和预测判断更快、更精准，以利于更进一步处理场景内的复杂业务，让更多业务自动化，进而达到预测、预警等智能应用目标（见图 1.4）。

通用型产业智能平台

作为产业智能的技术支撑平台，产业智能平台遵循"自顶向下规划、自底向上学习"的设计理念，由行业专家、数据科学家深度参与，按照模块化、服务化、平台化架构，采用云计算、大数据、人工智能等技术，以应用沉淀平台，以平台深化应用，提供从数据采集、存储、处理、计算到分析、呈现、应用的全栈能力和解决方案。平台将语音、图像、视频解析等机器感知与自然语言处理、知识图谱等机器认知深度融合，形成混合式人工智能，共同应对传统行业复杂业务场景的智能化需求，为更多行业"智能＋"提供通用性工具和技术解决方案。

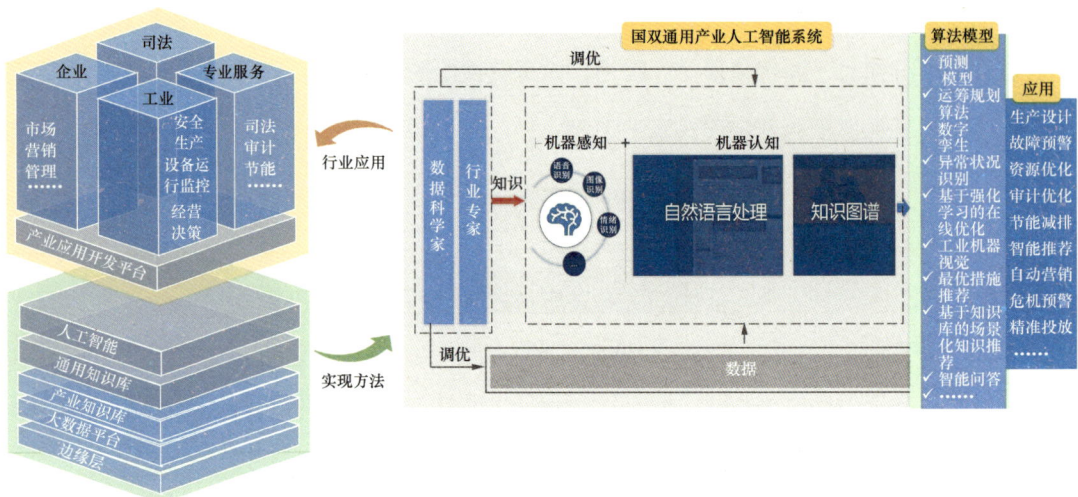

图 1.4　产业智能实现的方法逻辑

　　产业智能平台通常由大数据平台、知识图谱平台、人工智能平台、应用开发平台等组成，它们共同支撑跨行业营销、管理、生产等业务全生命周期智能化应用（见图1.5）。

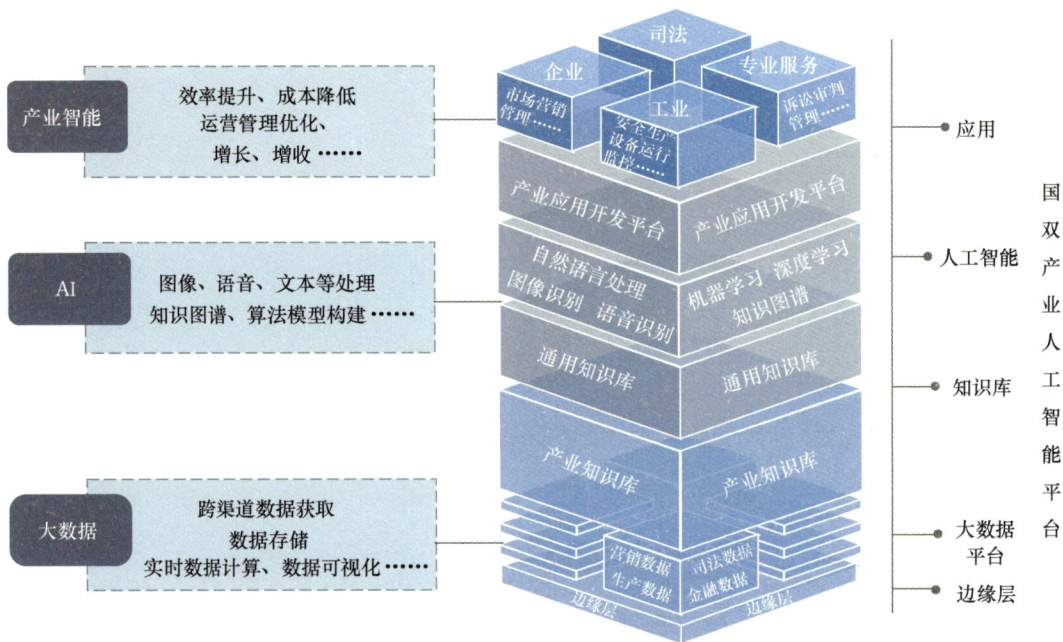

图 1.5　产业智能平台的总体架构

1. 大数据平台

作为产业智能多源数据的汇聚、存储和处理底端，大数据平台融合自然语言处理、数据挖掘、机器学习、信息检索、分布式计算等技术，目的是实现对海量数据无限维度剖析、聚类分析和智能排序，其采取的分布式数据架构和面向业务的维度指标建模与分析引擎，具备多维度剖析业务价值的能力，能够有效支撑 PB 级、交互式数据分析和高并发数据量下毫秒级的实时处理，内嵌的实时流计算引擎每秒可处理千万条消息，并能支持开源组件、自研发软件的应用开发（见图 1.6）。

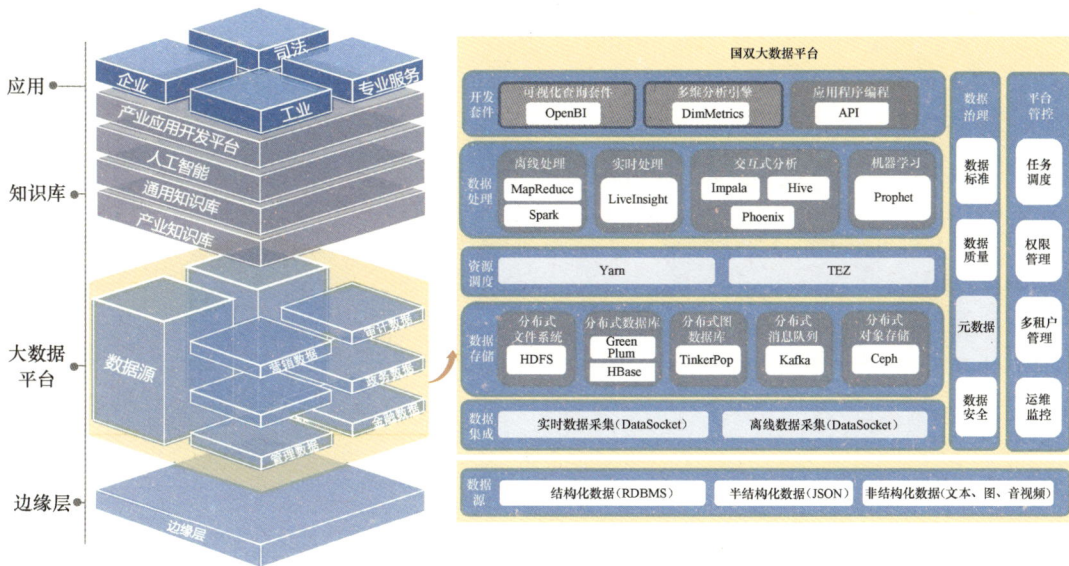

图 1.6　产业智能：大数据平台

2. 知识图谱平台

知识图谱之于人工智能，如同认知能力之于人脑，是让机器具备分析、预测、决策等智能的关键。知识图谱平台旨在为各行业人工智能应用提供知识计算引擎与知识服务技术，在知识抽取、知识表示、知识融合、知识更新、知识推理等知识互联的全周期，提供通用型产品工具，实现图谱构建和管理工作的流程化、规范化，支持多行业知识图谱的快速构建，进而为认知计算、数字孪生、智能机器人等提供基础支撑。

知识图谱平台整体上分为世界模型层和知识互联层。其中，世界模型层使用图的方式表达行业内的主要实体及其相互关系，并融合多源异构数据，对业务涉及的对象、对象之间的关系等进行实时、精确描述。知识互联层使用图的方式把行业特有的知识概念、分类体系、定理规则、经验模型等组织起来，形成对行业特有知识的客观描述，并将知识与世界模型层的实体进行链接，形成带专业知识视角的实体搜索，继而可以基于知识精确获取对应实体描述（见图1.7）。

图 1.7　产业智能：知识图谱平台

3.人工智能平台

人工智能平台具备传统机器学习、自然语言处理、图像处理、视频处理、图计算等核心技术，能够为多行业用户提供开箱即用的功能，旨在支持业务智能化的算法开发、测试、部署、更新全流程，并封装成 API 提供对外服务。核心功能组成包括 ①算法库：维护机器学习、数据分析、文本处理、智能决策等相关算法库，供建模时灵活调用；②自动机器学习：针对特定场景数据，从算法库中选择最优的算法流程和参数组合，实现算法自动构建；③交互式建模工作台：采用人机交互方式，针对特定场景的数据进行分析、挖掘、可视化，并开展算法验证，构建形成该场景的模型；④智能任务管理：针对多任务进行计算资源智能调配，提高计算资源的利用率；⑤分布式计算引擎：用于算法的分布式执行以及模型的分布式训练，针对海量数据分析和并发的参数搜索进行优化，以提升执行效率；⑥ API 的智能管理：维护和管理对外发布的 API，提高可用性，降低风险（见图 1.8）。

深度学习	TensorFlow	Caffe	Keras	MxNet
传统机器学习	聚类	分类	回归	Sklearn	Spark MLlib
知识图谱	RDF	Neo4j	Titan	Spark GraphX
自然语言处理	中文分词	语义消歧	命名实体	消费意图	印象标签	评价关系	篇章分析	自动文本生成	情感分析	共指消解
图像处理	OpenCV	DICOM	TIK	Pillow
特征知识库	Web数据	地理信息数据	移动数据	专家知识库

图 1.8　产业智能：人工智能平台

4. 应用开发平台

应用开发平台用于构建行业智能化应用。基于行业知识图谱，调用人工智能开发平台 API，进行精准智能的数据和知识查询、推荐，融合业务知识的建模特征，经筛选实现增强机器学习，继而实现智能决策、智能问答、流程推荐、知识工作自动化等系列应用。使用敏捷 BI 对数据进行可视分析和可视化展示，根据不同角色的业务需要和应用场景进行组件式快速拖拽，实现个性化的应用展示，以满足内部不同层级用户差异化的展示需求。同时，该平台可实现高效的二次数据计算与聚合，甚至多条件筛选，更好地支持终端用户智能应用（见图 1.9）。

PC	App	大屏	邮件报告	开发平台
图表	仪表盘	交互分析	高级分析	人工智能	
DimMetrics 多维分析		LiveInsight 实时分析		本地化部署
Hive	Impala	Yarn调度		
HDFS		Zookeeper		
Flume	Kafka	文件映射		

图 1.9　产业智能：应用开发平台

产业智能的应用领域

产业智能平台融入不同领域的知识、算法模型，可为不同行业提供涵盖研发、生产、管理、营销、服务等企业全域及产业全域的全生命周期端到端的解决方案，实现企业或产业数字化、智能化转型升级（见图1.10）。

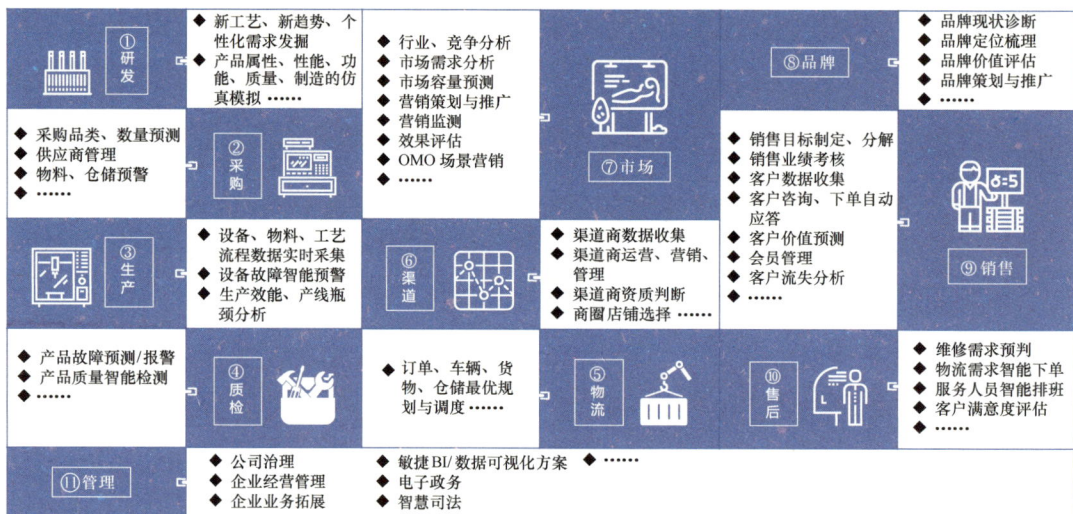

图 1.10　产业智能平台为企业全域转型赋能

针对不同应用场景，产业智能平台将"千人千面"，按需提供各式各样的智能化服务，相关人员甚至可以随意组合搭建自己所需要的智能化应用。

企业营销。产业智能平台可为企业提供各类数字营销工具和应用，利用各种数字传播渠道，以最有效、成本最低的方式进行产品推广、市场开拓、消费者挖掘的实践活动。人工智能基于复杂的算法和大数据，有潜力进行自主策划和内容生成，将正确的内容投放到正确的人群面前，改变企业的广告方式，帮助企业掌握市场、品牌、产品、用户、营销等特征，提升营销效果，维护品牌环境，优化产品和服务。具体来看，通过对访客数据进行分析，可以构建评分模型，对每个访客价值进行打分，进而对用户进行画像，实现营销场景的推荐应用；在大数据平台中应用自然语言处理相关技术，如命名实体识别、语义消歧、情感分析等，能够很好地进行品牌监测，通过自动化和智能化的品牌分析、产品用户评价分析、竞品分析、负面预警、行业趋势分析等实现精准营销。在未来，更多的人工智能技术会被应用到销售前景预测、潜在客户开发等数字营销领域，进一步提升数字营销的智能化水平。

企业生产研发。产业智能平台与工业互联大数据结合，辅助企业实现生产安全监控、设备运行管理、信息安全管理、企业经营决策等，提升生产效率，减少资源浪费，为企业智能制造赋能。在节能减排领域，平台实时收集能源系统设备运行 / 维修数据、能源管理业务流程数据、外部环境数据等，分析设备运行状态，实现智能故障预警；优化设备运行方案，提升能源利用效率；评估能耗管理水平，分析节能效益，为企业节能减排赋能。在经营管理领域，平台整合企业内部流程数据、经营管理数据、生产数据等，通过知识库搭建、数据建模优化内部管理和业务流程，提升内部运营管理效率，为企业自动化、智慧化管理升级赋能。

法律专业服务。我国正处在诉讼急剧增长的时期，大量基层法官处于高负荷工作状态，作为可以有效减少司法人员事务性工作的人工智能技术，其在司法领域的应用显得非常必要。

目前，在我国智慧法院建设和发展的过程中，已应用语音识别、自然语言处理、人脸识别等多种人工智能技术。以自然语言处理领域的应用为例，首先，自然语言处理技术的发展和应用能够为司法提供工具，建立预测模型，帮助律师和法官通过模型从已知信息中获取要点，快速审案；其次，司法领域具有大量的法规条例、档案卷宗、证据文书等数据，通过司法类自然语言处理的解析技术，能够对行业内的非结构化数据加以准确和有效的利用；最后，基于自然语言处理技术的智能问答机器人，可以对各种咨询和反馈进行实时响应，能够有效减少司法人员承担的诉讼指导、判后答疑、普法宣传、调查研究等事务性工作，节约成本，提升效率。通过这些事例可以看出，人工智能技术将对司法效率的提升产生巨大的影响。

智能汽车产业。人工智能技术在汽车行业充满了发展潜力。传统汽车产业与人工智能的深度融合发展已经受到国家的高度重视，成为我国新兴产业的又一个主角。2019 年 4 月，工业和信息化部等三部委发布的《汽车产业中长期发展规划》指出，智能网联汽车的新车渗透率在 2020 年达到 50%，在 2025 年将达到 80%。能接入互联网、拥有众多传感器、收发信号、感知周围物理环境，并能与其他车辆或实体互动的智能网联汽车已成为汽车产业技术的战略制高点，智能汽车的发展正朝着汽车设计智能化、人车交互灵活化、行业合作共赢化的方向发展。人工智能技术可以将汽车总线数据同互联网生态数据相结合，利用数据分析和机器学习技术，提供更多个性化的汽车生活场景，提高客户黏性。例如，通过研究用户的驾驶行为、车辆能耗因子以及相互关联特征，能够建立驾驶模型，实现驾驶行为记录、驾驶行为评价、油耗（能耗）预测等，让汽车变得更智能、更友好、更方便和更节能。

智能制造。自古以来，制造行业都是以人的决策和反馈为核心，系统越复杂，人的学习曲线就会越缓慢。随着科技的发展和制造技术的提升，人的学习能力逐渐落后于技术的进步速度，传统制造领域的技术和应用出现瓶颈，亟需产业升级。同时，起步于计算机、互联网行业的智能化技术，以势不可挡的势头横扫全球，与传统工业的结合令全球瞩目。在工业系统中，IoT、传感器、数据传输及管理等技术为智能化实施提供了可靠的感知基础，机器学习等人工智能技术为制造产业带来了革命性的改变，能够摆脱人类认知和知识边界的限制，实现制造各环节的智能预警、智能决策等方案。例如，通过构建基于行业的大数据管理及知识图谱应用平台，通过物联网技术与大数据分析相结合，以工业场景及具体设备为对象，对数据进行提取、处理、建模，实现平稳运行、过程可控、问题快处等功能，为决策支持和协同优化提供可量化依据。

随着产业智能的发展和推广应用，未来在更多的企业业务领域和产业领域，产业智能将发挥更加重要的作用，为企业转型发展和产业升级带来更加深远的影响。

第 **2** 章

数据驱动下的数字营销

"营销"的概念可以追溯到 1922 年。美国人弗莱德·克拉克（Fred Clark）给营销下了最初的定义："促使商品所有权转移和实体分销所做的努力。"1960 年，杰罗姆·麦卡锡（Jerome McCarthy）提出了著名的 4P（Product、Price、Place、Promotion）理论，阐明了营销的组合方式。随后，4C（Customer、Cost、Convenience、Communication）、AISAS（Attention、Interest、Search、Action、Share）等各种派系层出不穷。不论是在以产品为导向的时代，还是在以客户为导向的时代，人们在营销过程中始终坚守着一个美好愿望：让他知道 – 让他买 – 买更多。

2.1 营销：最早尝试数字化的领域

2.1.1 数据对传统营销的冲击与影响

中国互联网协会统计显示，2019 年，中国移动社交和视频领域用户规模突破 10 亿人。其中，即时通信用户 7.92 亿人，搜索引擎用户 6.81 亿人，网络新闻用户 6.75 亿人。数字用户的信息获取与商品购买的线上迁移逐步完成。

这一年，我们看到了社交电商的突破：拼多多通过农村包围城市策略，用户环比增长 12%，小红书通过丰富的内容矩阵，活跃用户环比增长 37.2%。我们也看到了企业营销思路的转变：一方面，OTT、移动、PC 全面覆盖，既有"端"到"端"，也有"屏"跨"屏"；

另一方面，面对越来越多的投放渠道和越来越"碎片化""嬗变"的消费者，越来越多的企业走向数字化营销之路，数据中台、营销中台，乃至 AI 中台等新概念、新模式脱颖而出。

如何更好地把控资源、整合资源，为现有业务赋能的同时进一步提升用户体验，对用户进行"深耕"是企业市场营销思索的重要内容。而在这个过程中，数据的可收集、可应用、可评估、可沉淀使市场营销变得看似简单，却又更加复杂。

为了能更清晰地感受互联网形态对营销模式的改变，我们先回顾一下中国数字营销在过去 10 年间的发展历程。

2009 年至 2010 年，中国数字营销发展的初级阶段。手机应用不断推陈出新，基于自然语言检索的搜索引擎推广和付费搜索引擎广告推动了搜索营销向深层次、体系化方向发展，涌现出了一大批网络论坛、博客、RSS（简易信息聚合）、网络游戏等网络新介质。

2010 年，中国的微博元年，社会化营销开启新篇章。两年间，微博用户由 1 亿人飙升至 5 亿人，被称为"现象级"的营销事件层出不穷，商界、政界、学界等各界人士深入其间。如何通过微博迅速扩大用户对品牌的认知，如何"一夜爆火"，成为大家的关注点。这期间，人们逐渐接受了"碎片化"概念，"转、评、赞"的关系型传播方式深入人心。

2011 年至 2012 年，智能手机快速普及，国内使用手机上网的用户首次超过个人计算机，微博和其他 SNS（社交网络服务）进入全盛时期，"无社交不营销"的时代到来。大家改变了传统的媒体购买方式，开始程序化购买用户行为数据，方便精准投放。

2013 年至 2014 年，程序化购买迎来井喷期，大家越来越多地意识到消费者洞察的重要性，之前惯用的用户调研、问卷调查等方式已不能满足需求，用户画像开始追求更全、更快、更准和更省。

2015 年至 2016 年，短视频和直播平台爆发，经历了一番厮杀，美拍、秒拍和快手、小咖秀等 App 成为短视频领域的赢家，一批搞笑、高能的 UGC（User Generated Content，用户创造的内容）成功孵化，网红经济开始登上舞台。

2016 年至 2017 年，人工智能、网络直播进入营销人员的视野。AlphaGo 以总比分 4:1 战胜李世石，打破了围棋是人类智慧最后一道防线的幻想，掀起了全球范围内对人工智能技术的深度讨论，阿里巴巴、百度等互联网巨头企业纷纷入局。

2018 年至今，人工智能走向营销领域。数据中台的概念被提出并延伸出营销中台的概念。更大、更加完善的数据平台开始为数字营销助力。

我们可以发现，10 年间的变化如下。

营销触点增多，用户和消费场景越来越复杂

10 年前消费者通过线下、搜索引擎、官网或者门户网站获取信息。通过发放问卷或者收集用户在搜索引擎、网站访问行为等方式，我们基本上能了解 TA（Target Audience，目标受众）是谁，用不用香水，闲暇时喜欢看综艺节目还是去电影院。如今，一个人从早到晚分散在即时通信、社交等不同渠道上，群体之间的行为特征、需求、喜好差别较大。除了原有的画像，我们若是希望实现："有一天 TA 进餐馆点餐，服务人员打开系统就能立即知道 TA 刚刚去了 4S 店，可能还需要打车服务"这些场景，原有数据收集、运用的方法，显然会遗漏很多关键点，难以发挥数据的真正作用。

跨产品业务的推荐使一个消费者真正的价值不再局限于单一产品或者品牌。我们不仅需要知道每一条业务线，每天有多少新客户、多少老客户，每个客户每年贡献了多少价值，哪些产品线在逐渐萎缩，还需要知道不同产品之间的客户怎样交织，哪些客户目前只消费一种产品，但是存在消费其他业务的可能。仅从一条产品线或者某一次的交易行为来看一个消费者对于整个集团的价值显然不合适。每一次营销的内容素材、创意、渠道效果等数据散落在不同业务线甚至是不同员工的电脑上也不合适。

用户的生命周期拉长、拉深，效果评估变得更加复杂：客户在商城中打开 A 产品的页面最后买了 B 产品，A 产品的贡献怎么算？客户打开 A 产品的广告，进入商城后买了 A 产品，广告和商城的数据属于不同的渠道，我们能从广告、购买两个层面分别识别出 A 产品吗？客户在 3 月份的一次线下活动上成为 A 品牌微信公众号的粉丝，随后在 A 的微信小程序上购买了 A 的产品，我们如何从线下活动、微信公众号、微信小程序上识别出客户的完整行为？客户在线下活动、微信公众号、微信小程序的贡献分别是什么？

整合营销、精准营销、裂变营销，一直以来我们都在努力做一件事情：在正确的时间、通过正确的渠道、给对的人传递对的内容。但是，前面已经提到，电视、电商、微博、微

信、新闻、论坛、线下广告……任何渠道数据缺失都会影响媒体选择和内容投放的精准度。受制于巨头割据和其他困难，某些数据是没有天然打通的。想要更加高效、低成本地运营，我们需要把不同渠道的数据收集起来，将数据资产化的同时还要将资产共享，才能更加快速、高效地响应细分市场的需求。这时，我们就需要借助技术的力量。

数据变成算法，传统营销的黄金时代一去不返

科技公司、自媒体、短视频、MCN（Multi-Channel Network，多频道网络）等机构以及各种代理商在几年之间迅速变革了中国的营销市场。传统广告公司、4A 公司想尽办法跟上品牌客户的营销诉求。创意很重要，但数据也不可或缺。

2016 年，今日头条一款基于数据挖掘的推荐引擎产品，靠算法在一众新闻资讯 App 中杀出重围，成为一匹黑马。今日头条让人们意识到"我"是可以选择自己想看的信息的，如果不希望被推送某个明星的信息或者某类资讯，只需要连续点击几次"不感兴趣"，就会减少相关信息的推送。如果"我"从来不买打折商品，那么系统会自动判定为"价格不敏感用户"，以后打折促销的时候就不会优先推送信息给"我"。这是基于算法做精准推送的典型应用。

在数据算法的影响下，营销方式也在变化，营销的"红娘"本质虽不会改变，即帮助企业连接消费者需求，但是过往的产业荣耀却可能遭受巨大的冲击。数据算法让企业有能力更加全面地洞察和触达消费者，在这方面，传统营销没有任何抵抗力与胜算：看同一台电视节目的观众看到的是同样的广告，看同一份报纸的读者看到的是同样的广告，等电梯的人们看到的也是同样的楼宇广告，即便这些观众／读者／白领性别不同、年龄不同、职业不同、爱好不同。于是，就会出现已经是两个孩子的爸爸，看到了婚恋 App 的广告；还是单身的人，看到婴儿奶粉的广告；耄耋之年的人看到出国留学的广告……营销就是企业传递给受众信息的过程，但是当信息出现得不合时宜，这些信息就会造成打扰，甚至尴尬。

但是数据和算法的应用，让营销的日月换了新天，一方面，信息触达精准度让传统营销无法望其项背：用户在互联网上的留痕，可以被收集、分析、打标签，勾勒出一个比传统广告颗粒度细很多的用户画像；然后根据画像匹配适配度极高的广告，让广告信息可以呈现

给恰当的用户和场景。另一方面，用户旅程大大缩短，用户只用一次点击即可从广告投放平台的受众转变为企业真正的消费者，中间可以通过技术实现无缝衔接。在这个新模式中，只要有数据可以洞察的广告受众，广告就可以通过技术手段直接触达消费者，这让传统广告营销的洞察、策略、行动等很长的链路转变成为一气呵成的动作。

综上所述，企业拥有丰富的客户资源和大量的数据积累后，就可以利用数据将企业和用户紧密结合起来，为用户提供精准的营销和服务；同时在营销和服务的过程中，新的数据不断产生，将它们再次积累、分析、应用，又可以拿来驱动业务发展。这样，以"数据"驱动"业务"，在"业务"中沉淀"数据"，沉淀下的"数据"再次驱动"业务"的双向驱动模式就此形成。随着移动互联网、云计算、物联网和大数据技术的广泛应用，现代社会已经迈入全新的大数据时代。掌握大数据资产、智能化决策，是传统营销企业再次胜出的关键。

2.1.2　多样化探索数字营销

数字营销是把营销与互联网相结合，我们常常将其分为3个阶段："引流（大规模吸引用户关注，用户知道产品和品牌）－转化（促使用户购买）－忠诚（复购已经买过的产品或者交叉购买品牌下的其他产品，愿意协助品牌推广甚至维护形象，愿意把品牌和产品推荐给其他人）。"随着数据的爆发以及各类技术、平台的应用，数字营销时代"引流""转化""忠诚"别有特色。

引流：从单向传播到双向互动

传播学中，单向传播是指缺失反馈或互动机制的传播，即信源发出的信息经过传播渠道抵达信宿的单向过程。❶ 其中，"信源"指信息的发出者，也称为传播者，"信宿"指信息的接收者，也就是受众。

在传统营销中，企业主动对外发出声音，通过广告或线下渠道提升人们对品牌的认知程度和购买力度，其实是一个品牌主向客户单向输出信息的过程：谁的声音大、重复次数

---

❶　单向传播与双向传播——论学习方式的转变 [J]. 现代企业教育，2008。

多、覆盖人群广，谁带来的潜在客户就越多。早些年大家耳熟能详的"小霸王学习机""送礼就送脑白金"，以及恒源祥十二生肖——恒源祥鼠鼠鼠、牛牛牛、虎虎虎……羊羊羊广告就是典型代表。那时人们获取信息的方式相对集中，占领了电视、广播和少许主流网站，基本上就能占据人们的心智。企业主要通过线下调研了解消费者的需求，研究周期相对较长，样本量相对较少，覆盖范围相对较小，所得相对受限。企业与消费者主要通过线下进行互动，受空间、时间、成本影响，频次、规模也相对受限。

互联网的普及，尤其是移动互联网的发展推动了消费者需求的多样化和差异化。消费者的关注点被各种新媒体打散，同类竞争日趋激烈。这时，单向的"有什么吆喝什么"的传播方式并不能满足潜在客户诉求。举两个例子。

口罩销售商在知道消费者是想要普通口罩、一次性医用口罩、医用外科口罩、颗粒物防护口罩、医用防护口罩、防护面具……之前，一切"我是卖口罩的"的吆喝都是徒劳；想要卖麦片给健身者，在明确强调热量和蛋白质含量之前，一切强调"口感好"的吆喝，都是跑偏。

由此，营销变为了双向互动：企业不仅要"会说"，更要"会听"，要会根据客户的需求及时调整营销甚至生产的策略，通过与客户的高频互动，快速响应市场的变化。典型的就是正在崭露头角的 C2B 商业模式，即用户改变企业，让用户的需求驱动产品和服务的开发，而不是企业一厢情愿和自以为是地向用户出售产品和服务。

数字技术的发展，推动着企业传播方式的变化，企业与消费者的互动关系正在突变。过往抓住头部媒体，成为央视标王，"一唱雄鸡天下白"的时代过去了；"企业说说，消费者只能听听"的时代过去了。现在是企业可以通过 5 ~ 6 个触点来与用户沟通的时代；是营销即销售的时代；是用户乐意分享、主动裂变的时代；是只要够懂用户，随时可以振臂一呼、应者云集、割据商业版图的时代。

转化：用户体验的全旅程优化

人们接触信息的媒介、方式日新月异，也让从首次接触直至完成支付并享受产品或服务的用户旅程（User Journey）突飞猛进。因此，被誉为"现代营销学之父"的现代营销集大成者——菲利普·科特勒（Philip Kotler）在《营销革命 4.0：从传统到数字》中将顾客体验路径重新修改成 5A 架构：认知（Aware）、吸引（Appeal）、问询（Ask）、行动（Act）和倡导（Advocate）。

Aware：认知阶段，消费者对于你的产品或品牌有所了解。

Appeal：吸引阶段，消费者被企业的价值主张所吸引。

Ask：问询阶段，消费者接下来可能会问询一些问题。

Act：行动阶段，消费者愿意购买，并愿意与企业互动。

Advocate：倡导阶段，让消费复购，并愿意成为品牌 KOL（Key Opinion Leader，关键意见领袖）。

很多企业聚焦于 Ask、Act 的转化阶段，希望提高用户在这个阶段的体验以提高客流转化率。但在数字化时代，用户追求的是完整性、一致性，以及个性化的体验。所以用户体验从潜在客户第一次接触到品牌就开始了，而且会一直持续到客户购买后。企业需要"ME"（Marketing Everywhere）的意识，即让市场营销无所不在的意识。❶

"ME"的意识，需要企业通过一系列方式触达用户并完整管理用户的旅程体验。在这个过程中，数据的利用最关键。企业需要学会如何使数据与用户旅程结合，使数据的采集和应用不错过消费者可能遇到的每一个触点。

1. 布局触点

我们可以通过类似学术的手段将用户旅程简单分为 5 个阶段，但是在传播落地过程中，用户的触点却要比这个纷繁复杂得多，包括影院、电视广告、视频贴片、信息流、搜索、电商促销、下单、落地页初次用户引导（onboarding）、产品使用、售后服务、换购、注册会员等。

不同行业也有区别，化妆品有小样、汽车有试驾、网课有试听……不同企业必须根据自己的特点，仔细盘点所链接用户的触点是否布局完善，因为一个触点的缺席，就意味着对用户闭目塞听，甚至会给竞品以可乘之机。

---

❶ ［美］菲利普·科特勒 . 营销革命 4.0：从传统到数字 . 王赛，译 . 北京：机械工业出版社，2018.

2. 整合触点

当企业的触点布局无懈可击时，如何将这些触点带给消费者的体验一以贯之，就成为无法忽视的问题。更微观地看，企业落实每个触点的职能部门可能不尽相同，做好跨部门的协作与沟通，才能让不同部门围绕不同触点传递相同的企业价值，给用户无差别的体验。

这会很有挑战，但是随着技术的发展，也会有第三方技术公司研发解决方案，有针对性地解决行业痛点。比如国双营销云平台，聚合了全链路监测、跨平台投放、营销自动化和多维数据分析等多种能力，打造了适应中国营销环境的一体化整合营销平台，帮助企业构建从多渠道引流、高效率转化到培育客户忠诚度形成"超级客户"的全营销生命周期体系，实现跨媒体、跨渠道资源整合以及数字资产积累，助力企业持续增长。

3. 优化触点

一个能与用户进行有效沟通的触点不会是一蹴而就的，而用数据可以让每个触点的效果臻于至善。企业针对每一个触点，都要考虑这个触点需要什么数据来帮助自己更好拿捏与用户沟通的分寸，以及这个触点能采集到什么数据以帮助自己更好地洞察用户，并且能将数据用于其他触点。经过这种层叠的思考与优化，消费者在与企业交互的每一段旅程上，想必都会是一路好风光。

忠诚：构建企业持续增长的飞轮

数字时代的几次平台升级（线下到线上，PC 到移动）带来了新的客流红利，成为很多企业上半场的增长引擎，它们也因此一路狂飙突进。但是，虽然流量红利是这些企业崛起的原因，却不会是它们屹立不倒的原因。

通过并购、花钱买量等手段虽然可以垒起一个企业的短暂繁荣，但"一直买、一直爽"的场景不会一直存在，因为红利在消失，流量成本在攀升。在平台流量到达饱和的下半场，那些会维系并挖掘已有客户，通过提升客户忠诚度，从而提升 LTV（生命周期价值）的企业，才更有可能基业长青。

换一个更加形象的描述就是，互联网的上半场就像到海里捕鱼，在初期效率会比较高，但随着捕鱼的人增多，而鱼本身数量有限，很快会陷入无鱼可捕的境地。提升客户忠诚度的方式就像养鱼，源远流长才能推动企业内生性持续增长。

那么问题来了，如何养鱼？

最近两年"KOC（Key Opinion Consumer，关键意见消费者）"的概念一直在营销圈里喧嚷。概念的兴亡并不重要，但 KOC 把消费者变成为企业的拥护者、倡导者以及传播者的潜台词，传递着当下营销环境的某种真实，足够让我们期待 KOC 在每个企业里生根发芽。提升客户忠诚度的过程就是挖掘、维系 KOC 的过程，而整个过程可能就是企业与消费者建立信任的过程。

我们可以分析每个用户的参与度及其影响力，进而从中筛选出 KOC；同时通过各种消息触达方式与其建立专有的沟通渠道，KOC 也可实时看到自己每一次推广的营销效果及传播路径，增强用户传播的趣味性。

比如，一个 H5（超文本 5.0）投放出去之后，消费者 A 参与并积极进行了转发，转发之后，直接或间接触达了 500 人。凭借其不可小觑的影响力，以及自主转发的热情，我们就可以将其视为企业的 KOC，在后续传播活动中，成为二次传播的重要力量。同时，通过简单的配置，消费者 A 可以很直观地看到自己的影响力——1 人触达了 500 人！

KOC 的概念会不会过时不重要，其强调的消费者忠诚度的价值不会褪色。消费者忠诚度是企业内生性持续性增长的最强引擎，消费者忠诚度低的企业会很脆弱。

2.2 基于数据驱动的营销新模式

2.2.1 变营销问题为数据问题

数字营销的背后是数据驱动。纵观一个企业的数字化进程，我们发现这个进程可以划分为 4 个阶段：可度量阶段、可评估阶段、可优化阶段、可沉淀阶段。其中，可度量阶段主要是发现数据，获取数据，是将业务初步数据化的过程；可评估阶段主要是数据整合、分析与呈现，是对数据依据业务逻辑进行整合、分析的过程；可优化阶段是在前两步基础上，通过数据建模，实时优化营销效果，是数据指导业务增长的过程；可沉淀阶段是将营销领域积累的数据、经验与生产、管理等融合，是数据资产沉淀阶段，以及业务经验再度回归成为数据的过程（见图 2.1）。

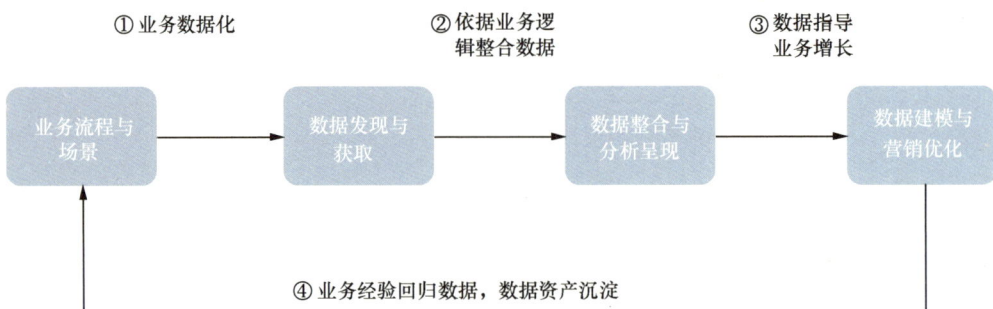

图 2.1　企业数字营销的 4 个阶段任务与特征

4 个阶段，企业需要具备的条件、面对的困难各不相同。

阶段一，可度量——发现数据，获取数据。

数据是数字营销的基础，也是科学营销的基础。在和一些客户沟通的时候发现，大家总觉得自己没什么数据。或者需要购买数据，或者获取数据成本很高。但事实是，每一个企业自身都拥有非常丰富的数据，很多数据的获取并不是难事。

企业在微信上发布一篇文章，涵盖产品名称、功效、卖点、撰文风格等信息（内容生产阶段）。用户打开文章会产生转发量、评论量、点赞量（内容传播阶段）。通过分析转、评、赞的数量及评论内容，企业可以知道大家对产品的评价，哪些人经常传播企业文章等。如果这篇文章需要几个子品牌联合发布，还会涉及内容共享、审核（运营阶段）。如果这篇文章由某一个大 V 发布，还要考虑和谁合作（渠道选择阶段）。一篇文章，我们能获取内容、渠道、传播、运营以及效果数据。企业营销手法多种多样，每一波广告投放、每一次新闻发布、每一场线下推广都会产生非常丰富的信息，需要一双"慧眼"将这些数据识别出来，有意识地通过技术、工具、平台进行收集和分析。

数据所在的渠道、场景不同，获取之后的应用也不同：社交平台数据，消费者讨论较多，适合分析用户需求、喜好、满意度、主竞品营销方式等；新闻类媒体数据，企业、组织、政府、媒体观点居多，可以用来研究行业趋势、竞品动态；自有网站、公众号、销售、Call Center（帮助热线）数据，能够追踪细颗粒度的浏览、购买、行为等，可用于分析用户留存、流失原因，用于再营销。企业在发展过程中会应用门类繁多的 IT 产品（例如，CRM、广告投放、官网监测与优化、小程序监测、社交聆听与分析等）、服务提供商（第三方数据、爬虫数据），以及随之而来的以各种形式保存在不同存储介质中的数据：广告监测与投放系统里的广告数据，官方网站监测系统里的用户官网访问和站内行为数据，CRM 系统里的订单和销售数据，甚至，还有一些数据在某位同事电脑的 Excel 表里。

这些数据是分散的，没有被打通。通过这些数据我们能够实现一些简单的统计和较为基本的营销效果评估，比如某一波广告的曝光量、打开率统计，或者是官方网站的访问量、订单分析。但是，当需要看到一个更长的、更完整的营销链路时，很难直接得到答案。毕竟，既不能从广告曝光和点击中知道多少人看了广告后，会在官网买产品，也不能从传统会员系统中弄明白多少人通过线下活动成为企业的微信公众号粉丝，这就需要进入第二个阶段。

阶段二，可评估——营销数据整合、分析与呈现。

这个阶段需要整合多方数据，通过 BI 系统对数据进行多维度分析，从而更细粒度、更多层面地对营销效果进行更完整的评估。这要求品牌主具有数据整合与分析能力。

首先，数据整合。简单理解就是依据业务需要，将与之相关的数据对接、打通、清理，使它们可处理、可分析、可应用。数据整合是数据深度分析、应用的基础，范围可大可小，方式各有差异。从大的领域来看，主要有以下几种：（1）线上与线下数据整合。客户来到线下店铺消费之后，品牌主还想通过公众号推送更多产品信息，增强用户黏性，需要将线下店铺与线上运营串联起来；（2）前后端数据整合。前面提到的，品牌主投了一波广告之后，希望知道有多少人进入官网下单。可以给广告、官网分别添加监测代码，打通后做进一步研究；（3）渠道生态内数据整合。在微信生态内给看到微信朋友圈广告的人发一份 H5 问卷，需要把朋友圈广告数据与 H5 数据整合；（4）跨屏数据整合。情人节前夕，某女士在手机上看到一款心仪的化妆品广告，我们希望她回家后和家里的男士在 OTT（互联网电视）上再一起看一遍，这就需要 OTT 数据与移动广告数据整合。

其次，数据分析与呈现。对数据进行收集和简单汇总后，能够通过统计和图表回答"发生了什么"。但是，很多时候我们还要回答"为什么会发生"，进而知道"怎么办"。这就需要用到更加灵活、深层次的数据分析、即席查询、数据可视化等方法和技术。

"灵活",需要数据分析的维度能够突破产品预先设计的维度,能够依据业务实际需求,随时、按需建立新的分析逻辑,并将结果以合适的图形呈现出来,便于观察、解读。"深层次",需要数据分析的深度要足够,能够一层一层,不断剖析下去,直到找出原因,为解决问题提供支撑和帮助。

"灵活"并不意味着能无中生有。在原始数据中,知道用户来自哪里、留言内容、正面还是负面、发布时间,企业既能分析出哪些区域负面信息最多,是否需要集中处理,也能分析出什么时间与大家沟通更合适,什么时间咨询的人较多。但是如果想知道这些用户都是什么类型,分别需要投送什么信息,能不能自动化、一键投送,则需要引入数据建模,甚至是营销自动化工具。

阶段三,可优化——数据建模与营销自动化。

这个阶段基于数据与规则或者模型,有利于我们从数据中挖掘新的分析维度,实现营销过程实时的营销效果优化,同时需要品牌主具有营销自动化平台工具,并有相应业务团队支持营销的在线优化。

例如,某次打开酒店品牌官网的分析系统时,发现广东省客户留言最多,90%以上是中性信息,咨询有没有亲子房、折扣等,这些信息很难直接利用。为了进一步体现其中的价值,在原有数据基础上整合了多个数据源,结合人们的搜索行为、点击行为、订单、留言等建模,研究大家的出游场景(例如亲子、情侣、商务……)、喜好、特征。通过研究,发现这些留言的客户主要分为三类:崇尚自由的旅行达人,喜欢自然清新的风景图片;爱好亲子游的妈妈,喜欢温情的室内照片;商务人士,喜欢简洁、办公风格的客厅照片。根据研究结果,我们实现了精准分流,进行个性化推送:当一个妈妈进入网页时,她看到的欢迎页面会是温情脉脉的室内照,而一个商务人士进入网页时,看到的则是极具办公室风格的沙发、茶几等。通过个性化推送,官网转化率提升了30%。

上文中,除了用算法和规则对人群分类之外,为了找到人群与图片的对应关系,需要制作不同类型的图片,从业务视角为每一张图片风格、内容等赋予标签。这些标签与图片一起存储就生成了一个图片库或者说是简单的内容库。考虑到图片的快速制作、共享、重复利用,可以给内容库的图片增加编辑功能及发布、审核流程与权限。如果整合更多渠道,比如公众号、App 等，这些媒体需要被有效管理起来，建立一个媒体库。之后把内容库的能力和权限赋予不同媒体，增加营销自动化引擎，确保消费者从某一个媒体进入网页后，品牌主能够判断出其属于哪个类型，同时立即触发相应的内容推送流程。至此，一个完整的自动化营销流程就诞生了。一个热爱旅行、爱好自由的消费者，不论是进入官网还是公众号、App 等，都能在打开页面的时候被推送他喜欢的风景大片。

营销自动化可以贯穿营销过程的全部阶段和许多场景。在内容制作阶段，除了能快速调用过往创意和素材，还能计算不同内容的传播效果，进而了解什么样的风格、卖点更受人喜欢；在媒体选择阶段，计算历史投放效果，建立媒体决策沙盘，针对不同产品、目标人群、KPI，提供快速的媒体组合建议；在消费者洞察阶段，基于消费者的浅层特征建模，了解消费者的深层次需求，基于这些需求对人群分类，实现精准营销。这个过程，企业可以逐步实现，也可以一次性地搭建相对完善的体系。

此时，数据已经成为驱动营销的基础，但数据本身的价值还没有得到完整的体现。我们能从数据中找到酒店升级改造的方向吗？能从数据中研发出"酒店 + 机票""酒店 + 旅游景点"的新产品吗？这些都需要将营销数据沉淀并且与更多数据打通。

阶段四，可沉淀——数据资产积累。

这个阶段将营销领域产生、收集的数据，经过治理沉淀，进一步与生产、管理等一系列其他领域的系统、数据联通，成为企业的核心数据资产，在多个领域实现资产增值与变现。这时企业的数字化转型实际也已基本成型。

一方面，企业将业务中的数据转化为指导业务的知识和经验，并将这些知识和经验以数据的方式沉淀下来，指导下一步业务；另一方面，企业进一步突破领域限制，从企业整体着眼，拉近各个环节与市场的距离。生产上，在某些领域，企业可以让消费者自己设计产品，厂商制作完成后直接卖给消费者。在另一些领域，产品推出市场后，还可以通过消费者的购买行为进一步完善产品设计、功效、口感、香型等，基于产品的改良，与之相匹配的原材料采购、库存设计等都可以随之优化。

国双曾经服务过一个奶粉品牌，该品牌一款新上市的罐装奶粉复购率比较低。为了提升复购率，国双分析了企业的品牌、市场和销售数据。在分析消费者评价的时候发现，一个比较明显的负面反馈是，罐子里挖奶粉的勺子容易沉底，用勺子挖奶粉的时需要先用筷子或者其他工具把勺子捞出来，大家觉得不方便、不卫生。我们将这个发现反馈给品牌主，品牌主重新设计了奶粉罐的盖子，勺子不用的时候能更加牢靠地被安置在盖子内侧。通过这样的细节改进，产品的复购率明显上升。

大数据时代，数据是企业的核心竞争力，也是企业的软实力。企业通过洞悉数据间的复杂关系，能够获得全新的商业洞察，做出更加迅速、科学的营销决策。但大数据虽然名为"大"数据，其真正的意义并不是"大"，而是"有价值"。站在客户角度、能够解决问题、具有落地价值的大数据，才能驱动企业真正实现智慧增长。

2.2.2　数据驱动的营销方法论

前文介绍了企业数字营销过程中的主要阶段。那么，当一个企业希望通过数字营销驱动业务增长时，需要如何开始呢？通常情况下需要以下几个步骤。

第一，盘点现有痛点与现状，制定适合企业自身的驱动策略。

痛点，既包括业务痛点，如消费者不清晰、用户结构模糊、转化成本高、运营成本高、流失严重、营销效果难以评估等；也包括数据 /IT 的痛点，如数据不完整、烟囱式系统多、数据割裂、企业 IT 信息化程度不高。

痛点需要与业务场景充分结合，需要回归到工作流程、部门 KPI 达成等细节中去。企业可以把这些痛点依据所处的部门、职级一一列举出来，找到其中的关系。之后再拆解成业务、数据 /IT 等不同方向。这个过程可以通过内部访谈（多部门、多职级）等方式实现。

了解业务和数据 /IT 现状之后，基本上就了解了企业数字营销所处的阶段。接着就是策略制定，策略制定需要因需，也需要因时。有些企业客户资源丰富，但是希望能够进一步精耕细作，让数据和用户在多个业态之间流转、盘活，促使企业高效运作。那么，它们的策略往往是以企业内循环（内部不同产品线的用户）带动外循环（外部渠道引流），以组织为构架，实现数据与业务的双向驱动；也有些企业客户存量相对匮乏，希望通过"爆款"引流的同时强势出击，迅速占领细分市场，他们的策略则是以顾客为中心、以数据为资产、以系统为支撑实现营销驱动的市场增长。

第二，确立项目目标。

大的方向上常见的目标有以下几种，依据企业的不同需求而设立。

（1）构建大数据中心，搭建数字化运营驾驶舱，实现数据资产可视化：整合多渠道、多平台、多业务链数据，搭建运营数据可视化平台，为管理层、执行层、经销商等不同层级、部门和需求的使用者呈现个性化数据与报表，通过数据资产的可视化及时了解公司客户结构、运营状态、营销效果等，为策略、战略的制定提供帮助。

（2）打通多业态 / 产品线用户数据，构建统一的用户数据中心：在大数据中心基础上实现用户数据打通，将营销数据、销售数据、售后数据、电商数据等不同业务、渠道、部门的用户数据关联打通，并适时接入第三方数据，丰富企业用户画像，为数据化营销、精细化管理、生态化运营、智能化决策等提供数据支撑与平台支撑。

（3）数据建模，为业务智能升级赋能：以"业务专家 + 数据科学家"相结合的模式，在业务专家的介入下，引入数据科学家按照企业业务场景、特色需求建模，驱动业务智能升级。产品研发方面，实现产品或者功能创新；管理方面，实现库存、人员、绩效等动态优化；营销方面，实现产品智能推荐（交叉销售）、媒体预算智能分配、营销效果自动评估、用户流失智能预警、用户维修智能预测等。

（4）构建数字化泛用户体系：连接不同触点的客户，通过用户权益共享，促使用户交叉消费和复购，提升用户价值，延长用户生命周期。通过筛选爱分享、爱互动的高价值用户，实现"以老带新"，不断吸引新客户，最终形成企业生态的泛用户体系，促进业务增长。

（5）给消费者带来全渠道、跨实体、无缝衔接的促销体验：打通线上线下促销渠道，消费者可以收到来自所有渠道的促销活动信息；打通线上线下的商品、会员、订单、支付等环节，实现促销优惠可以在任意渠道使用；统一促销模型，灵活配置参数，实现差异化促销。

（6）实现营销管理一体化：由集团统一制定和管控营销规范和模型，各子集团和渠道进行营销活动策划和执行。各个子集团对具体营销策略有一定自主权，并为集团提供信息支撑和决策支持，形成"集团 + 子集团"的营销管理一体化。

（7）实现新业态发掘与扩展：结合现有业务，在数据的推动下，探索产业链上下游业务模式、市场空间、行业壁垒、市场竞争等，发现新市场机会。

这些目标有的需要立即实现，有的需要有了一定基础之后才能实现，因此可将这些目标划分为短期目标和中长期目标。

第三，方案构架与平台建设。

这是将需求（痛点）、策略（怎么办）、目标（有什么好处）、所需资源（具体需要解决的问题）——对应、整合的过程。这里的一个基本原则是，目标要全面、细致地拆解到业务层面，同时数据层面还要能完全支撑起业务。如果脱节，就会出现小的问题解决了但并没有实现业绩增长或者成本降低；或者是数据/IT层面与业务层面的需求不匹配，系统和平台建立之后不能有效助力业务。这需要业务专家与IT人员通力协作。

例如，某大型集团希望将不同业务线数据打通之后，实现人、货、场层面的内部共享。基于此需求，搭建了用户库，在人的层面上打破业务线限制；搭建内容库，实现集团业务的统一制作和分发；搭建媒体库，洞察每一条线的营销效果。通过全渠道数据收集、营销策划以及营销自动化，实现用户到内容、渠道的精耕细作、自动化。在此基础上，通过会员体系提升用户黏性，实现资产沉淀（见图2.2）。

图2.2 某集团数字营销解决方案架构

某教育品牌希望降低获客成本，提升转化率以及复购（交叉购买）率。从流量入手，通过客流分析全渠道获取流量的同时对人群进行定向投放；通过社交营销、积分等提升转化率；再通过裂变营销培养品牌自己的 KOC，进一步提升忠诚度与转化率（见图 2.3）。

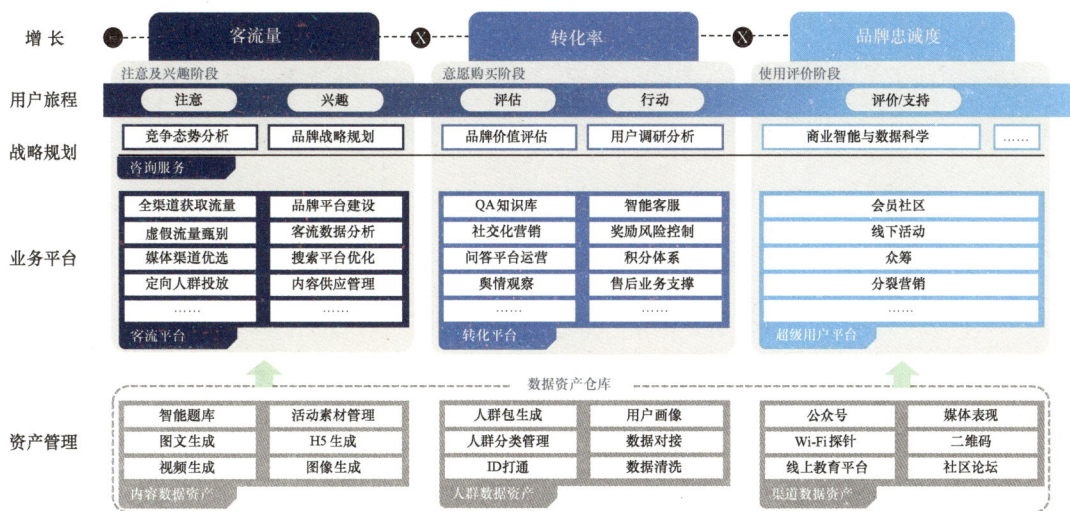

图 2.3　某教育品牌数字营销解决方案架构

某快消品牌为了实现企业营销、销售、服务业务领域客户数据的统一管理，为精准的自动化与个性化营销与服务提供数据基础，采集并拉通网站、微信、App 及线下多渠道数据，通过精准匹配及模糊匹配方式，进行 ID 统一关联，建立动态用户标签模型及体系。

这 3 个方案有大有小，在构建与实施的过程中通常思路是 MVP（最小可行产品）方式：以应用为驱动，在初期构建一个最小但完整的价值闭环，并逐步推广扩展。同时在技术上选择可扩展、可适配的方式，结合微服务与中台架构理念，形成整体平台。如此一来，既可以快速验证实施效果，又能解决迫切需求。

考虑到每一个企业业务需求、IT 环境差别较大，这里不展开平台构建的细节，但是通常会包括以下标准。

（1）标准化：技术架构和文档遵循网络协议、传输标准、行业标准要求。

（2）智能化：通过数据建模实现业务增长及运营效率提升。

（3）可扩展：随着品牌发展，使用人数、压力随之上升，平台需要具备扩展性。

（4）易用性：系统使用界面良好，可以很方便进行系统升级。

（5）微服务架构：可依据业务需求对功能模块进行"插拔"，提升实施效率，降低成本。

（6）安全可靠：提供安全管理、认证授权，安全审计、数据保护和集群外围安全等多层面保护。

第四，营销驱动的指标、算法、模型。

每一家企业在营销过程中都会有自己的评估指标或评估体系。除了常见的 CPC、CTR、Conversion Rate、ROI、LTV 之外，为了更加全面地评估营销效果，使这些不同的指标能够在某一个层面上对齐，常常还会建立一些复合指标，使整个评估过程更加完整。

例如，广告投放之后会有曝光量、点击量。微博上一个活动的接力会有转 / 评 / 赞。商城会有访问量、成交量、成交价。那么，当一次活动投了广告的同时还在微博上做了推广，并在自建商城上承接，有没有一种方式能打通这 3 个渠道的数据，综合看这一次活动的效果呢？我们需要一个新的评估体系。

评估体系的背后是业务达成的目标。同样的数据、指标，目标不同，评估体系可能不同。可以从传播力（活动是否具有内容、消费者、渠道的穿透性）、吸引力（有没有人留言、转发、评论、点击、加购物车）、购买力（表示自己有购买的愿望、下单）来看这次活动对于消费者的影响渗透哪个层面，吸引了多少人、多少人愿意或者已经买单（见图 2.4），也可以从品牌层面洞察品牌认知（是不是更了解产品）、品牌好感（觉得这波活动太赞了）、品牌忠诚（更喜欢这个品牌）来看这次活动对于产品的品牌意义，甚至还可以评估代言人的效果，品牌关联度（多少人在讨论代言人的时候谈到了品牌，提高品牌知名度）、品牌好感度（觉得代言人选的不错或者糟透了）。

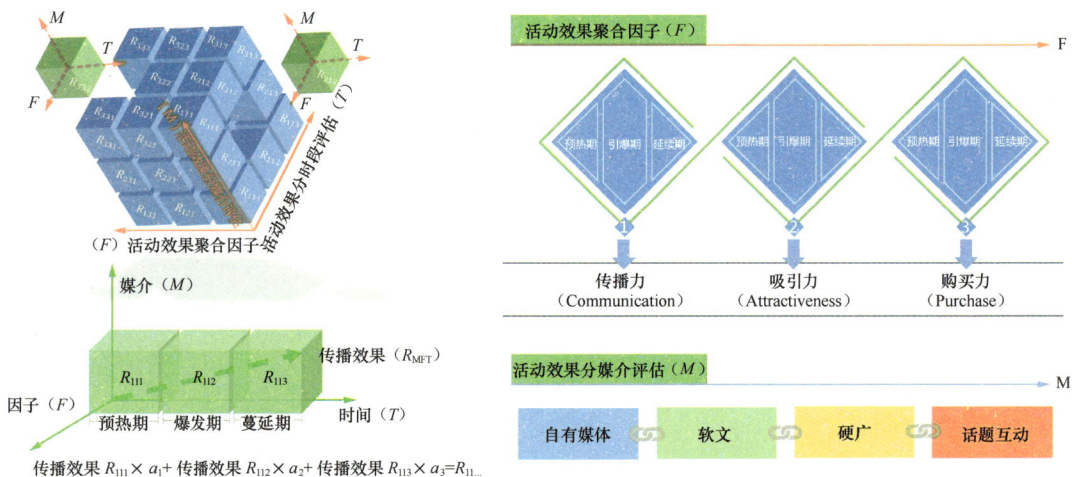

图 2.4　国双 CAP 评估模型，常用于活动效果评估

为便于观察数据，通常会把整个评估体系"指数化"。无论是传播力、吸引力、购买力，还是品牌的认知度、好感度，都会以数值的形式呈现在系统中。沿着评估体系的逻辑，可以一层一层地剖析数据高或者低的原因，这时就会涉及算法的合成。指标、评估体系是算法的一部分。

从"啤酒＋尿不湿"的故事开始。零售业巨头沃尔玛发现周末啤酒和尿布的销量比平时高，研究后发现：周末家庭主妇会独自外出活动，丈夫会留守家中一边照看孩子，一边喝啤酒看球赛。基于这个发现，沃尔玛在卖场推出"啤酒＋尿不湿"的组合，两种产品的销售量双双翻倍。算法帮助企业突破了一个又一个的营销难题：基于用户行为对每一个用户的"价值"打分之后重新排序，给到 Call Center 和销售人员，可以优先与价值更高的客户沟通，提升成单效率；通过统计客户习惯、消费频次、客单价、最近一次消费时间等，指导业务人员进行恰到好处的沟通，避免因过分打扰客户而使其产生反感。结果发现，如果某客户是单身中产者，社交广泛，活跃度高，在售后服务上，相比较现金折扣，TA 往往更注重一些新鲜有趣的线下活动；而对于有家庭、感性的客户，节假日、雨雪天气的贴心问候，与儿童产品的跨界联营往往更受欢迎。

在算法的"加持"下，营销焕发出惊人"活力"。企业消费者数据、产品数据、营销数据等存储下来会形成企业自己的"数据仓库"。但是，只有数据是很难直接帮助企业实现业务增长的。企业需要通过算法找到数据与数据之间的业务关联，形成业务上的发现，才能够为业务助力。这些业务发现，以及与之相关的数据就形成了企业独有的"知识体系"。

举个例子，某款洗衣粉的"成分"中有"酵素"，它有"深度清洁"等功效。围绕着"深度清洁"和"酵素"，可以对消费者的网络评论建模，建立产品与消费场景的关联，最终发现消费群体中有一类是"年轻妈妈"。原因是：宝宝吃饭的时候经常弄脏衣物，天然的洗涤用品不容易损伤宝宝肌肤。在这个过程中，通过算法从数据中找到了以下关联："宝宝吃饭容易弄脏衣物，天然的洗涤用品不容易损伤宝宝肌肤；酵素是很天然的成分，酵素具备深度清洁的功效；酵素能够将宝宝的脏衣物清洗得很干净；妈妈会选择这款添加了酵素的，洗得很干净的产品。"利用这些关联，业务上，在给"母婴"类人群推送信息的时候，主打"酵素""安全""深度清洁""很适用于宝宝"等特点就会使产品更具吸引力。

这与传统营销方式显然不同。上述例子中，将数据与数据中的"业务关联"以及后续投放效果沉淀下来，就是这个产品与消费者、消费场景的"营销知识体系"。为了使整个知识体系更加直观，便于查询、应用（产品线复杂或多集团、多态企业的营销知识体系会相对复杂），一些企业会以图数据库的形式将它们存储、呈现出来，形成自己的"营销知识图谱"。"营销知识图谱"就像人的大脑，可以关联、存储无数经验和业务智慧，从而使企业在知识层面达成统一。

第五，数据驱动营销的创意活动执行。

创意活动执行注重流程的建立和数据收集，也注重通过系统的方式提高活动的执行效率（见图2.5）。

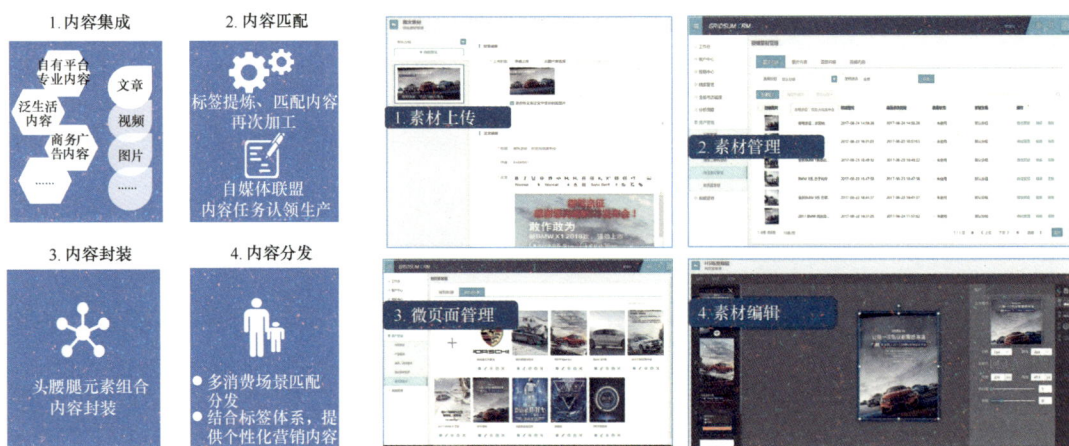

图 2.5　某客户营销自动化平台

通过组织线上创意活动，企业有效实现不同的营销目标，包括：

（1）在公域的大流量平台实现品牌曝光；

（2）在公域的大流量平台实现产品种草；

（3）在公域的大流量平台实现潜在用户引流与圈粉；

（4）在企业私域流量平台实现精准用户产品深度触达；

（5）在企业私域流量平台实现精准用户互动养熟；

（6）在企业私域流量平台实现销售成交；

（7）在企业私域流量平台实现内容 UGC 生产；

（8）在公域的大流量平台实现用户口碑内容推荐、分享、传播、裂变。

线上创意活动基于不同媒体平台，不同的内容形式可以生成丰富多彩的活动载体，包括：

（1）H5页面（优惠券、抢红包、大转盘抽奖等经典场景）；

（2）微信自定义回复互动模型（群发分组、关键词回复、自定义菜单、模板消息等经典场景）；

（3）微表单（课程报名、问卷投票、KOL达人活动征集等经典场景）；

（4）小程序（健身计划个性定制、3D营销性质小游戏、特色功能免安装输出等经典场景）；

（5）图文、音频、短视频、直播等一切可以承载活动内容的新媒体平台发布。

不同载体的活动一旦执行起来，活动传播数据、用户参与数据、成交转化数据等多维度数据将会有效沉淀在企业方数据平台，通过对这些数据进行实时监测与分析，可实时构成创意活动的指挥台，展开强有力的活动执行流程优化，不断提升活动的营销目的精准达成。从数据层到创意活动层形成双向循环，实现数据驱动的创意活动执行，给营销效果带来超乎想象的效率提升。

2.3 数字营销领航产业智能时代

2.3.1 以数据驱动响应消费者丰富多变的诉求

营销行业面临数字化转型之困

目前，数字经济快速发展的红利正惠及包括营销在内的各个行业。营销行业也需要考虑"如何利用数字技术，把各生产要素、各生产环节数字化处理，推动技术、人才、资本等资源配置优化，推动业务流程、生产方式重组变革，从而提高产业效率。"[1]

但是，并不是每个企业都能迅速行动，还没做好准备的企业势必会遇到诸多挑战，阿里研究院曾经概括了5个风险：市场失焦、营销失语、管理失衡、系统失灵、增长失速。

---

[1] 《"5G+云+AI"：数字经济新时代的引擎》，中国信息通信研究院白皮书，2019年12月发布。

（1）**市场失焦**：数字经济时代，企业不知道客户是谁，客户在哪里，客户喜欢什么，客户体验如何，客户如何反馈。因为不了解客户需求，企业不清楚生产什么，生产多少，采购多少，如何排期，只能用猜测的方式去决策。

（2）**营销失语**：没有数字化，企业不知道如何给客户讲产品和服务的故事。很多时候，企业在营销的时候不知道对谁讲，在哪讲，讲什么，如何讲，讲的效果如何。

（3）**管理失衡**：在管理上，企业可能面临前后失衡，在一线打仗的前台得不到后台的有力支持；左右失衡，企业难以做到跨部门与供应商、销售商高效协同；上下失衡，董事长、总经理数字化转型的决心得不到中层和员工的响应；虚实失衡，企业文化与企业数字化转型要求没有内在匹配度。

（4）**系统失灵**：原有的信息系统越来越难以适应需求的快速变化；企业的供应链、柔性生产、财务、库存、新品开发的速度跟不上业务发展的需要。

（5）**增长失速**：当数字化战略的实施缺失，带来的必然结果是增长失速。

数字化转型对于每个企业来说都是箭在弦上、不得不发，为了应对市场的挑战，企业必须沿着信息化、自动化、智能化的方向，以数据为驱动，通过数学建模，对环境变化进行实时预判与及时响应，真正做到智能决策。关于智能决策，数据是核心，是企业发展的生命线。但是很多企业的数据永远只是数据，不会成为资产。至少在融入业务场景、打破沟通壁垒、给企业带来实际收益之前，在成为可以消除信息不对称的"信息"之前，数据永远不会成为资产。

营销行业数字转型"军备"之旅

拿某 To B 类 IT 产品为例，尽管是世界 500 强的企业，但它在当下的营销环境中，也表现出了极大的不适应：（1）获客艰难，以往通过垂直媒体的方式很难大量获客，但大众媒体很难精准触达 B 端客户（市场失焦）；（2）数据割裂，营销渠道碎片化，企业内外部数据严重割裂，很难一以贯之地在正确的渠道上对正确的用户说正确的话（营销失语）；（3）成单转化率低，由于牵涉市场人员、呼叫中心、销售人员、IT 人员等多部门沟通，营销活动产生的销售线索转化率低（管理失衡）；（4）依靠经验购买流量，没有内生性增长的保障，增长缓慢（增长失速）。

那么该怎么赋能这家公司的数字化转型？在其他企业仍摇摆不定、举步维艰时，用数据驱动的智能决策覆盖获客、培育、转化、留存等各个阶段，让它率先完成自己的数字化转型"军备"。

第一，集中化的数据资产接入和管理，让投放不迷茫。

投放、获客是商业的粮草。客户永远关心每个媒体的获客（留资）成本以及转化的成本，因此需要帮客户集中化地进行数据资产接入和管理，包括企业自有网站、微信、小程序、线下活动等第一方数据，广告监测数据、定向标签等媒体方的数据，以及诸如数据合作方的第三方数据。当数据汇总在一起，就可以进行横向以及纵向的比对，做归因分析，看哪个媒体效果好，哪个媒体效果获客成本低，哪个媒体获客量大……数据可以明确、清楚地告诉企业哪个媒体可以大量投资，哪个媒体可以少量投资。

同时，基于过往数据，也可以让那些表现良好的媒体成为"良好 Plus""良好 Pro"。利用 Lookalike 的算法重定向，利用数据更精准地找到企业想触达的潜在客户。

同样是 2020 年第一季度的表现，相比常规的广告投放，利用数据（Lookalike）的决策，获客效率增长了 56%，让优质媒体的获客"更上一层楼"（见图 2.6）。

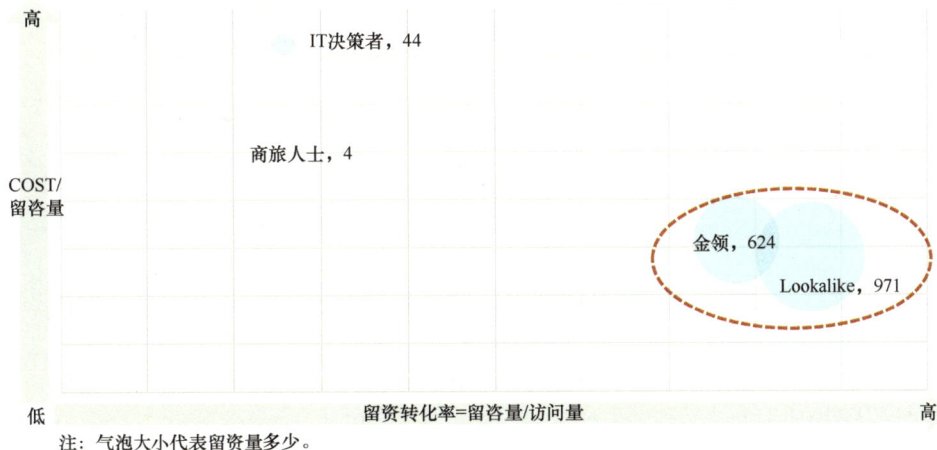

图 2.6　客户利用数据使投放增益

第二，用标签定义"数字人"，精准触达。

面对客户的营销失语，可以用标签定义用户，再进行精准触达。在合法合规的大前提下，可以用完备的标签体系勾勒出用户 360 度的立体画像。

什么样的标签体系才算完备呢？（1）有事实标签：就是用户都干了什么，根据用户的行为事实获取标签，它从原始数据中提取且不断扩展增加；（2）有模型标签：就是用户的这个行为于业务而言意味着什么，它基于事实标签通过一定的模型提取、分析、整合得到；（3）有预测标签：基于知识图谱和算法生成针对新需求和目的的标签。基于这些标签体系，企业就可以圈选客群，进而借助自动化营销引擎进行精准触达，可以知道分别该对什么人、基于什么产品、触达什么内容，进行"千人千面"、持续个性化培育（见图 2.7）。

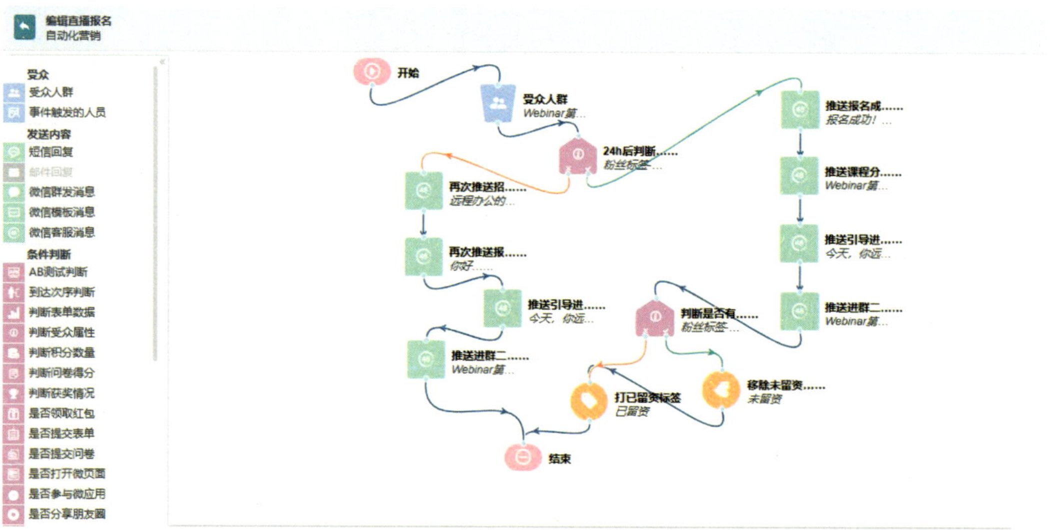

图 2.7　国双 SCRM 自动化营销引擎

第三，用打分筛选高质量客户，实现降本增效。

企业获得用户的留资数据之后，会通过呼叫中心跟进并争取转化。但是并不是每个留资数据都值得花时间跟进；呼叫中心的运力也不能承载所有的留资数据。那么如何将有价值的数据给到呼叫中心呢？如何判断一个留资数据的价值呢？

首先分析所有留资数据并结合对业务的理解，找到影响转化的若干关键因子，赋以不同的权重，然后通过智能建模计算对线索进行评分，评分高的线索优先给到呼叫中心，评分低的线索继续培育，进而净化流程，为各个部门实现降本增效（见图 2.8）。

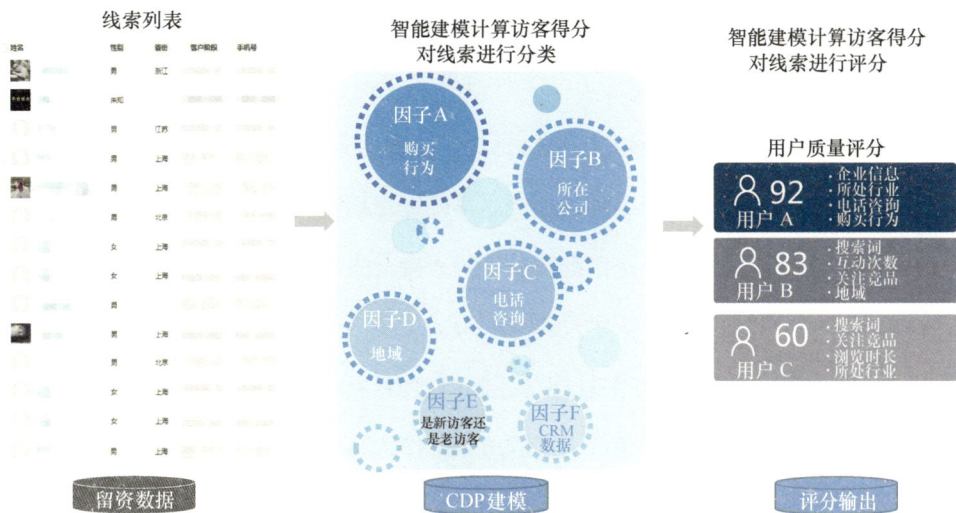

图 2.8　国双 CDP 线索评分模型

第四，流量池蓄积忠诚度，提升端到端客户满意度。

如前文所说，用户的忠诚度是企业内生性增长的法宝，而私域流量的精细运营，就是获取用户忠诚度的极佳路径。凭借强大的用户基础，微信生态早已成为私域流量的关键阵地，微信成为最佳的用户触达 / 互动渠道，以及品牌企业触达消费者和用户的最佳场景入口。微信不仅可以扩大潜在客户覆盖的范围，更能够基于信任背书，有效提升客户线索的数量和质量。

在这里，企业可以进行个体数据的跨渠道、跨屏打通，可以用微信生态的数据和企业线上线下的、前后端的、电商的数据全量打通等，实现对用户更全面的认识，并且用流量池思维，长期维护客户数据、更新客户画像，进而借助丰富的内容素材（H5、问卷、图文、图片、语音、视频等）管理能力，从内容到用户的标签管理机制和适合社交领域的忠诚度体系等，对他们进行稳定、持续、信任的沟通，进而提升用户的忠诚度。

围绕顾客与品牌接触的闭环路径，从导入数据、处理数据到应用数据，通过"数据＋模型"提供服务，提升端到端的客户满意度。以客户为维度，分析线上线下客户行为，更好地利用数据对客户进行判定和推荐营销。既可以结合 SCRM（社会关系管理）、SMS（短信服务）、EDM（电子邮件营销）等进行个性化的推送，也可以结合媒体 DMP（数据管理平台）等进行由一方数据（取决于广告主对现有数据的开放程度）扩展的精准群体营销；既可以利用对客户的全面分析，指导线下销售策略，也可以指导优化现有产品营销策略。

2.3.2 以智能决策应对日新月异的营销行业

科技发展一日千里，营销环境也瞬息万变。在数字营销的第一波浪潮下，品牌主能够让自己的品牌以更广的维度曝光给受众，更深程度地参与消费者的决策流程。但是，消费者主权日益崛起，生产到消费的链路日渐缩短。明天会发生什么？下一步要怎么办？我们需要从数据中洞察、分析，更要从分析中预见、决策。这是企业智能化的过程。

智能化的决策能够帮助品牌主从更丰富的维度解释消费者行为，并基于理解给出及时的反馈；也能够帮助品牌主以更快、更低的成本制作内容，选择投放渠道，达到真正的边际成本最优。

某服饰品牌消费者购买意向预测

作为一个成立 100 多年的跨国老店，A 集团已经具备一定数字化基础：线下 CRM 系统、线上电商系统积累了大量用户数据。但是，对这些数据进行分析后发现依然有一些问题很棘手，A 集团所呈现的商业状态也不健康。例如，会员数量增速迅猛，但交易却主要来自非会员；会员购买比例增长较缓慢，复购率低。

怎样才能激发会员的购买力，进一步提升复购呢？我们将所有与会员相关的数据打通，结合业务经验，对 A 会员的购买意向进行了预测性建模。通过会员购买意向预测（Purchase Potential Prediction, PPP）对会员进行多维分析、分群管理、定向触达。结果超出预期："双 11"期间，利用购买可能性预测模型（PPP Model）触达了 19.83%的老会员，覆盖转化人群 42.54%，覆盖销售额 49.38%，投资回报率提升 149%，整体转化率提升 114.56%。其中，圈出的最高价值人群转化率提升 494.25%，客单价提升 60%。

整个过程主要由以下四步实现。

第一步：打通数据，选择适用于建模的会员样本。

基于业务规则打通多个系统中的海量数据，厘清用户画像。一方面，将历史积累的会员汇于一个池子；另一方面，又从全部会员中初步筛选出一部分（几十万）人进行 AI 建模的可能性评估，做好准备。

第二步：用 PPP 模型筛选出高购买意向的人群。

通过机器感知（包括把一些标签作为特征使用）和业务经验（即哪些因素会影响用户下单）对所有用户特征进行新的价值挖掘，把用户特征输出成参数，用模型筛选出更有可能参加本次营销活动的目标人群，成为下一步 AI 建模的基础（见图 2.9）。

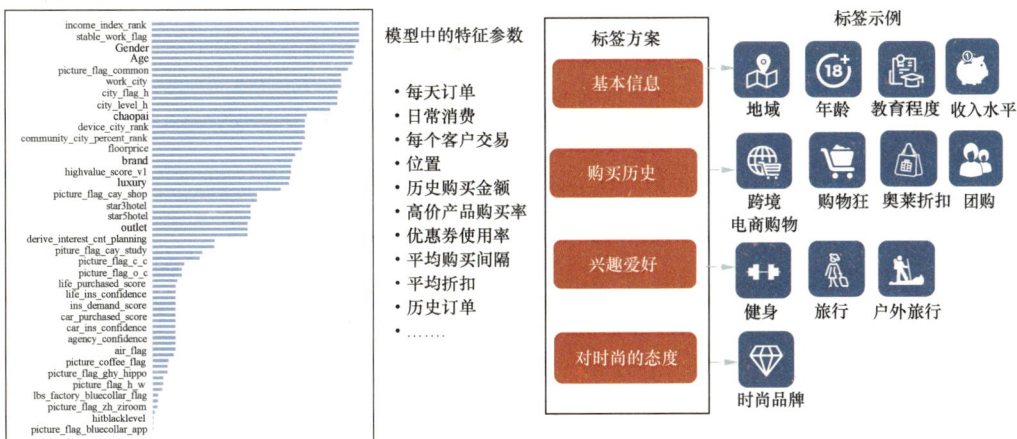

图 2.9　用 PPP 模型筛选出高购买意向的人群

第三步：用聚类算法对目标人群进行分类。

围绕客户核心关注点，通过 Logistic 回归、XGBoost 方法、决策树、GBDT 等多种训练模型建模，并运用 AUC 统计量、K-S 曲线、Lift 值和响应率曲线、F1 统计量等模型进行评估，选出最佳效果模型（见图 2.10）。

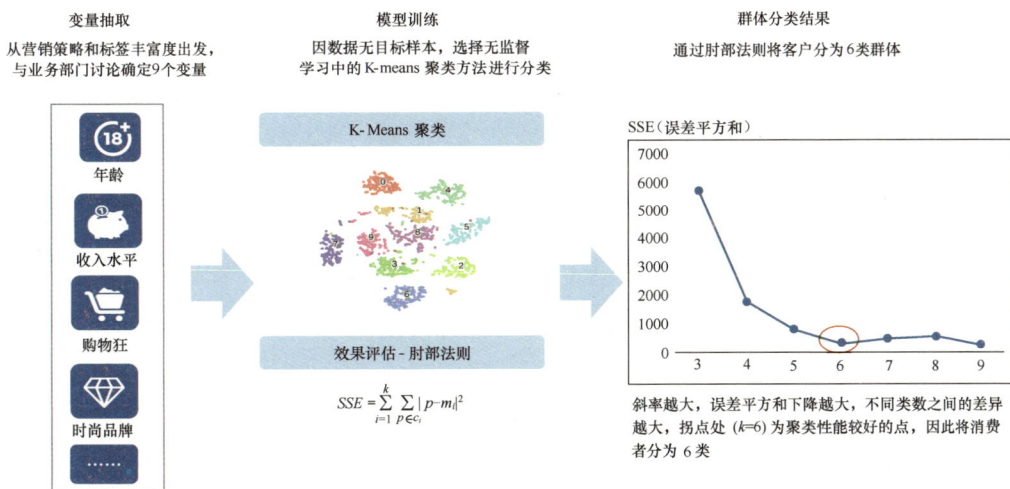

$$SSE = \sum_{i=1}^{k} \sum_{p \in c_i} |p - m_i|^2$$

图 2.10　用聚类算法对目标人群进行分类

通过聚类，利用 K-means 算法对具有较高购买可能性（较高评分）的人群进行类别划分，最后把用户分成 6 类，即：要求高性价比的人、低端消费人士、时尚人士、注重质量的人、购物狂、按需求购物的人。

第四步：分人群定制营销策略。

差异化营销：对追求高性价比的人，发放折扣券，传递全场满减、赠送礼品等信息；对时尚人士，告知新款出售、购买新品有机会获得时装周入场券；对注重质量的人，传播经典款正在热卖，产品完美贴合身形……

整个过程进行了 AB 测试。相较于没有运用 PPP 模型的 0.63% 的转化率，运用 PPP 模型和定向投放后，对追求高性价比的人的转化率提高了 30%；对时尚人士的转化率提高了 142%；对注重质量的人的转化率提高了 600%。

案例中用到的 PPP 模型是对经典预测模型的改进。这些模型一开始用于预测线下商店周围的营销特征与其交易绩效的相关性，从而帮助评估研究区域内任何地方新商店的当前和预期表现。这里，我们将它们改进后用于预测 A 电商旗舰店的销量和潜在环境变量之间的关系。

我们全面考虑了不同活动的特征（投入 / 机制 / 投放时间等）和市场特征（竞品同期活动数量），以及消费者的基本信息（所在地 / 年龄等）、消费行为数据（是否接受短信 / 是否点击链接 / 是否有跨境电商购买行为 / 是否有团购等）、个人兴趣与态度（对于健康 / 对于时尚的态度），帮助 A 从以往的消费者中拓展出新的重要潜在客户。

模型的效果通过项目检验。投放与效果数据进一步收集后又被用于模型的自动优化。至此，一个"数据收集 – 数据建模 – 营销投放 – 效果评估 – 数据进一步收集 – 模型自动优化 – 投放更加智能"的智能决策流程搭建起来。

某保健品牌应用知识图谱技术制定营销内容并自动撰写软文

C 是一家主营保健品的跨国公司，产品线丰富。在传播内容时，C 存在两个痛点：其一，洞察人们的消费场景，如哪些场景下人们喜欢用水送服片剂，哪些场景下又希望片剂能被咀嚼，以便提升营销效果；其二，迅速进行大量高水准、专业内容的撰写，比如膝盖疼痛的原因，某种成分的主要功效或者是副作用等，以便于降低运营门槛与成本。

为了解决这两个问题，我们为 C 在营销内容层面搭建了知识图谱，找到不同人群、场景下人们对疾病、疗法、产品的需求，并在此基础上开发了软文自动撰写平台，让内容从选题（方向发现）到制作（文章撰写）更加智能。

（1）实体词挖掘。收集 C 及竞品投放的文章，运用自然语言处理技术（NLP）找出对业务有价值的高频词语和短语，如膝关节、腰、氨糖、维生素 D、早餐、慢跑、寝室、办公室等。这些高频的词语和短语作为"实体"形成了实体库。

（2）本体及实体挖掘。对实体进行分类，形成本体，找到本体与实体的对应关系。例如，出现"维生素 D""氨糖"，知道这是"成分"，出现"早餐""慢跑"，知道是"场景"，出现"寝室""办公室"知道对应了"学生""白领"两类"人群"。这里，"成分""场景""人群"是对氨糖、慢跑、办公室等词的归类，称为"本体"。

这个环节要确定所分的类型，比如要"成分""场景""人群"，不要"气味""口感"，需要业务专家深度介入。也要避免将词分到错误的类别下，如将"早餐"划分到"成分"或者将"氨糖"划分到"人群"中，这需要数据科学家进行高质量建模。

通过本体及实体的挖掘，我们能找到哪些人在哪些场景中会提到什么疾病，如老年人－早餐－腰疼，也能找到人们对产品的需求，比如，青少年－钙片－选择方法。

（3）口碑印象标签解析。挖掘属性和评价词语，与相关实体关联，形成实体的评价印象标签。简单理解就是分析人们的评价，知道大家觉得产品哪里好哪里不好，而不仅是非常模糊地认为产品好或者不好。

（4）句法解析。解析句子的语法结构以及与本体、实体的关联，使机器撰写更接近人的行文习惯。例如，在动宾／间宾／前置这种句法中，依据宾语常常是名词或主谓短语这个语法规则，可以生成"预防 小腿 抽筋 的 疗法"这样的自然句子。我们将文章进行了结构化处理，如针对孕妇这个群体，一种文章的结构是在引言部分描述"孕妇＋医院"的场景，正文撰写"缺钙的表现－补钙的技巧－钙片的选择办法"，结尾又用"孕妇＋医院"呼应前文。依据这样的"模板"，结合知识图谱的内容推荐，就能快速生成不同类型的文章。

在以上两个例子中，A 企业应用数据建模预测消费者的购买意向，通过细分人群的差异化影响提升购买力，C 企业则是将知识图谱聚焦在内容传播领域，在场景、需求、产品洞察的基础上实现软文的自动撰写。它们都是智能决策在营销端应用得非常好的案例。但是，我们讲过，消费者与生产的距离日渐缩短，个性化的需求日益增加，如果营销不单单是营销，目光就不能仅停留在这里。从消费到生产，从营销到生产，我们需要从链路上实现智能。还是以 C 为例，通过对消费需求、场景、产品的洞察，如果我们能发现除了"钙片""液态钙"、可以"咀嚼"的"钙片"之外，"软糖"也是某一个群体的显著需求，我们就真正打通这个闭环了。

在产业智能时代，数字营销既扮演着十分重要的领航者角色，也是产业智能必不可少、不可或缺的一环。从企业内部看，营销的数字化、智能化，必将带动生产经营和管理的其他环节数字化、智能化。从产业链看，一个领域的营销数字化、智能化同样将带动其他领域甚至整个产业链的数字化、智能化。从这个角度说，营销数字化是实现产业升级的重要推手，将带动产业智能的整体发展，从而为整个产业的数字化、智能化转型，实现产业升级创造更大的价值。对于营销行业而言，在海量数据中，获取用户的数据信息已经不算难题，更具挑战的是如何在保护数据安全的同时，从海量数据中挖掘有价值的数据。

用业务产生的数据去支持业务的优化，而业务优化后沉淀出的新数据可以继续优化业务。随着业务的优化，新的产能必将释放出来，带来营收的增长，而增长的营收可以再投入数字化、智能化转型，进一步增益业务，形成持续增长的迭代。只有这样，企业才能凭借其"智能"在产业互联网的进化中掀起属于自己的浪潮。

第 3 章

CHAPTER 3

3

知识驱动下的专业服务智能化

不同于数字营销天然拥有大规模的结构化数据，与产业发展相关的其他更多领域，如法律、审计、金融等，往往需要处理各类文档、文本、图片、报表、音视频信息等更多的非结构化数据。如何将这些非结构化数据变成结构化数据，结合不同应用场景，为相应领域服务，是当前所有大数据、人工智能企业面临的难题。

伴随着产业智能相关技术的普及和渗透，单纯的数据驱动已无法满足专业服务领域的数字化转型需求，需要将专业知识、专家经验代码化，通过数据和知识双轮驱动助力行业转型升级。从过去基于业务流程的"信息化"到如今深入结合产业场景解决复杂问题，不仅帮助政府、企业和组织从产业管理角度提升整体效能、辅助科学决策，同时也促使法律、审计、金融、财务、工商等各细分领域的企业降本增效、进行模式创新，从而推动整个产业数字化、智能化升级。

3.1 专业服务的数字化转型浪潮

3.1.1 数字经济浪潮席卷专业服务领域

随着越来越多的行业步入数字化转型之路，世界经济面貌也正在发生巨大改变，我们也将因此全面进入数字经济时代。❶ 一般而言，数字经济是指以数字化的知识和信息为关

---

❶ 《2018 中国企业数字化发展报告》，IDC，2018 年 8 月发布。

键生产要素、以现代信息网络为重要载体、以信息通信技术的有效使用作为效率提升和经济结构优化的重要推动力的一系列经济活动。互联网、云计算、大数据、物联网，以及其他新的数字技术应用于信息的采集、存储、分析和共享过程，改变了社会互动方式。数字化、网络化、智能化的信息通信技术使现代经济活动更加灵活、敏捷、智慧。❶ 从数字经济的定义不难看出，它是一种融合性经济，不单单指向某个或某几个行业，大家普遍认可的互联网行业、通信行业等，只是数字化经济的一部分，数字化、网络化、智能化就像蒸汽、电力一样，可以与不同行业相互交融、相互渗透，产生巨大的经济效益。

数字经济正在经历高速增长、快速创新的发展阶段，并广泛应用到其他经济领域。正如《"一带一路"数字经济国际合作倡议》显示，数字经济是全球经济增长日益重要的驱动力，在加速经济发展、提高现有产业劳动生产率、培育市场和产业新增长点、实现包容性增长和可持续增长中发挥着重要作用。根据中国信息化百人会的测算，2016 年世界主要国家数字经济占 GDP 比重快速提升，美国、德国、英国数字经济占 GDP 比重超过 50%，日本、韩国数字经济占 GDP 比重也超过 40%。IDC（互联网数据中心）全球 IT 产业预测也指出，到 2021 年，全球至少 50% 的 GDP 将以数字化的方式实现。数字技术将全面渗透各个行业，并实现跨界融合和倍增创新，驱动世界经济向以数字经济为重要内容的经济活动加速转变，数字经济时代已经全面来临。

在我国，数字经济已经占到 GDP 的 30.6%，带来 280 万新增就业人数，占年新增就业人数的 21%。❷ 正是因为数字经济巨大的发展潜力，国家针对数字经济制定了一系列政策方针，逐步提升和稳固了数字经济在国民经济中的重要性。2015 年 3 月，国务院在政府工作报告中首次提出了"互联网＋"的行动计划，并把移动互联网、云计算、大数据、物联网的发展等都提升到了一个前所未有的战略高度。2016 年，我国倡导签署了《二十国集团数字经济发展与合作倡议》，首次在官方文件中明确了数字经济这一提法的内涵。2017 年 3 月，国务院在政府工作报告中肯定了数字经济的战略意义，提出推动"互联网＋"深入发展、促进数字经济加快成长，让企业广泛受益、群众普遍受惠。2018 年和 2019 年的政府工作

---

❶ 《二十国集团数字经济发展与合作倡议》，G20 杭州峰会，2016 年发布。
❷ 马化腾，等. 数字经济——中国创新增长新动能. 北京：中信出版集团，2017.

报告更是围绕"互联网＋"大篇幅深入剖析，两年的政府工作报告中14次提到"互联网＋"。"互联网＋"不仅对工业、农业、制造业等传统行业产生很大影响，还与政务服务、司法、医疗、金融、养老、教育、文化、体育等各行各业紧密相连，国家全面推进"互联网＋"战略，充分显示了国家层面对数字经济发展的重视。

得益于国家层面的有效指引、推动及扶持，当前阶段，数字化与专业服务的结合愈加紧密，"互联网＋政务""互联网＋法律""互联网＋金融"等已经成为屡见不鲜的热门概念，越来越多的技术先锋和专家团队携手，开始了专业服务领域数字化的探索与实践。

世界各国对产业的划分虽不完全一致，但基本认同划分为3大类，即我们熟知的第一产业、第二产业和第三产业。第一产业指生产食材及其他一些生物材料的产业，主要包括农业、林业、牧业和渔业等直接以自然物为生产对象的产业；第二产业是指加工制造产业，对自然界和第一产业提供的基本材料进行加工处理，主要包括制造业、采掘业、建筑业和公共工程、水电油气、医药制造；第三产业是指第一、第二产业以外的其他行业，范围比较广泛，主要包括交通运输业、通信产业、商业、餐饮业、金融业、教育、公共服务等非物质生产行业。

专业服务的产业基础是第三产业，专业服务从第三产业中分离出来是社会分工对多样化社会需求的适应结果。其发展可分为两个主要阶段：第一阶段是从20世纪50年代到70年代中期，随着现代科技手段和通信手段的应用，专业服务开始初步发展；从20世纪70年代至今是专业服务全球化发展时期，这一阶段专业服务的国际贸易迅速增长，全球进出口贸易的中心逐渐从货物贸易转变为服务贸易。

专业服务行业是服务行业深化细分而形成的一类对专业技能要求极高的知识密集型服务业，具有服务的无形性和知识密集性特点。

一般认为，专业服务行业以法律、会计、税务等为代表，不同的国际组织对专业服务又有不同的划分方式。按照WTO《服务贸易总协定》（GATS）对服务部门的划分，专业服务包括：（1）法律服务；（2）会计、审计和簿记服务；（3）税收服务；（4）建筑设计服务；（5）工程服务；（6）集中工程服务；（7）城市规划和园林建筑服务；

（8）医疗和牙科服务；（9）兽医服务；（10）助产士、护士、理疗医师和护理员提供的服务；（11）其他。

现阶段，各产业不同的特点决定了数字化与每个产业的结合程度及发展水平不尽相同。粗略来看，数字化程度从高到低分别为第三产业、第二产业、第一产业。IDC 发布的《2018中国企业数字化发展报告》中对我国 6 大重点行业的 100 家大型企业调研显示，在整体数字化水平方面，行业间差距较大：靠近消费者的行业（如零售、文娱、金融）数字化程度较高，很多已经接近或成为数字化原生企业；信息化投入较大、创新动力强的行业，如教育产业，数字化程度有一定积累，但也面临较多问题；依赖行政推动力和自然资源的行业，如政府机构和制造业，数字化程度相对较低。

由此看出，数字化与行业的结合程度与行业特性密不可分，离消费者越近的行业，数字化的需求和动力越发强劲，最先接受数字化洗礼，同时发展程度也越高。专业服务作为服务业的一种，也具有面向消费者的特性，数字化需求迫切；但与此同时，专业服务又具有鲜明的知识密集性，专业知识的壁垒导致专业服务的数字化没有办法同其他服务业的数字化一样容易入场，不仅需要有高水平的数字化建设能力，同时也必须具备完备的专业知识体系储备及素养，二者缺一不可。如此严苛的条件决定了专业服务数字化是一项艰巨的任务，势必在曲折中摸索前进。

3.1.2 专业服务数字化转型是大势所趋

在数字经济时代，数据作为关键生产要素，在经济发展中的地位日益提高。企业依托大数据资源，利用数字技术对业务和管理进行数据分析，提高分析结果与现实场景之间的匹配度，进而提升产量与效率。尽管不同行业不同企业对于数字化的需求不尽相同，但它们具备共通的基础、原理及底层逻辑，都能够被数字化技术所赋能。基于上述原因，三大产业都在积极探索与数字技术的紧密融合，实现产业升级。

专业服务数字化作为产业数字化的新兴力量，正以势不可挡的劲头迅猛发展。众所周知，先行者掌握制定行业规则的权力，后来者只能被动地加入和参与竞争。因此对于专业服务的数字化探索，不仅从国家层面来看一直都处于非常重要的战略位置，而且各大互联网巨头、各类提供数字化技术支持的公司、各大专业服务机构也都对这个巨大的市场充满信心，纷纷探索各类专业服务行业数字化之路，进行了一些有益尝试，并取得了令人瞩目的成果。

以法律服务数字化为例，法律服务按提供服务的主体大致可以分为两大类：国家政府部门中与司法、执法等相关的机构，以及企业类法律服务提供机构。国家政府部门中与司法、执法等相关的机构主要包括司法机关（法院、检察院）；执行法律的行政机关（含法律法规授权执法的事业单位或组织）均可称为行政执法机关，如公安机关、司法局、质检机关等。企业类法律服务提供机构主要包括律师事务所、知识产权代理机构、公证机构、鉴定机构等。

随着国家政策的大力扶持，数字化与法律服务的关系越来越密切，以公检法司为代表的国家队越来越深入地加入"互联网＋法律"的大潮，在创新法律科技行业引起连锁反应。公检法司作为创新科技法律成果的接收者，为"互联网＋法律"的发展提供了广阔的市场和充足的资金；作为创新法律科技的推动者，通过开发和应用各种流程自动化、智能辅助办案平台等工具，为法律工作者及当事人提供便捷、高效、智能的司法服务，也为数字化法律科技的发展创造了广阔的空间。公检法司的深入参与，对全社会的影响与带动作用是巨大的，将会促进"互联网＋法律"的思维在社会各个领域宣贯，有益于我国法治大环境的改善。

除了法律服务数字化，金融、审计、税务、医疗、能源等行业也都在积极尝试产业数字化转型。伴随着数字科技的发展与融合应用，以及我国供给侧结构性改革的不断深化，加快数字经济与传统产业以及其他专业服务领域的融合已经成为新常态下发展经济的共识。党的十九大报告也明确指出，要加快发展先进制造业，推动互联网、大数据、人工智能和实体经济深度融合。在这一时代背景下，各方关系空前密切。独木难以成林，汇流才能成海。传统的专业服务行业只有拥抱新兴科技才能获得突破性发展，这就要求专业服务领域既要加强与高新科技公司、科研机构在产、学、研、用各方面的协同合作，合力打造互促互进、互利共赢的良性生态体系，借势、用势对本行业的数据运用、知识积累、精细管理、技术研发等方面持续赋能；同时，也要整合自身优势资源，创新体制机制，吸引高端人才，发挥专业服务领域专家与科技人才的作用，研发新产品，开拓新市场，输出新能力，促进整个专业服务行业共同进步。

3.2 知识驱动专业服务数字化

3.2.1 专业服务的新特征

"万物互联、万物皆数"的知识与数据智能时代已经到来。一方面数据量飞速增长，且呈现多源、多态、高维和异构的大数据特点；另一方面知识图谱、神经网络、人工智能等新兴技术进入高速发展的快车道。知识与数据智能将重塑每个行业，产业智能化转型是每个企业面临的时代机遇与棘手难题。

IT 时代是信息技术（Information Technology）时代，通过 ERP、OA 等信息化手段，实现了线下业务电子化，线上业务数据化，以用数据记录企业的业务活动为主要标志。DT 时代是大数据（Data Technology）时代，通过数据仓库、数据中心、数据平台等数据处理技术，实现了数据的集成化、数据的标准化，以全域数据的汇聚、治理为主要标志。KT 时代是知识与数据智能（Knowledge and Data Intelligence Technology）时代，通过机器学习、深度学习、神经网络等人工智能技术，实现了知识驱动专业服务数据化、智能化，以领域知识图谱、产业智能应用为主要标志。

专业服务是一类需要应用特定专业知识和大量实践经验来提供增值服务的特殊领域，属于知识密集型领域。随着社会的进步与发展，专业服务呈现知识化、智能化、融合化的特征。知识化是指专业服务需要具备高度专业化的领域知识和技能，这些知识和技能往往是领域外的"常人"所不具备的；智能化是指专业服务高度依赖人（领域专家）的智能，是一种高智力型、难以复制的创新服务；融合化是指传统专业服务与新兴科技深度融合，正逐步形成跨领域的知识驱动型专业服务数字化新业态。

知识化

知识是人类在实践中认识客观世界（包括人类自身）的成果，包括事实、信息的描述或在教育和实践中获得的技能。知识是人类从各个途径中获得的、经过提升总结与凝练的系统认识。知识可分为通用知识与领域知识，两者之间的区别主要体现在知识的广度、深度、粒度 3 个方面。从广度来看，通用知识涵盖的范围明显大于领域知识。从深度来看，领域知识涵盖的深度（知识层级）通常更深。层次较深的细粒度知识往往不是基本概念，这意味着不同人对这些深层次知识有着不同的认知体验。从粒度来看，领域知识涵盖的知识粒度通常更细，知识的粒度可以是一个文档，也可以是文章中的段落、文本中的条款、句子或专业术语等。专业服务所需的知识大多是领域知识。

传统知识管理往往以文档为单位组织企业知识资源，而在司法专业服务领域中的司法解释往往需要将知识粒度控制在条款级别，知识的粒度也就要求细化到实体与属性级别，或者是逻辑规则中的条件与结果。例如，法律条款可以进一步细化到由条件与结果构成的产生式规则。一般而言，细粒度知识表示一般是专业服务领域应用的强需求之一，知识粒度越细表达能力越强，其获取代价也越大。但是，凡事过犹不及，太细粒度的知识表示也往往会给知识获取带来很大的复杂性。

智能化

专业服务高度依赖人类的高级智能，尤其是领域专家的权威知识与丰富经验。专业服务对知识质量往往有着极为苛刻的要求，因为很多应用场景是极为严肃的。例如，在司法办案中，案件事实应该如何认定，犯罪嫌疑人如何定罪、量刑，法条如何适用，这类知识要求权威、专业、严谨，不能出现谬误。

由于社会新生事物发展瞬息万变，成文法律也处在不断更新完善的过程中，生活中常常会发生一些疑难案件，如涉"比特币"等案件，对该类案件的定性在普通公众甚至法学专家之间往往存在很大的分歧，缺乏共识。司法机关在办理这些案件的时候承受着很大的压力，办案人员处理这些案件常常需要创新性司法行为。为了使判决更加科学合理，司法机关经常会从领域专家那里寻求知识支援。公益诉讼案件、知识产权案件通常会涉及大量的专业技术问题，同样也需要领域专家的支持。目前许多司法机关都设有专家咨询委员会，聘请一些知名专家出任委员，当遇到疑难、新类型或对社会产生重大影响的案件时，邀请组织这些专家进行论证，出具法律意见书为审理案件提供指导和参考。之所以这样做，是因为专家作为社会中特殊的知识群体，其意见具有相当的权威性和说服力，能够对法律实践产生很大的影响。

借助于领域专家的支持，可以使案件的判决获得更多的权威性支撑。我国《刑事诉讼法》规定了专家辅助人制度，可以申请法庭通知有专门知识的人出庭，就鉴定人得出的鉴定意见提出意见。"有专门知识的人"是指在科学、技术及其他专业知识方面具有特殊的专门知识或经验的人员。根据当事人的请托并经法院准许，出庭辅助当事人对讼争的案件事实所涉及的专门性问题进行说明或发表专业意见和评论。

让机器掌握并运用法律知识，赋能司法应用智能化是司法行业数字化的必然趋势，将人可掌握的文本式法律法规等海量司法资料，转化为机器可识别的层次化、形式化、结构化司法知识；将一线业务专家积累形成的司法工作实践经验，转化为机器可以掌握的知识，让机器运用规则辅助办案，支撑实现"机器助人力""智能增效能"。当前已通过采用自然语言理解，机器学习和知识图谱等技术，帮助法律从业人员解决法律检索、尽职调查、合同审查、案件（罪名、刑期）预测中的繁杂性重复工作，从而大幅提升司法服务质效。

融合化

科技创新是当前的时代趋势，科技变革带来的产业格局的剧烈变化正在席卷传统行业。中国在移动互联网、大数据、物联网、人工智能和 5G 网络方面发展迅猛，这将促使传统专业服务与新兴科技加速融合，推动服务创新与升级，并创造适用于新时代的新业态。

以法律行业为例，在过去的几年中，法律行业经历了巨大的变化，以法律互联网、法律大数据、法律人工智能等技术为代表的法律科技正在兴起。法律科技是指传统法律服务与新兴科技的深度融合，其本质是一次全面法律专业服务的数字化变革，不仅注重提升法律服务的效率，同时也更为注重利用技术手段确保法律服务的专业化、自动化、智能化。法律科技的应用，让法律服务变得更加规范、便捷、智能、高效，极大地提升了法律服务体验，法律科技将重新定义法律服务行业。

再看金融行业，互联网金融近年来蓬勃发展，背后离不开金融科技的进步。金融科技是指由大数据、区块链、云计算、人工智能等新兴前沿技术驱动，创新传统金融行业所提供的产品和服务，提升效率并有效降低运营成本，从而对金融市场及金融服务业务供给产生重大影响的新兴业务模式、新技术应用、新产品服务等。金融科技涉及的技术具有更新迭代快、跨界、混业等特点，是前沿颠覆性信息技术与传统金融业务与场景的叠加融合，具体包括人工智能金融等内容。人工智能金融主要借用人工智能技术"理解和模拟"金融领域专家的知识处理金融领域的问题，包括股票价格预测、智能理财、智能支付、智能保险科技及智能金融风控管理等。

3.2.2　不可或缺的专家经验

知识工程与专家系统

知识工程最初的研究方向是专家知识的获取、表达和推理过程，其最终目标是用机器"学习"人在解决某方面问题时所需要的能力。知识工程早期被称为专家系统，后来转变为构建专家系统通用方法的研究学科。专家系统将某专业领域中专家的知识融入计算机系统，让机器使用该领域中人类专家的知识和经验对用户提供决策建议，目标是在解决相同或相似问题时具有与专家同等水平的问题解决能力，从而可以减轻一线人员的工作量，同时辅助管理决策。

为了让机器在特定的领域具有与领域专家类似的解决问题的能力，需要将领域专家的知识输入机器。领域知识分为显性知识和隐性知识，其中以文字、图表和公式加以表述的知识称为显性知识，包括设计图、技术方案、源代码等；而专家头脑中的许多知识是未被表述的隐性知识，包括在解决某些特定问题时所运用的知识，专家思考和解决问题的思路，从过往实践中已积累提炼的技能、经验、诀窍等。

为实现机器运用专业知识解决问题的功能，必须将领域知识用形式化的方法进行编码，将专家所具有的深层知识系统地整理成机器所能表示的形式，转换为机器可识别的知识表示。一些专家的隐性知识也可以通过知识抽取与挖掘转化为显性知识。把专家知识按一定的知识表示形式输入专家系统的知识库，此过程需要将专家的知识翻译和整理成机器理解的知识，建立机器可识别、可执行的规则。专家系统就是通过知识识别、知识获取和知识挖掘等方法，把专家脑中的那些有价值的知识"转存"在机器中，包括知识体系、应用场景、产生效果及评估标准等。知识是固化的专家经验，但知识又不完全等同于专家经验，有一部分专家经验是无法固化也无法表达的。因此，知识工程不可能完全替代人工，只能辅助人类。

领域知识体系构建

下面以司法知识体系构建为例，阐述专业服务中基于专家经验的领域知识体系构建方法。司法办案过程中的法律法规、指导案例、法律文书、电子卷宗、诉讼信息等海量数据化资料，对于司法机关、办案人员和当事人都具有实质意义。当前，司法领域存在"信息过载、知识匮乏"等现象，司法办案、判案等工作主要依赖司法人员掌握的法律知识和积累的工作经验。司法智能化建设提出以知识为中心助推司法数字化转型升级，司法知识体系的构建是智慧司法应用的基础工程和先决条件。构建司法知识体系，重在建设以知识为中心的智慧司法体系，借助网络化、阳光化、智能化的人民法院信息化体系，面向司法机关、司法人员、诉讼参与人及普通社会公众提供全方位智能服务，使信息化切实服务审判执行，让司法更加贴近人民群众，不断提高各级司法机关的科学管理水平，初步形成以司法知识图谱为核心的国家智慧司法运行体系，为实现公正司法和司法为民提供知识智能支撑。基于司法专家经验构建司法领域知识体系是一个长期持续、不断完善的迭代过程。领域知识体系中的概念应该贴近司法办案实践中的客观实体和关系法则。基于知识工程思想，构建司法领域知识体系的具体步骤如下。

（1）确定司法领域本体的专业领域和范畴。司法领域知识体系十分庞大，本体不可能包括所有的概念。在建立本体前必须先确定本体将覆盖的具体应用领域、范围和应用目标，如公安领域、法院领域、检察院领域、司法行政领域等。不同的应用领域，领域概念是不同的，即使是同一个领域，由于应用的不同，本体表示的概念的侧重点肯定也会有所不同，建立本体之前一定要明确本体建立的领域和应用目标。本体是一个复杂的知识体系，确定每个阶段的范围和目标有助于对本体模型的范围做一个限定，有利于复杂系统和上层应用的实现。

（2）考虑复用已有的司法概念体系。本体的主要作用就是解决知识的共享和重用问题。所以在设计和建立自己的领域本体之前，应该考虑重用已经存在的本体。如果系统需要和其他应用平台进行交互操作，而这个应用平台又与特定的领域本体或相关概念联系在一起，那么复用现有的本体是行之有效的方法。例如，法信平台中的法信大纲是当前较为成熟的法律知识分类分级体系。

（3）列出本体涉及的领域中的重要术语。领域本体是描述概念及概念与概念之间的关系，首先要列举出该领域中的所有概念以及对该概念的详细解释。在特定领域，这些概念就是与领域相关的专业术语。把领域中一些重要术语列举出来，有利于知识工作者更好地理解本体建立的目标，明确方向。除此之外，针对每个概念，要列出它所有可能的属性，每个属性都有对应的属性值。

（4）定义分类概念和概念分类层次。概念分类层次将领域概念进行分类组织，用于描述领域概念间的类属关系，并将本体中的概念模块化。建立一个分类概念的层次结构有3种可行的方法：自顶向下法、自底向上法和综合法。一般领域概念分类层次对应着一棵树，树中的节点体现了领域概念间的层次结构关系。建立领域概念的分类关系后，将分类概念的属性值添加到分类概念中，这样就把领域概念通过树形结构形象地描述了出来，并且通过树结构清晰地体现了领域概念间的类属关系。每一个子树都对应着领域中独立的、模块化的知识模型。领域分类概念应该包括概念名称、语义描述及可能的同义词和缩略语。定义分类概念就是对这些信息进行描述。同时，要对所建立的概念分类层次进行检验，保证没有重复的概念，防止冗余定义。

（5）定义概念之间的关系。概念的分类层次结构体现了分类概念之间的一种继承关系，但是在领域本体中，概念和概念之间通过关系来交互，除了继承关系，在构建的领域本体中还可以根据需要定义其他的关系。

领域知识体系应用

基于专家经验的领域知识体系构建完成后，最重要的是驱动专业服务的数字化应用。司法领域知识体系应用，是以服务司法实务和依法治国为出发点，对各类形态的海量司法数据和知识，运用大数据和人工智能等技术，把知识资源主动推送到司法办案的各个流程、节点中，覆盖司法全流程工作，实现司法领域知识与业务系统无缝融合，司法办案人员能够及时、精准地获得知识服务的知识驱动型智慧司法业务模式（见图3.1）。

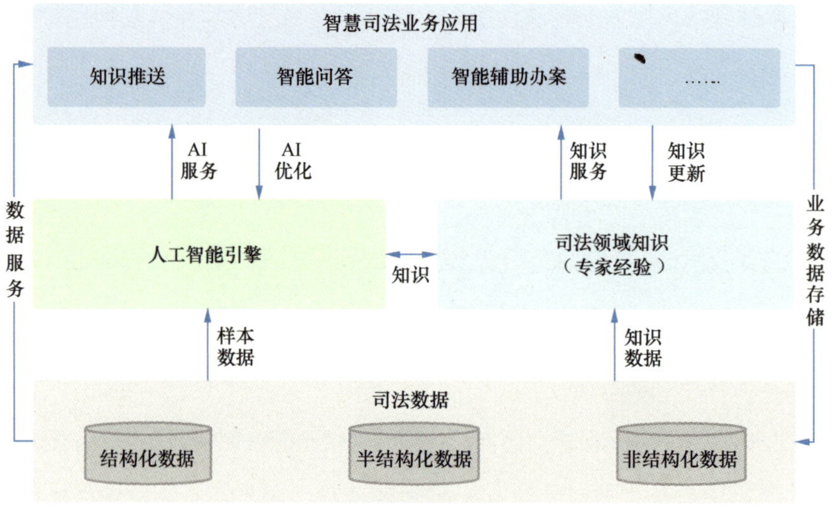

图 3.1　知识驱动的智慧司法业务模式

在知识驱动型的智慧司法业务模式中，司法知识体系的主要应用场景如下。

1. 基于语义的司法知识精准检索

司法知识服务最基础、最常用的应用是司法知识检索。司法知识检索通过司法知识分类体系将法规、案例、文书、观点、图书、期刊、办案指引、内部工作规定、已有知识资源（如法信）等司法知识进行关联，为法官用户提供一站式知识检索服务。例如，检索一个罪名或司法概念，则多维度关联推送与该罪名或法律概念相关的法条、案例、文书、观点、图书、办案指引、内部工作规定等知识，实现一次检索、全网知识资源获取的效果；同时系统具有语义检索的功能，可根据用户输入的自然语言，进行用户意图识别，智能联想推荐知识资源，快速精准定位到检索结果。

2. 基于业务流程的司法知识智能推送

法律法规、法律文书、司法案例、图书、期刊等司法知识资源相对独立，各法律知识服务厂商的分类标准不一致。司法业务广、条线多，亟须一套适配审判业务的知识分类体系，实现司法领域各类知识资源的关联与分类。采用专家系统为主、机器学习为辅的方式构建树形知识分类体系，实现法律法规、典型案例、法律文书、内部知识（工作规定、工作指导文件）、音视频等各类知识资源的一体化管理、一站式服务。

司法领域知识分类体系应考虑与司法机关实体办案业务充分结合，实现每个业务条线、每项工作内容都有相应的知识节点与之对应。在案件办理过程中，根据当前在办案件的特征及流程节点，主动推送相似案件、典型案例、法律法规等知识资源，节省办案人员手动检索知识或查阅纸质材料的时间，提升办案效率与质量。

3. 面向司法实务的司法知识智能问答

司法知识智能问答是为司法办案人员提供专业司法实务咨询与法律知识问答服务的 AI 助手，梳理整合司法机关已有的法律知识资源，通过质量评估与校验，形成高质量、权威可信的司法知识智能问答库及应用。司法知识智能问答通常具有语义理解能力，通过多轮交互来精准判断用户意图并自动匹配专业的答案，并支持答案的权威溯源，以及相似问题推荐。

4. 形成司法领域本体，助力构建司法领域知识图谱

基于不同业务场景下知识需求的定义，以法律构成要件和司法实务为基础，从法律法规、内部公文、法律文书、司法审判信息资源库等数据源中，利用自然语言理解模块抽取得到的文本特征、机器学习模块得到的法律知识特征，以及知识工程模块得到的司法知识概念及关系，形成司法领域本体。再通过司法知识体系框架，自动关联司法实体，构建一个完整的知识体系，实现对司法知识的谱系化输出。司法知识图谱在法律知识检索，类似案例智能推送、适用法条精准推送、智能问答等方面应用最为广泛。

5. 建设规范统一的司法知识体系，支撑智慧司法总体设计

开展智慧司法总体设计，需要"统一规划、积极推进"，以司法机关信息化建设发展规划为指导，依据科学的信息化标准，利用系统的工程方法，建设规范统一的司法知识体系，有利于指导和推进全国智慧司法整体建设。

3.2.3　知识图谱应用

知识图谱的发展历程

知识图谱始于 20 世纪 50 年代，大致分为 3 个发展阶段：第一阶段是知识图谱的起源阶段，在这一阶段中，引文网络分析开始成为一种研究当代科学发展脉络的常用方法；第二阶段是知识图谱的发展阶段，语义网得到快速发展，"知识本体"的研究开始成为计算机科学的一个重要领域，知识图谱吸收了语义网、本体在知识组织和表达方面的理念，使知识更易于在计算机之间，以及计算机与人之间交换、流通和加工；第三阶段是知识图谱繁荣阶段，2012 年谷歌提出 Google Knowledge Graph，知识图谱正式得名，谷歌通过知识图谱技术改善了搜索引擎性能。在人工智能的蓬勃发展下，知识图谱涉及的知识抽取、表示、融合、推理、问答等关键问题得到了一定程度的解决和突破，知识图谱成为知识服务领域的一个新热点，受到国内外学者和工业界的广泛关注。❶

知识图谱起源。1965 年，普赖斯在 *Networks of Scientific Papers* 一文中指出，引证网络——科学文献之间的引证关系，类似于当代科学发展的"地形图"，从此，分析引文网络开始成为一种研究当代科学发展脉络的常用方法，进而形成了知识图谱的概念。奎林于 1968 年提出语义网络，最初作为人类联想记忆的一个明显公理模型提出，随后在 AI 中用于自然语言理解，表示命题信息，语义网络是一种以网络格式表达人类知识构造的形式，是人工智能程序运用的表示方式之一。

知识图谱发展。1977 年，在第五届国际人工智能会议上，美国斯坦福大学计算机科学家费根鲍姆教授首次提出"知识工程"的概念，知识工程是通过存储现存的知识来实现对用户的提问进行求解的系统，其中最典型和成功的知识工程应用是基于规则的专家系统。此后，以专家系统为代表的知识库系统开始被广泛研究和应用。自 1998 年万维网之父蒂姆·伯纳斯·李提出语义网，同时随着链接开放数据的规模激增，互联网上散落了越来越多的知识元数据。

知识图谱复兴。21 世纪，随着互联网、物联网的蓬勃发展，万物互联使信息量呈爆炸式增长，人们开始渴望更加快速、准确地获取所需的信息。知识图谱强调语义检索能力，关键技术包括从互联网的网页中抽取实体、属性及关系，旨在解决自动问答、个性化推荐和智能信息检索等方面的问题。目前，知识图谱技术正逐渐改变现有的信息检索方式，如谷歌、百度、搜狗等搜索引擎都采用知识图谱技术提供信息检索，一方面通过推理实现概念检索（相对于现有的字符串模糊匹配方式而言）；另一方面以图谱的方式向用户展示经过分类整理的结构化知识，从而使人们从人工过滤信息寻找答案的模式中解脱出来。

---

❶ 《知识图谱标准化白皮书（2019 版）》，中国电子技术标准化研究院，2019 年 6 月发布。

知识图谱的内涵

知识图谱是通过将应用数学、图形学、信息可视化技术、信息科学等学科的理论和方法与计量学引文分析、共现分析等方法结合，并利用可视化的图谱形象地展示学科的核心结构、发展历史、前沿领域及整体知识架构，达到多学科融合目的的现代理论和方法体系。它将复杂的知识领域通过数据挖掘、信息处理、知识计量和图形绘制显示出来，揭示知识领域的动态发展规律，为学科研究提供切实的、有价值的参考。

知识图谱以结构化的形式描述客观世界中本体、实体及其关系，将互联网的信息表达成更接近人类认知世界的形式，提供了一种更好地组织、管理和理解互联网海量信息的功能。知识图谱给互联网语义搜索带来了活力，同时也在智能问答中显示出强大威力，已经成为互联网知识驱动的智能应用的基础设施。知识图谱与大数据和深度学习一起，成为推动互联网和人工智能发展的核心驱动力之一。❶

领域知识图谱以结构化的形式描述领域概念、实体、属性及其关系。领域知识体系形成了领域知识图谱的骨架和脉络，是领域知识图谱构建的依据和根本，也是其重要组成部分。领域知识图谱是领域知识体系的一种直观高效的形式化表达，在构建过程中补充了大规模的领域实体，是领域知识体系的主要应用方式之一。迄今为止，知识图谱应用在发达国家已经相对成熟并取得了较好的成果，但在我国仍处于研究应用的初级阶段。

知识图谱代表了知识表示在工业界的大规模知识应用，它将互联网上可以识别的客观对象进行关联，以形成客观世界实体和实体关系的知识库，其本质上是一种语义网络，其中的节点代表实体或者概念，边代表实体、概念之间的各种语义关系。

知识图谱的架构包括知识图谱自身的逻辑结构及构建知识图谱所采用的技术体系架构。知识图谱的逻辑结构分为模式层与数据层。模式层（也称本体层）在数据层之上，是知识图谱的核心，它存储的是经过提炼的知识。通常采用本体库来管理知识图谱的模式层，借助本体库对公理、规则和约束条件的支持能力来规范实体、关系以及实体的类型和属性等对象之间的联系。数据层主要由一系列的事实组成，而知识将以事实为单位进行存储。在知识图谱

---

❶　《知识图谱发展报告（2018）》，中国中文信息学会语言与知识计算专委会，2018 年 8 月发布。

的数据层，知识以事实为单位存储在图数据库。如果以"实体—关系—实体"或者"实体—属性—值"三元组作为事实的基本表达方式，则存储在图数据库中的所有数据将构成庞大的实体关系网络，形成"知识图谱"。

知识图谱与人工智能

知识图谱是人工智能的基础性支撑技术。人工智能分为两个层次：感知智能与认知智能。感知智能即计算机的视觉、听觉、触觉等感知能力，目前人类在语音识别、图像识别等感知领域已取得重要突破，机器在感知智能方面已越来越接近人类；认知智能是指机器能够像人类一样理解世界和具有思考的能力。认知世界是通过大量的知识积累实现的，要使机器具有认知能力，就需要建立一个丰富完善的知识库，因此从这个角度说，知识图谱是机器具有认知能力的基础，在人工智能领域具有非常重要的地位。

知识图谱将机器与知识有机连接起来，能够对各类应用进行智能化升级，为用户带来更智能的应用体验。知识图谱是一个宏大的数据模型，为人们提供了一种快速便捷进行知识检索与推理的方式。近些年蓬勃发展的人工智能本质上是一次知识革命，其核心在于通过数据观察与感知世界，实现流程自动化、发展趋势预测等智能化服务。

尽管人工智能依靠机器学习和深度学习取得了快速进展，但它严重依赖人类的监督以及大量的标注数据（领域专家经验的载体），属于弱人工智能范畴，离强人工智能仍然具有较大差距，而强人工智能的实现需要机器掌握大量的常识性知识，同时以人的思维模式和知识结构来进行语言理解、决策分析和视觉场景呈现。知识图谱技术将信息中的知识或者数据加以关联，实现人类知识的描述及推理计算，并最终使机器像人类一样对事物进行理解、思考与解释。知识图谱技术的发展是人工智能由弱人工智能到强人工智能演进过程中的必然趋势，对于实现强人工智能有着非常重要的意义。

知识图谱在专业服务领域的应用场景

下面以司法行业为例，阐述知识图谱在专业服务中的具体应用场景。知识图谱的构建是实现智慧司法不可或缺的基础工程，知识图谱能够表达法律知识体系间的逻辑关联，并显示被关联的知识。司法知识图谱可实现智慧司法的技术底层，找到对应的实体属性概念，触发相关的推送知识；可以通过配对的规则，用概率来实现排名推荐，对类案进行分析；适用于要素式的审判，诉讼案件结果预测等，很好地达到数据关联、知识拓展和应用支持。

以知识图谱和人工智能相关技术为核心，全新定义司法数据应用和司法智能化，以"点线面体"四维模式凝练司法智慧，服务法治建设。以远程审判、文书生成、类案推送、类案预警、量刑建议、审判规范化、决策支持、舆情监测等各项应用需求为"点"，以服务法院、检察院、公安、司法行政等部门为"线"，以服务人民群众、审判执行、司法管理、助力司法研究、司法改革、司法创新为"面"，以实现科技创新与司法领域深度融合为"体"，多点串联为线，多线连接成面，多面整合为体，构建一体化、立体化的智慧司法解决方案（见图3.2）。

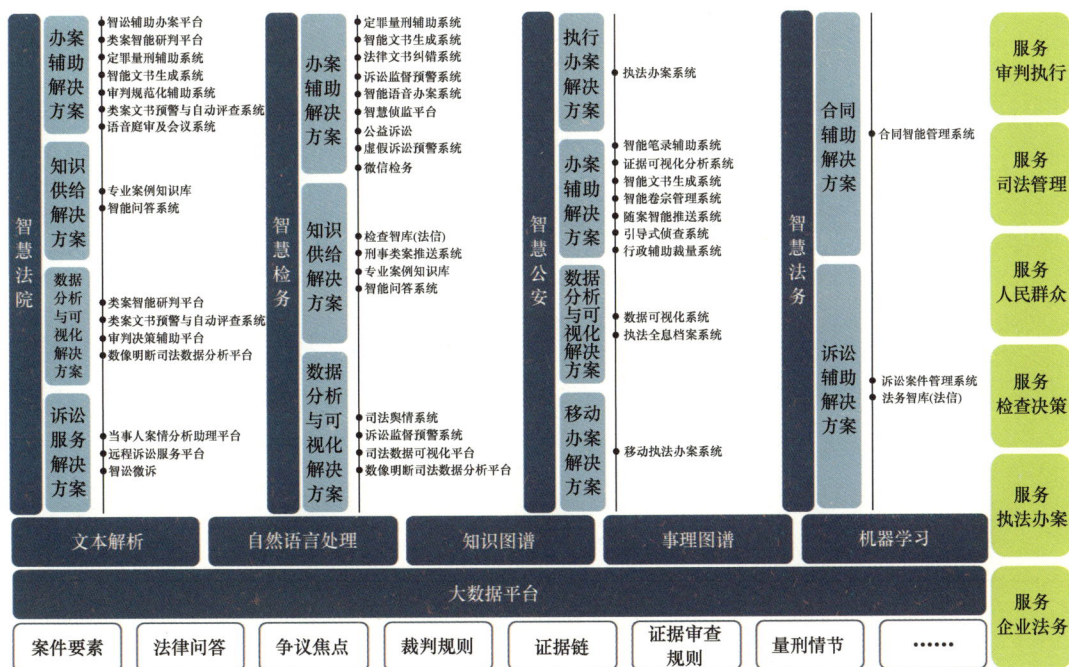

图 3.2 国双智慧司法解决方案

1. 知识检索

法律法规、法律文书、裁判案例和法学期刊图书等非结构化数据是司法领域核心知识来源。传统搜索难以满足法律工作者对海量知识的精准搜索诉求。基于知识图谱的搜索，结果指向有具体关系属性的相关实体，依托其他各类数据，可以提供针对不同场景需求的法律数据关联和检索分析服务。

以国家法律体系的部门法法条为"纲",以从案例、法条、案由中提炼概括出的基本法律纠纷点、关系点为"目",形成大规模的法律知识图谱体系,对海量法律资源进行结构化、系统化标注,串联、聚类法律条文、案例、法律观点等海量法律知识元,为法律工作者和社会公众提供具有逻辑性、体系性、推演性的法律知识体系,并提供各资源库的智能检索服务。目前已有很多面向司法领域的从业者、普通社会公众的法律知识搜索工具和应用,如法信、知识产权案例指导服务平台等。

"法信"平台是中国先进深度融合法律知识服务与案例大数据服务的数字化网络平台,汇聚了目前国内容量最大的法律知识和数据资源,囊括法律职业群体业务所需的法律文件、案例要旨、法律观点、裁判文书、图书论著、学术期刊、文书范本等,目前有 12 个一级库,总文献数达 8200 万篇,总字数达 650 亿字。通过智能问答匹配、大数据算法匹配、专业数据维度检索、知识体系检索、关键词检索五种方式,高效、精准、便捷地解决办案人员对法律、案例、专业知识的查找需求,以及海量知识数据供给的匹配问题(见图 3.3)。

图 3.3 法信平台提供一站式法律知识服务

知识产权案例指导服务平台是支撑知识产权案例指导制度运行、以先进的数据技术为基础搭建的一整套服务与应用的统称（见图3.4）。平台服务于知识产权案例指导制度，核心理念是通过大数据技术实现在先案例的发现、识别、筛选、发布、援引、评价等，使案例指导制度从技术层面得到全面的落实和应用。平台坚持以审判工作需求为导向，不但服务法官和律师，满足他们对案例、规则、知识的内容需求；还通过自然语言处理、知识图谱等技术使不具备专业知识的普通群众也可以充分利用平台获得帮助，使原本孤立、割裂的数据通过平台有效聚合，成为统一的知识产权大数据，并反哺审判业务。平台基于知识产权码体系（知识产权知识图谱）成功地将知识产权领域的司法审判业务经验这一全体知识产权法律人共同创造的宝贵智慧财富，进行了数据化的整合应用，这是发展司法人工智能的必经阶段。

图3.4 知识产权案例指导服务平台

2. 类案推送

类案智能推送以服务司法办案为目标，以知识图谱和自然语言处理为核心，结合技术服务商的人工建模标注，可以达到一定程度的自动推送和检索，辅助司法工作人员实现一键查找类案，提供全流程辅助服务（见图3.5）。在要素分析基础上，结合两高（最高人民法院、最高人民检察院）及各地量刑指导规范，以知识图谱为支撑，通过实体识别、语义联想、模式匹配、句法解析、摘要抽取等方法进行解析，并结合海量语料训练法律语言概率模型，提高实体解析的准确程度，向司法工作人员推送相似案件情况、提供典型案例参考等。

进一步加强法官、检察官正规化、专业化、职业化建设，全面落实司法责任制，要求依托大数据技术，完善智能辅助办案系统的类案推送、结果比对、数据分析等功能，促进法律适用统一。❶ 类案智能推送采取根据文本解析自动推送和人工选择案件要素两种渠道，为司法工作人员查找类案提供个性化、场景化、主动式的推送方式。运用语义分析、知识图谱，结合各地的法规与工作文件，对案件要素做本地化处理，通过比对文本及要素相似性，进行类案的精准化推送；同时实现本案和类案要素的准确对比和可视化展示，为司法工作人员办案提供全面、高效的参考。

图 3.5　类案智能推送

3. 定罪量刑辅助

由于我国不是判例法国家，不同司法人员由于认识不同等主观因素，对同类型的案件，

---

❶ 《关于加强法官、检察官正规化专业化职业化建设全面落实司法责任制的意见》（厅字 [2017]44 号），中共中央办公厅，2017 年发布。

不同司法机关做出不同裁决的现象时有发生。在中国裁判文书网公开的今天,"同案不同判"影响群众对司法公平正义的获得感。定罪量刑辅助系统通过司法专家构建案由、案件要素、量刑情节和量刑幅度之间的关联关系,形成量刑情节知识图谱;通过自动识别并归类各种法定、酌定情节,根据量刑知识图谱自动生成具体量刑建议,并可以对判案结果进行类案判决的偏离预警(见图 3.6)。对于"同判度"较高的类案,基于预测性判断对法官制作的裁判文书判决结果与之发生的重大偏离情况,进行自动预警从而防止裁判尺度出现较大偏离。

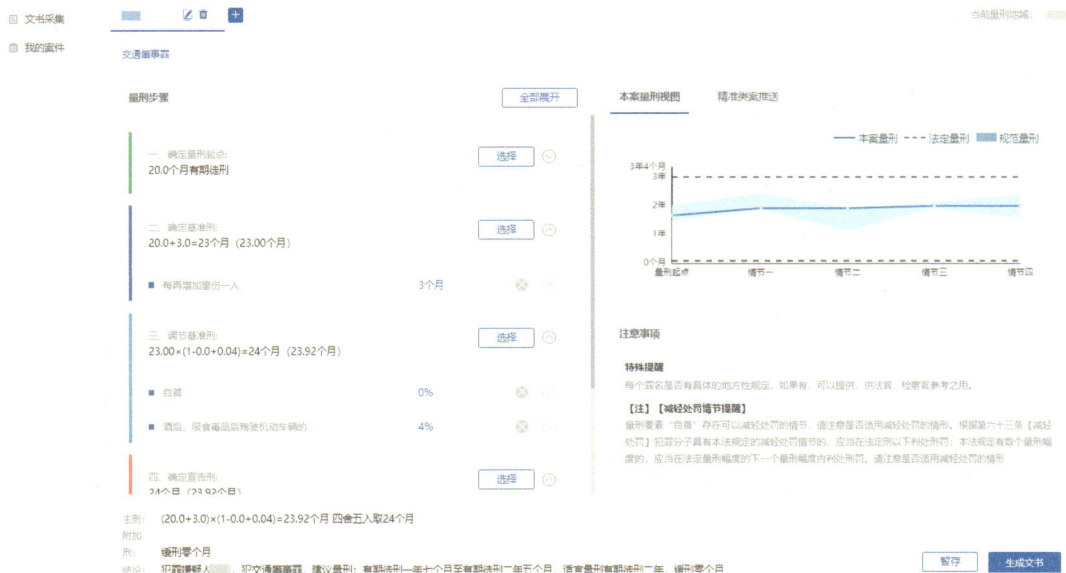

图 3.6 定罪量刑辅助

定罪量刑辅助针对检察官、法官在定罪量刑过程中常常需要检索查阅大量的案件相关知识和法律法规的办案现状,根据案件文书自动推荐相关法律法规、专家观点和裁判要旨,方便检察官和法官快速找到最合适、最权威、最全面的知识内容。根据案件文书自动识别量刑情节,并进行量刑起点刑期的推荐、区域内类案刑期分布的查看和量刑建议区间的提供,帮助检察官、法官快速完成案件的规范化量刑计算,最终一键生成相关文书。结合类案预警分析,自动识别刑事案件与类案中的犯罪主体、罪名、量刑情节、主刑刑种、附加刑等关键要素。对与类案结果偏离大的案件进行重点督查,促进实现"同案同判"和司法公正。

4. 文书自动生成

文书生成是面向法律工作者的法律文书写作及资源共享的智能化辅助工具。以统一规范的文书样式为模板，以法律法规和相关司法解释为基础，通过自然语言处理、机器学习、序列标注等技术手段对电子文件进行解析，学习不同类型文书中针对法律事实的常用表述规则。经由法律专家校准结合知识图谱，固化形成专业的文书表述逻辑和规则库，应用到模板中的智能文书自动生成。

文书自动生成着眼于法律工作者的实际需求，根据选中的电子文书自动分析其文书制作需求，自动推荐模板，同时支持自动选择模板，自动生成法律文书。基于法律知识图谱，在文书制作过程中，实现智能推送相关知识库，向用户推荐案件相关争议焦点、裁判要旨、适用法律，也可提供事实认定、法官判理、裁判结果等类案段落的模板推送。同时还实现了前置文书与裁判文书左右对照、划词复制等智能阅卷功能，避免了大量文书撰写制作过程中的重复劳动，为法律工作者减负，提高办案工作效率，同时具备文书自动纠错的能力，大幅提升文书的写作质量（见图 3.7）。

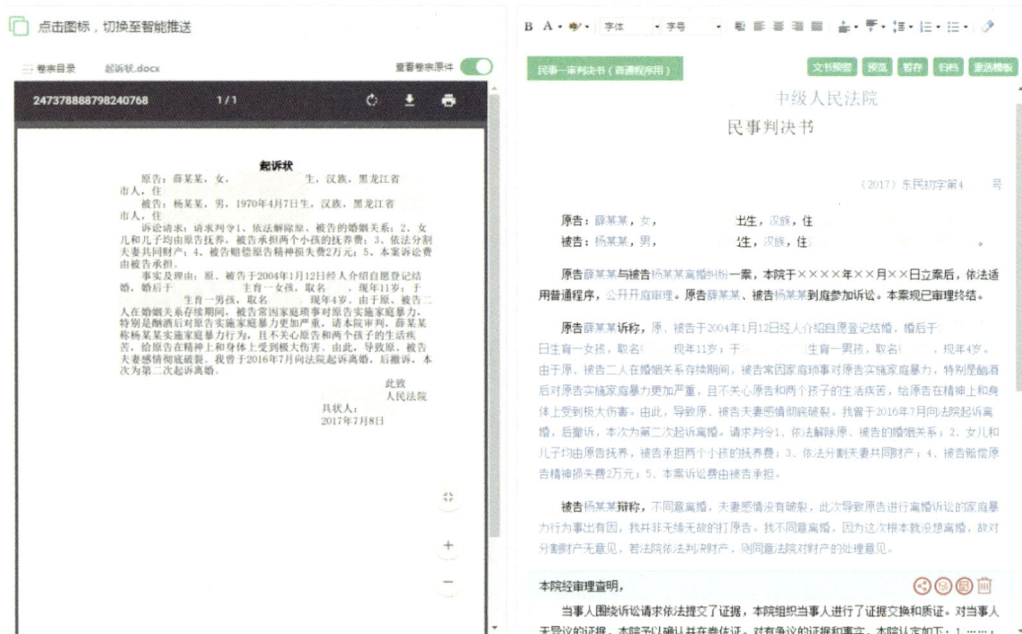

图 3.7 法律文书智能生成

3.3 专业服务数字化转型实例

3.3.1 专业服务数字化转型方法论

在产业数字化浪潮席卷之下，如今越来越多的企业和组织正在积极探索数字化、智能化转型的新路径，利用先进的技术、迭代的算法，勇于进行传统信息化方式的全面革新，重新梳理业务流程，切实解决业务场景问题，提高信息价值利用率，发挥数据知识资源的优势，运用大数据和人工智能技术以达到降本提效、增收优产的目的。同时企业管理者从数据背后洞察发展规律，从经营决策方面汲取有益参考，希望通过智能化手段实现"内外兼修"，使企业在激烈的市场竞争中立于不败之地。

金融、法律、科技、泛政务等专业服务领域因其行业特殊性，往往具有技术化、知识化、科学化、系统化、规范化、多元化等特征，并对业务工作流程有更加标准化的规定，对于实现降低成本、增长效益、提升管理效能的目标更加迫切。专业服务领域作为产业数字化转型的主战场，也在实践中不断总结规律，探索创新路径。

一是梳理工作流程，数据驱动自动化提升。在专业服务领域，工作流程的应用场景非常广泛而且往往积累了海量数据，如政府部门有 OA 审核流转、文件上传下达、报表数据生成、项目管理、合同 / 财务审批等流程；银行证券行业有客户数据管理与验证、多系统数据同步或迁移、客户账户管理、报表自动生成、重复性单据填写、股市监控、业务清算、托管及监测等流程。RPA ❶ 机器人流程自动化，本质是模拟人工处理大量重复、规则明确的工作，目前基于对数据和工作规则的梳理，越来越多地被用来替代人类自动执行简单重复的工作任务，达到降低成本、提高效率的目的。例如，在合同审计方面，RPA 可以自动登录各官方平台，采集各监管机构的最新发文，提取合同文本信息与外部采集信息，并对获取的结构化信息进行模型判断，自动抓取高风险合同。RPA 还可以由集团向各子公司自动发出财务催收提醒，实时监控邮箱，对接收数据进行汇总及后续处理和计算，并根据设定的规则

---

❶ RPA，即 Robotic Process Automation（软件流程自动化），是指用软件自动化方式实现在各个行业中本来是人工操作计算机完成的业务。

自动生成财务报告。

二是调研业务场景，精准解决需求痛点。 当下人工智能广泛覆盖行业场景，可以解决复杂场景问题，都是基于相似的实现逻辑——"核心技术 + 专家知识 + 数据积累"。要精准解决某领域的痛点和问题，首先要深入场景、了解场景，具备或学习垂直细分领域的专业知识与专家经验，基于语义分析、文本解析、知识图谱、事理图谱、机器学习等技术，总结规则、建立模型，逐渐教会机器像人类一样感知与认知，思考与判断，解决业务场景的复杂问题。

三是借助数据可视化，科学辅助管理决策。 利用大数据、文本解析、知识图谱、机器学习等技术，结合专家知识和经验，从历史数据案例中抽取关键信息，并进行结构化、可视化处理，从而构建决策知识图谱。在简洁、丰富、多维的自动化图表中，让管理者对全局情况一目了然，并根据选择指标的变化即时反馈最优方案，便于管理者洞察数据背后的秘密，总结提炼事物发展规律，为决策提供科学依据和数据支持。

四是建立"AI+RPA"模式，推动产业全面智能升级。 现阶段专业服务领域数字化，主要运用 RPA 解决工作流程中很多节点的效率问题，但仍然还有很多工作需要人工完成；NLP、知识图谱方面的应用也比较浅，在与垂直领域业务场景的深度结合上还有很大的提升空间。"AI+RPA"或将成为专业服务领域数字化发展的趋势，能自主识别、分析、判断、执行的"智能数字劳动力"虚拟机器人，基于规则、能够学习，帮助企业和组织完成全业务流程的智能升级，不仅能自动批量执行简单的任务，还能优化复杂工作流程，优化知识资源结构，从根本上提升效益与质量。

3.3.2　数据与知识共同驱动"智慧法院"建设

近年来，我国不断深入推进智慧司法建设。智慧司法综合运用人工智能、大数据、互联网、物联网、云计算等信息技术手段，与司法领域业务知识经验深度融合，使司法机关在审判、检察、侦查、监管职能各方面得到全面的智慧提升，解决司法业务场景中的诉求和痛点，提升办案效率与质量，促进司法公平公正，推进国家治理体系和治理能力现代化。下面以"智慧法院"为例，展现智慧司法的建设。

有关数据显示，2018 年全国各级法院新收案件 2800 余万件，审结、执结 2516.8 万件，结案标的额 5.5 万亿元，同比分别上升 8.8%、10.6% 和 7.6%。❶ 员额制改革前全国有 21 万名法官，改革后有 12 万名法官。员额制改革前全国有 22 万名检察官，改革后只有 7.26 万名检察官。当前司法工作普遍面临"案多人少"压力大、裁判尺度不规范、检索知识效率低等问题，而司法系统信息化建设又存在应用的更新迭代跟不上需求的变化、各系统数据不通、能力不能复用等情况，陷入"系统越不好用越不用，越不用就更不好用"的非良性循环，不仅不能有效帮助业务人员提高效率，甚至还增加了额外的负担。同时面对逐年增长的案件，政府基层工作人员数量不足 40 万，远远不能满足多达 6 亿人次 / 年的法律服务需求。法律服务专业性强，咨询、诉讼服务费用高，也是导致大部分企业和个人得不到健全法律服务的主要原因。因此，智慧司法是大势所趋，存在庞大的市场需求。

司法工作因其特殊性，通常会产生海量的数据，这些数据一方面来自法律知识，另一方面来自司法实践，并且都不是孤立存在的，而是在工作流程中沉淀下来的，不仅类型丰富多样，而且基于业务专家经验，可以凝练为规则，易于进行机器学习。因此，智慧司法不仅具有数据化、智能化的内在需求，还具备数据挖掘、文本解析、知识图谱等技术应用场景的先行条件。

智慧司法以数据为核心，以应用为目标，以高科技信息技术为手段，满足一线工作人员的迫切需求，紧密围绕服务智慧审判执行、诉讼服务、司法管理等信息化建设内容而展开，解决业务场景中的痛点，真正为法官、检察官、干警人员减负、提速、增效。

智慧审判为法官办案"减负"

1. 卷宗电子化与深度应用是"智慧法院"的基础

电子卷宗随案同步生成能够使法官在各类案件办理过程中收集和产生的诉讼文件电子化并上传到系统，为法院实现全流程业务网上办理提供基本条件，也是"智慧法院"建设的基础。电子案卷深度应用则是智慧审判的核心内容，实现案件办理、诉讼服务和司法管理中各类业务应用的自动化、智能化，面向法官、人民群众和政务部门提供全方位智能服务，对提高审判质效，促进司法公正，提升司法公信力具有十分重要的意义。

---

❶ 《2019 年最高人民法院工作报告》，2019 年发布。

卷宗电子化将案件当事人提供的纸质材料、从立案到结案审判辅助人员录入的各类信息、庭审中诉讼参与人的实时语音数据、审判人员撰写的各类法律文书等内容进行电子化处理。通过 OCR 识别、视频分析、语音识别、自然语言处理等技术，实现对各种证据的印刷体文字、部分手写体文字、签名、手印、签章、表格、图片等的智能识别和信息抽取，对单一证据自动校验，满足电子证据的同步展示、批注、保存等功能。通过卷宗电子化，将传统纸质证据转化成电子化证据，为智能辅助办案系统的其他功能提供数据资源。同时解决传统庭审中纸质证据材料传递质证方式耗时长、检索难、不同步等问题，减少了法官简单、重复性劳动，提高了审判效率。

截至 2018 年 10 月 31 日，全国法院中有 2488 家支持案卷同步生成，实现率达到 70.88%，其中，北京、江苏、浙江、安徽、重庆、云南等的 23 家高级法院及其辖区法院的电子案卷随案生成实现率达到 100%。全国法院中有 2164 家支持电子卷宗文字智能识别复用功能，实现率达 61.65%。支持通过电子卷宗提取案件信息并自动回填至办案系统的法院有 1960 家，占比为 55.84%。其中，河北、天津、上海、吉林、重庆、广西等 15 个省（自治区）法院实现了这两项功能 100% 覆盖。❶ 实现电子卷宗文字智能识别复用和案卷信息自动回填，是电子卷宗深度应用的基础。电子卷宗随案同步生成和深度应用，形成立案阶段集中扫描和审理阶段分散扫描相结合的扫描模式，为立案、庭审、文书撰写、审判管理各环节带来了显著便利。

2. 从数据、信息到知识服务

现代信息科技在司法中的应用，尤其是人工智能对法官裁判的辅助，必须以司法大数据为基础。"大数据 + 司法"不仅是智慧法院建设的重要内容，更是人工智能等新兴技术应用的前提条件。通过自然语言处理技术从法律文书中识别、提取信息，将数据转变为信息；再通过知识图谱技术构建要素体系，融入专业经验和智慧，将信息转变为知识，最终以检索、推送、问答、数字可视化等应用形式为法官等法律人员提供知识服务。

向法官智能推送相关法条和类案判决有利于提高裁判效率，最大限度实现同案同判。

❶ 陈甦，田禾，主编．吕艳滨，执行主编．胡昌明，副主编．中国法院信息化发展报告 No.3（2019）．北京：社会科学文献出版社，2019.

2016年，由最高人民法院批准立项建设的"法信"平台上线，并于2019年全面升级为法信2.0版本，由人民法院出版集团、中国司法大数据研究院和北京国双科技有限公司共同研发建设（见图3.8）。"法信"平台通过独有的法律知识导航体系和业内领先的类案检索、同案智推、智能问答等大数据和人工智能引擎，对海量法律条文、案例要旨、法律观点、裁判文书等知识资源进行深度加工、分类聚合、串联推送，为用户提供精准、全面、高效的一站式法律解决方案和案例大数据智推服务。目前"法信"平台已在全国30个省市3200多家法院部署，为90%的法官提供全方位审判知识服务。

图3.8　法信2.0提供五种检索模式知识服务

2018年4月，"法官e助理"平台上线，并逐步在江西全省法院系统推广应用（见图3.9）。"法官e助理"是以电子卷宗同步生成为前提，实现案件信息、卷宗数据电子化和网络化，借助大数据、人工智能技术，为法官在阅卷、开庭、文书撰写、裁判等核心审判环节提供智能化、一体化辅助服务，包括自动归目、自动关联、自动生成和自动类推。截至2018年11月30日，全省试点法院共登录"法官e助理"94,912人次，自动生成格式化文书42,911篇，辅助生成裁判文书16,349篇，自动智能类推共642人使用17,487次，自动案件关联查看3428次，自动归目试点法院10家，完成15,742个案件的卷宗自动归目，处理图片共454,938张，取得了良好的试点成效，❶成为法官办案的好助手。

---

❶　《这场座谈会明确了全域推进"法官e助理"的思路方向》，江西高院"法院e时代"公众号，2018年12月6日发布。

图 3.9 "法官 e 助理"平台为法官推送法律法条、典型案例等知识内容

3. 量刑参考与裁判结果预测是法律智能的体现

量刑裁判是法院工作的核心和重心，也是运用大数据、人工智能技术解决法官审判业务场景问题的难点，赋予机器阅读理解法律文本与定量分析案例的能力，辅助法官、律师等人士更加高效地进行法律判决，是法律智能的体现。

2018 年 5 月，在最高人民法院信息中心、共青团中央青年发展部的指导下，中国司法大数据研究院、中国中文信息学会、中电科系统团委联合清华大学、北京大学、中国科学院软件研究所共同举办"2018 中国'法研杯'法律智能挑战赛（CAIL2018）"（见图 3.10）。挑战赛以刑事案件定罪量刑为背景，设置了罪名预测、法律条款推荐和刑期预测 3 项任务，通过封闭评测的方式，参赛者综合运用人工智能领域的多种技术组建参赛模型，利用来自中国裁判文书网公开的刑事法律文书数据，进行算法模拟，对待测裁判文书可能涉及的罪名、适用法条、刑期长短进行预测，将参赛者的预测结果与真实裁判数据相比较，预测结果与真实结果越接近分数越高。

国双与微软、阿里巴巴、科大讯飞、华宇等 600 余支专业队伍同场竞技、切磋交流，最终取得总分第一名的优异成绩，展现了在司法人工智能领域领先的技术实力（见图 3.11）。2019 年第二届"法研杯"，国双受邀担任评委，承办"要素识别"赛道，并公开了中国最大的人工标注法律数据集。❶ 此次公开数据集，也是国双家国情怀与社会责任的体现，希望助力提升整个产业能力，促进司法公平公正，与业界共同推动司法人工智能的创新发展。

图 3.10 国双在第一届"法研杯"法律智能挑战赛中荣获冠军

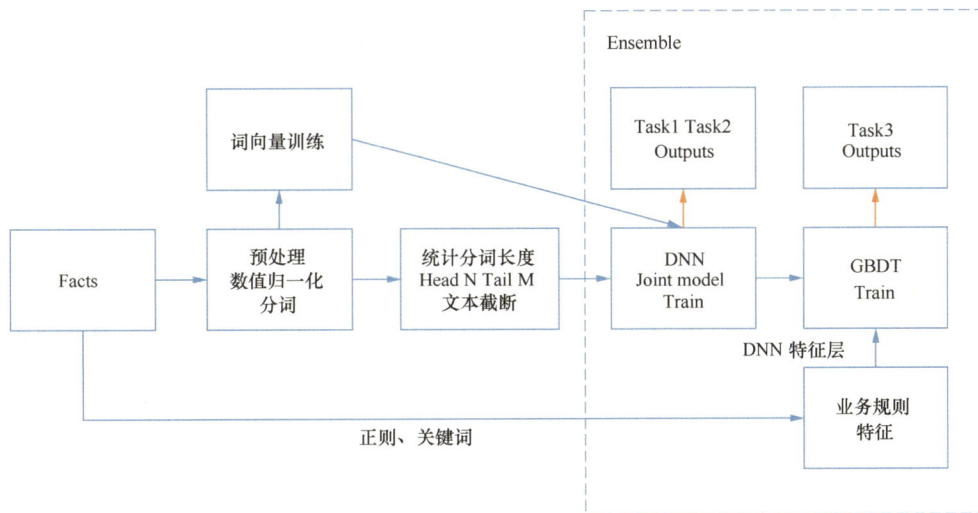

图 3.11 第一届"法研杯"法律智能挑战赛中国双的算法框架

司法科技的发展是在实践场景挑战下不断修正、补充以及持续创新的过程。在司法工作实践中，各地法院也在积极尝试从简单案件开始，运用深度剖析海量案件数据、提取法律要素、构建法律知识图谱和事理图谱等方式，逐步对案件趋势进行预测，对判项区间进行提

---

❶ 人工智能算法需要数据投喂来做优化，在法律专业上不能使用公开的通用数据集，也不宜使用英文公开数据集来提升算法。专家标注的数据非常稀少且珍贵。国双投入了巨大的成本，标注了一大批用于机器训练的数据，而且全部由法学专业和有实务工作经验的工作者进行操作。

示，对偏离度大的裁判结果进行预警，以此来提高工作质效，提升司法管理水平（见图 3.12）。

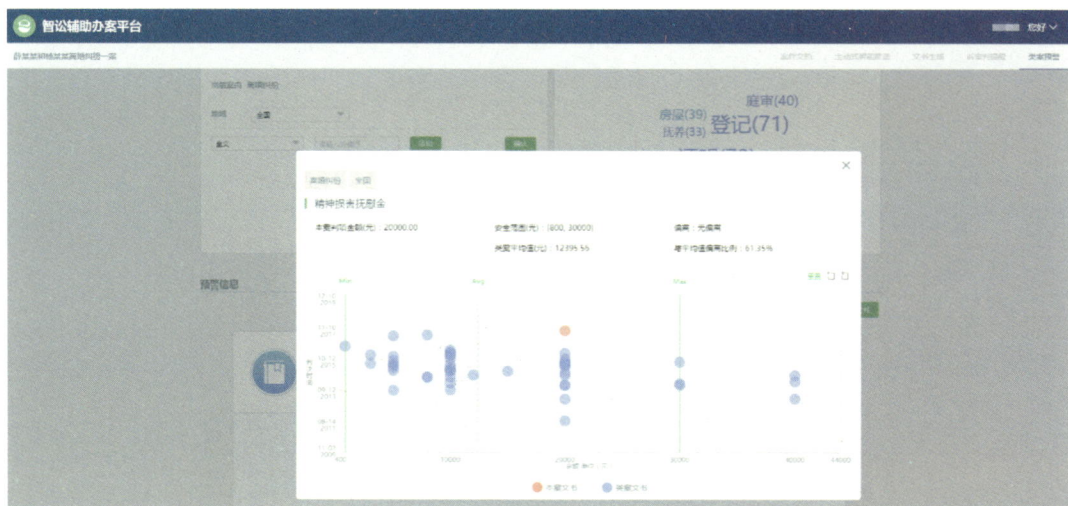

图 3.12 通过分析类案判决为法官提供量刑区间参考

2019 年 7 月，云南省昆明市西山区人民法院"类案文书预警"等智能辅助办案系统亮相全国政法智能化建设技术装备及成果展，吸引各地司法同仁驻足交流。西山区人民法院作为云南省第一家正式推出类案文书预警系统的法院，以智能辅助为定位，以大数据为依托，以类案同判为目标，将自然语言处理、数据挖掘、机器学习及可视化技术相结合，基于海量类案判决文书的深度剖析，为法官一键推送与本案最相似的文书，并且以科学的原理和方法建立预警模型，计算案件偏离度、类案平均值等指标，辅助法官类案同判，提升司法公信力。"希望进一步统一法官的自由裁量，既增加法官的裁判自信，提高工作效率，也使判决更加科学公正，当事人对裁判结果更加信服。"❶

4."繁简分流"催生要素式审判方式

当前，在全面实行法官员额制的司法体制改革背景下，法院受理的诉讼案件连年持续增长，而司法资源非常有限，人民法院"案多人少压力大"是司法改革推进过程中的突出矛盾。如何运用信息化技术提升审判效率，实现司法公正与司法效率的平衡，是亟待研究和解决的问题。

要素式审判就是在"繁简分流"改革过程中推出的创新成果，从简易案件的处理出发，探索新的办案方式，在办案流程、卷宗浏览、案情研判、文书生成等多方面提供智能化辅助，

❶ 《关注 | 西法召开类案预警系统培训会》，昆明市西山区人民法院微信公众号，2019 年 1 月 1 日发布。

从而实现简案快审、繁案精审，该繁则繁、当简则简，繁简得当，彻底解决"案多人少"的矛盾，提高案件的办结效率和办案质量（见图3.13）。

图 3.13　要素式审判帮助法官快速厘清原被告提交的案件要素

例如，对于事实清楚、权利义务关系明确、当事人争议不大的普通民商事案件，用要素式审判方式进行审理将更适用。

立案阶段，当事人通过电脑端、手机端、立案大厅一体机和窗口立案等多种途径提交案件要素表，通过当事人填写要素表的方式进行证据交换，明确案件要素，从而充分调动当事人参与诉讼，实现审判资源优化。

庭审阶段，对当事人要素进行比对和分析，为法官展示当事人之间一致的要素和不一致的要素，既简化无争议要素的审查程序，又便于重点审查双方当事人存在的异议要素，还能根据法官对要素的认定自动生成庭审提纲，提高办案效率。

庭后阶段，通过案件要素推送类案、推荐争议焦点和适用法律，出具类案检索报告，并辅助生成裁判文书。

判后阶段，对生成的裁判文书进行偏离度分析，并生成偏离度分析报告，帮助审判管理人员进行判后案件质量的评查和问题追溯。因此形成简易案件、普通案件智能办理的业务闭环，不但减轻办案压力，提高诉讼效率，让法官将精力和智慧倾注于疑难复杂案件的审理中，实现"简出效率、繁出精品"，而且节约司法资源，促进司法公正透明。

智慧诉服为群众诉讼"增效"

随着移动互联网的蓬勃发展，尤其是疫情期间严防严控的要求，促使法院的在线庭审、在线调解、远程审判、电子送达等办案新模式进入全面实践阶段。微法院小程序、手机 App 等移动终端使办案、调解、合议、开庭都不再受时间和空间的限制，巡回审判得以实现，减轻了法官和当事人的奔波之苦，同时也打通了服务群众的"最后一公里"。❶

2018 年 12 月 27 日，一场跨国庭审在北京市第四中级人民法院（以下简称"北京四中院"）进行。身在德国的刘女士经德国法院判决离婚后，向北京四中院提起诉讼，请求承认该裁决。四中院受理后，合议庭通过掌上智慧法院微诉平台与申请人刘女士进行了远程庭审，并当庭做出裁定，承认德国该地方法院最终裁决关于解除双方婚姻关系部分的法律效力。庭后，裁定书将通过掌上智慧法院平台进行电子送达。远在德国的刘女士在远程连线中多次对四中院司法为民、便民措施表示感谢。❷

2020 年 2 月，为减少人员接触、阻断疫情传播，保障法院审判工作正常开展，各地法院积极应用在线远程庭审系统，通过微信小程序或移动 App 端联接法官与当事人，足不出户即可实现特殊时期立案、调解、庭审、送达等诉讼全流程在线办理（见图 3.14）。不仅方便法官实现多方远程在线视频庭审或沟通调解，还有助于防控疫情，处理安全高效，提高效率，减轻诉累。

掌上微法院依托微信实现诉讼流程"智能化"与诉讼环节"移动化"的融合，综合运用生物特征识别、语音识别、语义分析等人工智能技术，扩展诉讼参与人与法官的沟通形式，增强沟通时效性，有效提升办案效率。

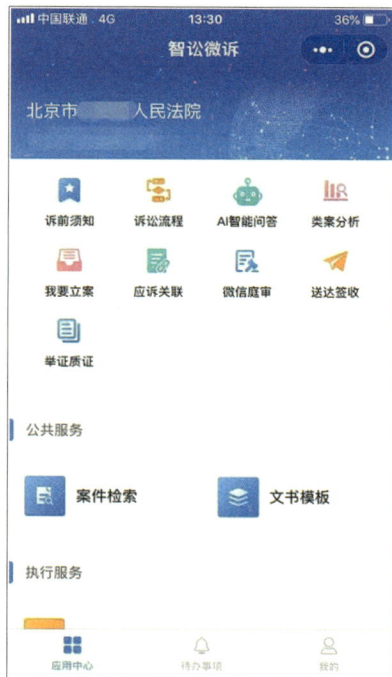

图 3.14　在线远程庭审微信小程序

智慧司法微服务不仅能轻松实现远程庭审，还可以为群众提供丰富的诉讼指引服务，如来院指引、诉讼流程、类案分析、案件检索、文书模板等内容，帮助当事人了解诉讼知识，

---

❶ 陈甦，田禾，主编．吕艳滨，执行主编．胡昌明，副主编．中国法院信息化发展报告 No.3（2019）．北京：社会科学文献出版社，2019.

❷ 《北京四中院远程跨国庭审 当庭裁定承认一外国法院离婚判决》，法制日报网易号，2018 年 12 月 28 日发布。

查看相似案件胜败诉情况，做好心理建设。同时还能实现诉讼全流程的移动端办理，包括立案信息提交、交纳诉讼费、举证质证、线上开庭、送达签收等功能，节约了当事人的诉讼成本，使多元化纠纷解决更加灵活高效，推动司法服务智能化进程。

在各地法院的诉服大厅、诉服中心，也经常出现法律智能机器人的身影，这些机器人能为当事人解答各种法律问题。法院构建完善诉服工作体系，线上线下相结合，通过机器人、一体机等智能终端设备，为群众普及法律知识，实现自动立案、电子送达、案件进度查询、诉讼风险评估和联系法官等司法需求，实现"信息数据多跑路，人民群众少跑腿"。

智能问答机器人是面向当事人及法律工作者提供专业法律咨询服务的 AI 助手，利用人工智能技术对问题进行精准的语义分析，准确判断用户意图并提供有针对性的回答。不仅为当事人提供全方位、全天候、零距离、无障碍的智能诉讼服务，还能以交互式问答方式为法官、律师、法学院校学生等法律实务工作者提供专业法律问题解答，知识范围可覆盖民事、刑事、行政、知识产权等多领域，问题类型包括法律实体问题、定罪量刑规则、裁判规则等。

智慧管理为司法审判"保质"

针对司法管理决策，通过案件数据分析、类案判决预警、可视化通览全局等服务，为法院管理层提供智能的决策辅助，助力提升审判管理水平和能力。按照"凡诉必审""凡审必判""未审勿判"的诉审判一致性要求，通过从起诉状、答辩状、裁判文书等文书中识别事实，实现诉辩双方主张事实、法官审理和认定的事实以及裁判事实之间的科学对比分析，对案件诉审判内容进行聚类统计，帮助领导层掌握全局审理情况，有效辅助审判规范化管理工作。

法院大数据的智能统计与分析，以灵活、丰富的可视化形式展现，从时间、空间等维度分析各类案件、罪名、案由的审判趋势，一览无遗地呈现辖区各法院案件信息资源数据，实现量刑情节和案件要素等专业层面的深度分析，帮助理解司法大数据所描绘的法律画像，深入挖掘和洞察大数据的最大价值。新型数字化手段不仅助力审判管理，还能够辅助社会治理，为党政机关决策提供智力支撑（见图 3.15）。

智慧执行为依法治国"护航"

长期以来，由于社会环境、制度建设等方面的原因，法律文书生效后得不到执行，胜诉当事人的合法权益受到损害的情况时有发生。破解执行难的问题，不仅是维护法律权威的需要，也是全面依法治国的要求。党的十八届四中全会明确提出，"要切实解决执行难""依法保障胜诉当事人及时实现权益"。2016 年全国两会期间，最高人民法院向全社会做出庄严承诺，"用两到三年时间基本解决执行难问题"。

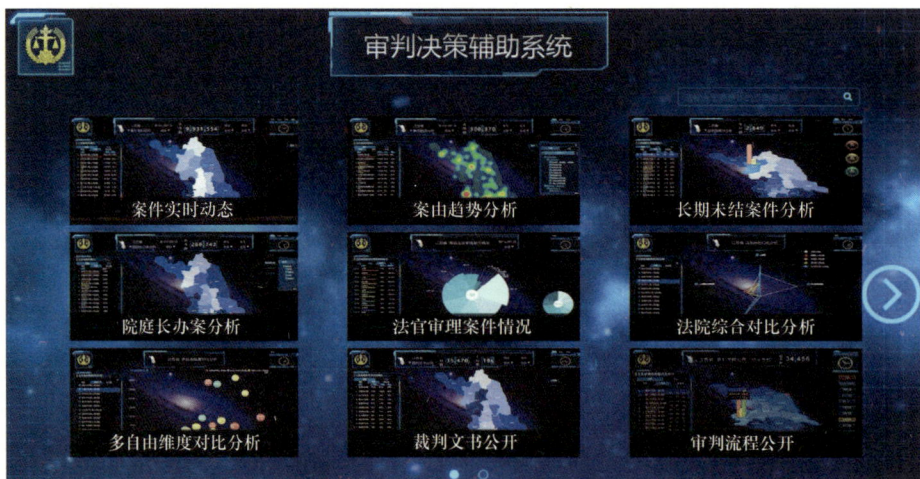

图 3.15　审判大数据可视化让各层面管理者心中有"数"

随着最高人民法院"总对总"网络执行查控系统、失信被执行人与限制高消费的联合征信与惩戒系统、全国四级法院互联互通执行指挥管理平台等机制的建立，各地法院积极响应、大胆探索，纷纷落实举措。

结合地方银行、国土、住建、车管、民政、工商、税务等多机构数据，利用数据挖掘、关联分析等技术，财产网络查控系统不断完善优化，最大限度避免被执行人转移资产，保护当事人的利益；整合被执行人网络、通信、社交、商业等活动信息数据，描绘被执行人全息画像，实现精确查找。联合惩戒机制对失信被执行人产生了有力震慑，网络新媒体开展"庭审直播""追捕老赖直播"，将执行工作置于媒体和社会监督之下，也放大了执行公开与宣传效果。在"互联网＋"时代，信息化与执行工作的深度融合，使智慧执行建设进一步深化，执行管理模式发生变革，最终让执行工作更加高效、规范、透明、廉洁。

3.3.3　数字智能全面提升检务工作质效

在大数据推动经济社会发展、提升社会治理现代化水平的时代趋势下，聚焦检察改革新形势、新要求，人民检察院信息化建设工作迎来了重要发展机遇，同时也面临着前所未有的挑战。以科技强检战略为指引，以服务检察业务为核心，积极推进大数据、人工智能等前沿科技在检察工作中的应用，打造科学化、智能化、人性化的"智慧检务"生态，既能满足人民群众的要求和一线干警的迫切需求，同时也能推动检察工作方式和管理方式的全面革新。

目前，"智慧检务"已经融入检察官日常的工作和办案当中，成为推动检察工作发展的强大力量。"智慧检务"是检务信息化的更高层次，是人工智能与检察实务的深度融合，是利用新技术逐步重塑检察业务工作模式，提高检察工作质效的工具。因此，以数据为核心，以应用为目标，以高科技信息技术为手段，本质是为了满足一线检察官的迫切需求，解决业务工作中的痛点，真正为检察人员减负、提速、增效。

检察院的数字化进程实现大数据、智能化对智慧检察业务的有力支撑，贯穿案件审查、办理、出庭支持公诉、民行监督等业务流程，涵盖知识检索、智能语音、远程送达、阅卷辅助、证据审查、类案参考、定罪量刑、智能文书生成／纠错、出庭示证、诉讼监督、业绩考评等模块，通过建设检察智库、智能语音、远程送达、阅卷辅助、证据审查、类案推送、智能文书、案卡智能管理、定罪量刑辅助、出庭一体化、类案文书预警、智能业绩考评等模块，实现审查办案中案件处理整个过程的信息化、自动化、智能化，实现数据的自动产生、自动转化、自动留存，发挥大数据的最大效能。随着信息化建设应用水平的提升，检察院从基础功能流程覆盖到数据资源深入挖掘分析，以"大数据、大服务、大格局"为指导辅助领导决策。

湖北检察机关建设民事行政监督智能辅助系统，❶ 充分运用信息化、智能化手段深化民事检察工作与现代科技深度融合，围绕检察官办案实践经验和共性需求，在智能解构民事文书算法的支撑下，创造性地研发八大功能模块，即审前过滤功能、阅卷审查中的重点标注与高亮识别、要素比对、文书自动生成、画图工具、智能文书校对、检索报告自动生成、延伸审查功能。在知识推送部分，得益于民事文书的智能化解构，系统能够根据前置案件文书及案件情况（包含事实、证据、说理等），推送按相关性排序的民事审判案例和民事抗诉案

---

❶ 该系统荣获由《互联网周刊》、中国社会科学院信息化研究中心、eNet 研究院、未来智库／战略咨询有限公司共同主办的《互联网周刊》"2019 智慧司法年度产品"奖。

例。该系统与检察统一业务应用系统 2.0 紧密结合，全面构建应用层、支撑层、数据层有机结合的新时代智慧检察生态，帮助检察官快速梳理案情、形成意见、汇报案件，提升办案效能（见图 3.16）。

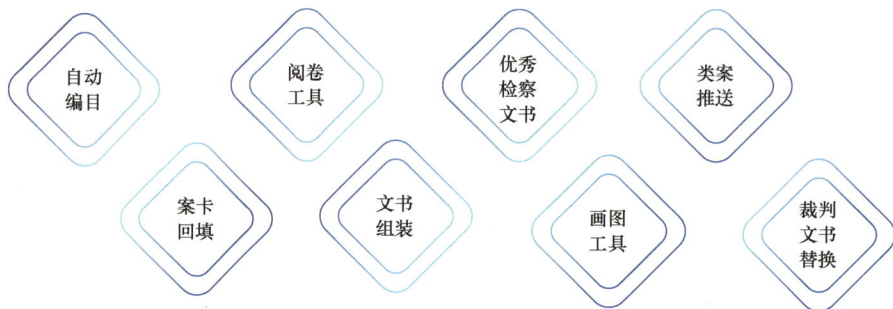

5 个工具具有独立性：松耦合，可独立作为工具嵌入 2.0，也可调用其他工具成果数据

图 3.16　检察院智慧民事系统功能特色

山东省检察机关的"检度"智能搜索平台，是山东省检察机关利用自然语言处理、数据挖掘、数据可视化等大数据技术，为检察人员更加迅速便捷地找到所需信息数据而构建的智能数据检索服务平台。❶ 该平台整合了人民检察院案件信息公开网、中国裁判文书网等相关外部信息和内网及各应用系统等内部信息，信息总量超过 2 亿条，提供统一的智能检索、多维分类统计、图表化分析结果展示等功能，成为检察人员办公、办案的得力助手。

江苏检察机关研发大数据案件监督管理平台，实现对案件的智能化管理，提升现代化管理水平。利用机器人冷静、客观、全天候、智能化的设计理念，在案管前台摆放能够对话的"机器人"，辅助查询相关信息，因此被称为"案管机器人"。"案管机器人"依托全国检察机关统一业务应用系统，设有流程监控、质量评查、权利保障、绩效考核、分析决策、诉讼监督和涉案财物管理 7 个模块，主要具备办案程序出错自动预警、全程监控办案留痕可查询、业务数据及办案绩效统计、大数据智能分析监测这 4 个功能，❷ 可提醒检察人员及时履行义务，有效纠正不规范司法行为。

浙江省杭州市检察机关积极开展智能语音识别系统应用，取得了较好的成效。通过使用智能语音识别系统，公诉人的工作效率得到明显提高。该系统自动采集语音和转化文字

---

❶ 《厉害了我的检察院！这些"智慧检务"让人眼前一亮》，正义网，2017 年 2 月 17 日发布。
❷ 《江苏省检察机关研发使用案件管理"机器人"》，江苏检察网，2017 年 2 月 16 日发布。

的功能，提高了笔录制作速度，使办案人员从简单重复的事务性工作中解放出来，提高了办案效率，节约了司法资源。尤其是针对远程提审速裁案件，通过格式化讯问模板，能有效节约提审时间。同时使公诉人有更多精力投入讯问内容中去，提高讯问质量。数据显示，远程提审案件公诉人语音识别准确率达到 88%，现场提审案件公诉人语音识别准确率达到 87.7%，现场提审案件犯罪嫌疑人语音识别率达到 75.8%。❶

从各地人民检察院"智慧检务"的应用案例来看，它们主要是基于自然语言处理、数据挖掘和深度解析、机器学习、知识图谱、事理图谱、智能音视频、可视化等技术与检察业务有机融合，普遍构建了检务知识库、定罪量刑智能辅助、民事行政检察监督辅助、文书自动生成和智能纠错、智能辅助决策等产品类型。

智能辅助办案解决"案多人少"矛盾

1. "检察智库"是检察官的智慧外脑

检务知识库服务应用是利用数据分析及知识服务，为检察院各个业务单位提供对应智能应用的服务中心，通过实现法律、法规、司法业务知识、案件文书、司法文书、国家和地方政策、舆情的汇集和管理，以及深度加工和服务，利用知识图谱构建和知识服务管理等功能，从社会治理、法律咨询、涉案服务、未检校正、检务公开、执行监督等方面梳理能够满足各检察院业务单位的知识服务。

通过采集裁判文书网接口获取的全量公开文书、检院出版社获取的图书、文章库及视频库，以及互联网爬虫获取的法律法规等信息数据，利用数据挖掘、文本解析、知识图谱、机器/深度学习等技术，搭建大数据平台、数据挖掘引擎、语音检索引擎、图像和语音识别引擎等应用支撑层，最终为检察人员提供"基于类案统计分析的法律知识库"，即"检察智库"。

知识库可通过文本推送或自主检索方式推送相似的典型案例、裁判文书，并展示案件要素和案件详情、裁判情况可视化页面，并支持对推送案例进行地域和时间范围筛选，为检察官查找相关信息提供多元化途径，以提高办案质效。

通过极简的输入方式，检察人员也可以快速检索到所需法律知识，如检索一个罪名，

---

❶ 《厉害了我的检察院！这些"智慧检务"让人眼前一亮》，正义网，2017 年 2 月 17 日发布。

则多维度关联推送与该罪名相关的法条、案例要旨、裁判文书、图书观点、办案指引、案卡填录标准等知识，实现一键检索整体推送功能；同时系统可根据输入的文字，实时进行用户意图识别，智能联想推荐知识资源，快速精准定位到检索结果。

2. 定罪量刑辅助促进审判公平正义

为了缓解"案多人少"的压力，节省检察人员查阅法律法规、查阅本省份量刑指导意见的时间，快速完成案件的量刑计算、一键生成量刑建议，可通过文本解析技术实现定罪量刑辅助服务。通过对起诉意见书的分析，系统提供与该案定罪相关的法律法规，以及罪与非罪、此罪彼罪的相关法律知识，并针对每个嫌疑人的每个罪名提供量刑辅助，通过选择的情节、设置的幅度来计算建议宣告刑，通过可视化图表展示法定量刑、规范量刑与本案量刑，为检察人员办案提供有价值的参考。同时也促使所有的司法办案活动都置于客观动态的"聚光灯"下，最大限度地实现审判的公平正义。

检察人员在日常工作中使用"定罪量刑辅助系统"，对在侦查、起诉、审查、审判各阶段的专业文书进行解析，根据案由和要素，智能化分析案件涉及的相关量刑情节，并根据需要进行筛选，确认了具体量刑幅度之后即可一键生成量刑建议（见图3.17）。尤其对于多人多罪的复杂情形，系统对每个情节对应的法律依据的呈现一览无遗，清晰地指引量刑，能有效辅助检察人员对多名嫌疑人"数罪并罚"，大大提升了工作质效。

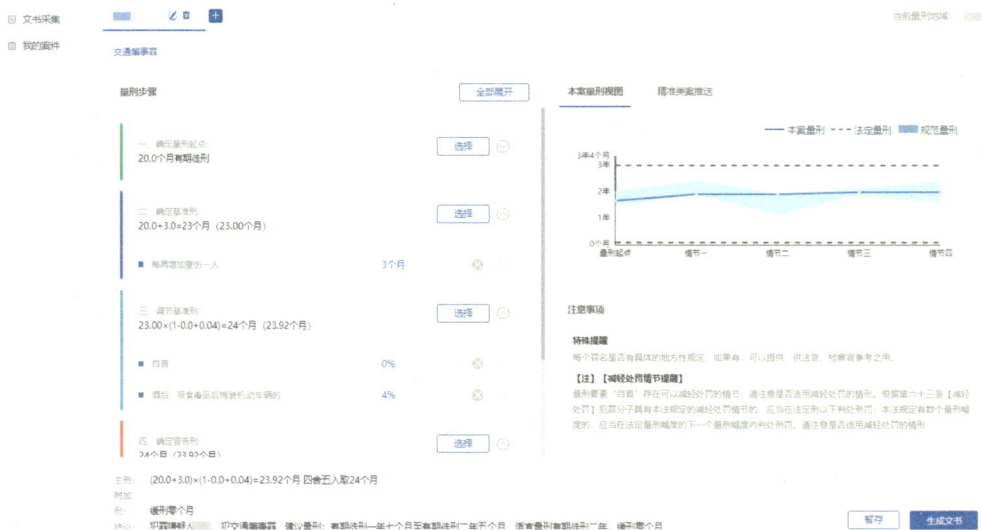

图 3.17　定罪量刑智能辅助

3. 文书智能纠错为法律文书"体检"

在传统工作方式中，检察人员通常需要一定的时间来查阅材料，写作文书。智能文书生成系统可以大大缩短写作时间，为检察人员减负。根据对检察法律文书的深度调研和规则总结，系统设置检察法律文书错别字库，包含常用词语的拼写错误和法言法语的书写错误。

检察法律文书通过系统输入后，系统自动进行文字内容扫描、错别字识别、错别字位置及问题准确提示、提示可适用的正确用词并提供一键修改功能，帮助检察人员减少文书中出现的低级错误，规范文书撰写，提高工作效率（见图 3.18）。

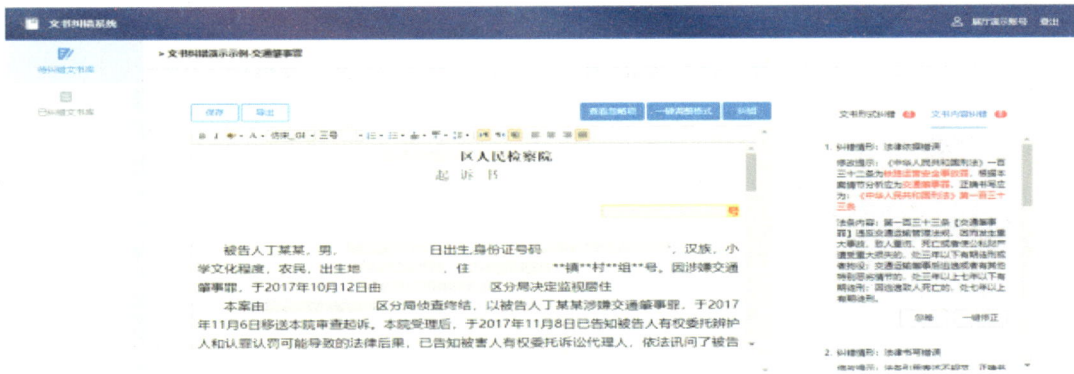

图 3.18　法律文书自动纠错

智能辅助决策推动管理模式创新

以大数据平台为基础，搭建上层软件和应用系统，除了可以给检察人员办案业务全流程提供服务，也可以为检察机关领导把控全局、做出决策提供科学的依据和参考。

专业服务智能化通过大数据分析、挖掘及先进的可视化技术，通过研发涵盖审判运行动态、超长期未结案件、司法公开情况等信息在内的可视化平台，针对案件审判等工作形成实时、有效的监督，让各层面管理主体心中有"数"，及时掌握本辖区、本单位、本部门业务工作情况以及重点工作开展情况，强化自主管理，推动管理模式创新。

另外，还可以利用 NLP 文本解析、知识图谱、事理图谱等技术，结合检察业务工作场景和实际需求，开发办案绩效评估、司法舆情监测、办案质量和流程监测预警系统等，遵循"有用、有效、合理"的原则，有效辅助司法管理和司法决策。

总而言之，随着互联网、大数据、人工智能等先进技术与检察工作的深度融合，新时代的检务工作正在实现 3 个转变，即从传统的习惯思维向现代信息思维转变、从传统管理方式向现代管理方式转变、从传统单边的智能向现代多元化智能转变，并已初步实现办案质量进一步提高、管理效力进一步提高、管理素质进一步提高、群众的满意度进一步提高。但同时也存在一些问题，如建设步骤有待进一步规范、缺乏统一标准、重复性建设现象明显、实验室作用发挥有待加强等。

相信未来在深入推进科技强检与智慧检务创新发展的进程中，主动拥抱大数据、人工智能新时代，在升级硬件软件系统的同时也升级思想观念，进一步凝聚检察科技工作合力，积极探索新形势下检察智能化建设新路径，将不断提升检察工作信息化、智能化、现代化水平。

3.3.4 "智慧公安"有力保障执法效能

2019 年 10 月 15 日零点，天津市公安局依旧灯火通明。随着一道指令的下达，升级改造后的天津市公安局执法信息综合应用和管理平台全局正式上线运行，新系统有个响亮的名字——国双公安智能执法办案与管理平台。

国双公安智能执法办案与管理平台犹如一个"智慧大脑"，成功打通了多系统之间的信息壁垒，减少了不同系统间的频繁切换与登录，而且强大的辅助执法功能又可以指导民警依法、公正、高效地办理案件。国双公安智能执法办案与管理平台通过对案件全流程的各个环节、各个时间节点的数据进行汇集，形成侦查全流程轨迹，避免遗漏重要环节，实现案件侦办脉络清晰化、可视化；同时，平台运用区块链＋大数据等技术，进行主动式推送办案指引，实现视图化、引导式案件办理和侦查取证。此外，采用自然语言处理和数据解析技术，实现了案件证据和笔录的关键信息解析提取，为数据统计分析、执法研判和领导决策提供数据支持。一线干警表示，国双公安智能执法办案与管理平台已成为民警办案的"好助手"，大幅减轻了民警的工作负担，实现了工作效率翻倍，全面提高了执法效率和执法质量。❶

---

❶ 《让数据多跑路，让民警少跑路，公安局里的程序员竟是他！》，中国长安网，2019 年 11 月 5 日发布。

案件全流程智能管理奠定"智慧公安"基础

随着我国经济的飞速发展，社会治安也面临更严峻的挑战，传统的社会治安防控体系已经很难适应时代发展和社会治理的需求，于是新一轮公安信息改革与发展的潮流如期而至，促进社会生产生活方式和治理方式朝着智能化、智慧化方向演进。

大力推进科技信息化建设、深度实施公安大数据发展战略，着力建设数据警务、智慧公安，是全面推动警务模式由"汗水警务"向"智慧警务"转型升级的必经之路。实践证明，坚持向科技要警力、要战斗力，将助力实现更高水平的公安工作信息化、智能化和现代化。

"智慧公安"是以互联网、人工智能、云计算、物联网、数据挖掘、实时音视频、知识图谱等为技术支撑，以公安信息化为核心，通过设备与技术的互联化、物联化、智能化3种方式，使公安系统中的各功能模块协调运作，达到警务信息"深度应用、高度共享、强度整合"目标的警务发展新理念和新模式。"智慧公安"信息化建设发展历程主要有如下几个阶段。

1. 筑牢信息化基础，变革传统办案方式

1998年，"金盾工程"开始实施。这是我国公安现代化史上投资最多、规模最大、技术最先进、工期持续最长的工程项目，分两期开展建设。通过实施"金盾工程"，公安信息网各类基础设施基本建成，公安三级主干网络全部建成；基本实现了基础信息采集、案件办理流转、网上执法监督和绩效考核等综合应用；社会信息资源共享得到拓宽充实，公安信息资源综合开发利用的水平明显提高；基本形成全警采集、全警应用、全警共享的公安信息化应用格局。❶

以"金盾工程"建设为契机，全国公安机关大力加强公安信息化建设。从领导到一线民警的思维方式和工作方法发生巨变：传统的侦查手段和破案方式发生了新变化，打击防控的精准度大大提升；公安基层基础工作得到加强，公安机关行政管理工作的水平和服务群众

105

❶ 《科技兴警促进公安信息化规模迅速上升，2018年市场规模超700亿，行业集中趋势日益明显》，中国产业信息，2019年6月14日发布。

的能力显著提高；信息化应用还规范了执法活动，降低了警务成本，推动队伍建设和管理取得了新的突破。尤其是 2013 年以来，公安信息化引入云计算技术建设基础设施，探索大数据服务实战，推动信息共享和综合性平台建设，推动新兴技术与机制融合，公安政务服务得到了不断创新。

2. 覆盖业务全流程，实现执法办案一体化

建立覆盖业务全流程的一体化平台，是公安机关办案、办公的基础和中枢。全国公安机关聚焦警务实战需求，全面推进信息化建设，不断夯实科技基础，打破条块壁垒，深化信息应用，加快信息技术与公安业务深度融合。

各地公安机关建设以执法办案为核心，深度融合各部门、各警种相关系统，打通从接处警、办案区、执法办案、案件侦查、执法监督、涉案财物管理、案件卷宗管理、案件移送审查起诉等执法办案环节的全流程应用；实现办案区与执法办案系统采集信息的相互复用，打破"信息孤岛"，提升信息利用率；融合执法监督与执法办案，实现执法状态评估精细化、科学化管理；推动涉案财物、案件卷宗、办案区与执法办案系统的整合，实现涉案财物、卷宗管理、侦查办案的全程留痕，案件线上流转轨迹可追踪。

3. 优化系统资源配置，提升执法办案质效

随着信息化的快速发展，旧版系统逐渐凸显业务面覆盖不全、系统操作烦琐冗杂、技术架构陈旧缓慢、智能化应用不足等问题，而且基层民警办案时要同时登录 6 ~ 7 个系统，过多重复性的文案工作让民警的工作效率难以提高。因此顺应公安信息化深入发展趋势，构建以云计算为平台，以大数据与人工智能为主要技术支撑，软硬结合，建设统一、信息互通、不断迭代的公安一体化信息平台是业务所需，也符合社会发展需要。

在全流程一体化平台的基础上，通过多系统融合互通，有效优化整合资源，实现在同一个系统中进行数据采集、执法办案、执法监督等操作，减少不同系统间的频繁切换与登录，提升执法办案质效；多系统信息实现互联与复用，最大限度地减少信息重复录入，提升信息利用率，真正为基层民警减轻负担。通过应用和数据双层面的融合，促进各部门、各警种之间的信息和业务交流，提升图侦、经侦、网安等部门和警种之间协作配合的紧密度，有助于切实提高侦查、办案效能。

大数据和人工智能进一步提升执法效能

1. 推广智能化应用，辅助办案和执法研判

新一代"智慧公安"信息化体系，不仅要打造全流程执法一体化平台，实现案件全流程信息化管理、实时监测、预警提示、电子卷宗自动规范生成、主动式推送办案指引、执法质量网上考核、执法状况自动评估、证据视图等功能，提升执法办案能力，提高执法效率；还需要促进警务信息的有机融合，有效治理执法办案流转过程中产生的海量数据，提高大数据应用和智能化水平，拓展智能化辅助功能，提升办案质效，促使"业务型警务"向"数据智能型警务"转变。

在"科技兴警"的战略导向下，结合大数据和 AI 技术，大力推进数字警务、智慧公安建设，逐步实现更高水平的公安工作信息化、智能化、现代化。以执法办案系统为中枢，建设智能化综合平台，能够有效地整合、集中执法办案全流程的数据资源，最大限度地体现大数据的价值，提升数据利用率。采用自然语言处理和数据解析技术，实现案件证据和笔录的关键信息解析提取，为数据统计分析、执法研判和领导决策提供数据支持；通过对案件全流程各个环节、各个时间节点数据汇集，形成侦查全流程轨迹，实现案件侦办脉络清晰化、可视化；通过对公安行政处罚案件的大数据统计分析，结合裁量基准，构建行政处罚裁量模型，实现行政处罚的辅助裁量。

2. 融合执法监督管理，保障执法规范化

通过执法办案系统与执法监督系统高度融合共享，统一执法监督数据来源，科学设定执法监督点，精确定位执法监督对象，可以实现科学的执法状态评估。一体化平台通过汇集接处警、办案区、执法办案系统、涉案财物管理、案件卷宗管理等多个环节的监督点和预警信息，能够实现全流程、自动化的智能预警和动态监督。

通过情报引导监督，并借助要素提取建立监督模型，从原来的事后监督变为现在的事前无感知监督；从原来纯粹的程序监督变为现在的实体和程序相结合的组合式监督，直接在民警可能出问题的点进行预防，有效地从源头防控执法问题，实现全方位、无死角、立体化监督。打造执法办案、执法监督、执法审核为一体化的智能管理平台，使执法办案系统与执法监督系统的信息高度融合与共享，大大提升执法监督效能。

3. 完善全业务数据体系，激发最大数据效用

数据在联通、流动、融合之后，往往能激发更大的数据效用和价值。有些公安机关已经在尝试将各系统业务数据进行整合，构建公安业务数据仓库，从而建立健全完备的数据体系。

运用大数据技术，对整合的海量执法数据进行标签化处理，以案由为分类，建立各类数据研判侦查模型。一是用于实现基层基础警务的数据化分析、自动化提醒、智能化采集和可视化监督，支持定期生成执法状况白皮书，对发案规律特点、执法办案和监督管理情况进行深度分析研判，直观反映各办案单位的执法状况和执法问题；二是通过案件分析预警和研判模型实现作战指挥的规模化、精准化打击；三是通过对笔录解析提取案件要素，与法律法规、司法经验、案例、证据材料等进行精准匹配，形成法律法规、事实、证据之间密切关联的知识体系，进一步基于知识图谱和事理图谱技术，提供如主动式推送办案指引、证据视图等智能化应用。

4. 移动执法办案解决方案，快速灵活响应疫情、警情

在新冠肺炎疫情防控阻击战中，全国公安民警义无反顾，冲锋在前，坚守岗位。公安机关灵活运用执法办案 App（见图 3.19），不论民警在执法现场、派出所还是家中，均可第一时间进行移动办案、移动审批、实时制作文书等，确保民警对警情、疫情进行快速响应，一部手机在手，即可满足民警随时随地移动执法的需求，全面提升执法办案效率。

回顾"智慧公安"的发展历程，数字呈现巨变：党的十八大以来的 5 年间，全国公安机关基础设施终端设备增加 30%，通信设备增加 40%，带宽提高 2 倍，联网视频监控终端增加 4 倍，服务器增加

图 3.19　公安移动办案系统（App）页面

6 倍，存储容量和数据规模增加 10 倍……❶ 这意味着全国公安机关聚焦警务实战需求，全面推进公安信息化建设的步履积极而坚定。"智慧公安"的构建也标志着公安信息化正在走向数字化、网络化、智能化的高度融合，以此满足大数据时代对公安工作快速、灵活、明确、高效、智能响应的社会需求。通过大数据深度挖掘剖析和智能研判应用，未来将实现对人员全方位、立体式管控，不断提高社会治安防控水平，更好地促进社会公平正义，更好地保障人民群众的美好生活。

3.3.5　更多专业服务领域数字化转型之路

金融审计数字化

由于区块链、大数据、云计算的兴起，以及互联网、物联网发展的影响，项目、资金、政策的复杂化使金融数据、金融信息海量增加，不仅有繁杂的数字类结构化数据，也有多种类型的文本、图片等非结构化数据。如何遵循金融规律对数据进行高效治理，利用文本解析、知识图谱等 AI 技术完善审计手段、改进审计方式，减少金融风险隐患，维护金融安全，是新时代留给我们去探索的课题。

在金融审计领域，数据的整理、校验、拆分、合并等工作仍然需要人工完成，亟须新技术帮助提升审计业务的效率和质量。于是，数据分析成为金融审计信息化的主要技术和工具，数据分析平台在金融审计中发挥了至关重要的作用。

在金融审计中广泛开展数据分析，不仅能够有效提升信息化条件下履行金融审计监督职责的能力，而且为实现未来审计由"数据孤岛型、业务封闭型、模式单一型"向"数据一体化、业务一体化、模式一体化"的发展创造了条件，进而实现金融审计的新突破，为发挥审计"免疫系统"作用，积极服务国家治理提供有力保障。

如国内某审计师事务所——中国成立最早且具备国际服务能力的综合性专业服务机构之一，历经 30 多年的发展，拥有审计鉴证、管理咨询、税务及会计服务、工程管理咨询 4 个平行的业务板块，已实现集团化、一体化管理和国际化发展。其审计业务庞大繁杂，存在

---

❶ 《从无到有、由弱到强，回顾公安科技信息化走过的发展之路》，珠海网警巡查执法百度号，2018 年 12 月 8 日发布。

"重复性劳动繁多、操作流程复杂、信息化工具难用"等痛点，亟须自动化、智能化系统，帮助审计人员改善效率，提升质量。

如今的新型智能审计数据平台具有"标准化、自动化、智能化"的特点，实现审计数据到审计报告的自动化处理流程，提供相关报表分析功能，能够识别风险与控制风险。"标准化"即审计流程标准化、审计数据指标标准化、审计模板标准化、审计规则标准化；"自动化"可实现各类表格之间的转换，各类表格之间的拆分、合并，数据校验，动态联动以及数据衔接；"智能化"则体现在表格之间的智能关联，Word 报告的智能生成，表格、文档的智能排版，模板库的智能化管理以及审计业务的智能化分析。这些强大的功能已能够完全满足审计 32 个业务场景需求，设计思路更加符合审计业务习惯，并且大大提高数据同步效率，具有更好的安全性和保障性。

如在业务人员生成标准科目余额表的场景中，通过对文本和数据进行智能解析，并运用机器学习技术进行映射规则自主学习迭代，可以避免审计师将时间消耗在大量的人工识别科目对应上，与传统的人工处理方式相比，能够节省大量工作时间，实现作业效率快速提升。审定财务报表、审计报告等表格文档，也可以由机器完成数据抽取、数据填充，无须人工干预和手工操作即可自动生成，减少了效率低下和易出错的问题，简化业务流程，提升了数据联动效率和准确性。同时通过对数据样本的智能解析，可根据分类模型计算准确率，帮助业务人员预估错误概率。

大数据和人工智能的出现，改变了传统审计的模式和方法，而通过 RPA 对数据进行整合治理还不足以解决更深层业务场景的问题，预测"AI+RPA"才是未来专业服务领域数字化的发展方向。融入 NLP、数据挖掘、知识图谱、事理图谱等 AI 技术，开展对金融审计大数据的分析与探索，丰富数据的指标和维度，可以获取充分适当的审计证据，依据海量数据和预测性模型，对风险作出合理的判断，辅助审计人员作出预测性结论。还可以建立企业用户画像，使单一财务审计转变为对财务数据、业务数据、外部相关数据的关联性审计，通过数据间关联关系的相互印证，获得发现问题的线索，使审计效率和效果得到提升，更好地赋能审计专业领域的数字化转型。

税务稽查科技化

2015年，中共中央办公厅、国务院办公厅印发了《深化国税、地税征管体制改革方案》，着力解决现行征管体制的问题，不断推进税收征管体制和征管能力现代化。2018年3月13日，《国务院机构改革方案》提出"将省级和省级以下国税地税机构合并"，标志着税务机构改革推进到新阶段。

国税地税征管体制改革，不仅是国税地税机构的合并，也是税务部门领导体制、运行机制、管理方式、职能职责的深刻变革，更是执法和服务标准、业务流程等方面的集成创新。随着国税地税征管体制改革的深入推进，"智慧税务"建设进一步提速，对数据库、信息系统建设及现有资源优化配置提出了更高的要求。

2019年3月，国家税务总局印发《优化税务执法方式全面推行"三项制度"实施方案》（税总发〔2019〕31号），明确指出加快推进信息化建设，推动公示信息自动化采集、执法记录数字化管理、法制审核信息化控制，逐步构建操作信息化、文书数据化、过程痕迹化、责任明晰化、监督严密化、分析可量化的税务执法信息化体系。

利用语音识别、文本分析等技术对税务执法信息数据资源进行分析挖掘，发挥人工智能在证据收集、案例分析、法律文件阅读与分析中的作用，聚焦争议焦点，向执法人员精准推送法律法规、相似案例等信息，提出处理意见建议，生成执法决定文书，有效约束规范税务行政自由裁量权，确保执法尺度统一。❶

遵循国家战略导向与政策文件要求，为了解决"案多人少"的矛盾以及信息化系统升级的需求，北京市税务局第三稽查局率先示范，在稽查科技化道路上走在了前面。通过建设"税务稽查智能辅助应用系统"，利用大数据、人工智能、语音识别等先进技术，开发智能辅助工具来切实为业务人员减负，不断提升稽查工作质效，推进税务稽查工作更加现代化、智能化发展。

一期项目以语音笔录自动生成、智能协查辅助等功能为切入点，打造便捷、易用的智能辅助工具，结合稽查业务快速落地，将稽查人员从简单反复的机械性劳动中解放出来，自

---

❶ 《国家税务总局关于印发〈优化税务执法方式全面推行"三项制度"实施方案〉的通知》，国家税务总局网站，2019年3月18日发布。

动、标准、规范地生成询问笔录、税收违法检举来访记录单，帮助完成协查案件清分工作、批量自动化生成协查简易案件证据材料等，切实提升工作质效（见图 3.20）。二期项目将研究开发税务稽查类案预警、文书纠错等系统，尝试运用 NLP、数据挖掘、机器学习、可视化等技术对大量类案文书进行解析，并且融入业务专家经验进行判断修正，以科学的原理和方法建立预警模型，寻找和比对偏离值，智能匹配类案文书，可帮助业务人员实现"智能审理"，同时为领导提供科学的决策参考。

图 3.20　智能语音系统在税务稽查调查笔录、举报接访等场景的应用

税务稽查领域发挥大数据、AI 的技术优势，通过提升工作质效的方式为税务稽查工作赋能，成效已经显现。在实践中，稽查人员对这些智能化应用给予了高度评价。税务行政处罚听证会上运用了智能语音笔录系统，实时制作听证会记录 7100 余字，格式规范，错误率极低，相关人员当场确认签字，效率明显提高。

以往在协查工作流程中，稽查人员需要在"金三"系统、防伪税控系统、异地协作平台 3 个系统之间来回跳转，不断复制、粘贴数据，且只能一行一行、一户一户进行查询，要耗费大量的时间和精力，稽查人员经常被搞得头晕眼花，往往要花近一个小时才能撰写一份协查报告，还容易出错。而智能协查辅助系统支持批量、自动查询多个系统的数据，协查报告自动生成、自动纠错，工作效率成百上千倍地提高。"现在，起身去接杯水的工夫，很多协查操作就自动完成了，只需花原来 20% 的时间就能轻松完成案件清分等工作；原来要耗时两天的协查工作，现在通过智能系统取代人工操作，仅需几分钟就能精准规范地完成。

这个系统真是我们收集证据、撰写文书的好帮手！"稽查人员小王说。**❶**

可以预见，初期通过信息化手段解决实际应用场景的需求，后期通过大数据、人工智能手段对整个税务稽查业务流程进行系统性梳理之后，打通信息壁垒，实现数据联动，强化智能应用，探索建设税务系统执法信息资源库、发票数据库、典型案例库、微服务应用等，积极构建智慧、高效、共享、共治的"智慧税务生态体系"，将更好地为税务稽查工作提供智力支撑，同时也面向企业纳税人不断升级工作方式和服务内容，更好地促进产业的健康、有序发展。

企业法务智能化

（1）民生银行诉讼案件管理体系

从近几年裁判文书全面公开的数据来看，民生银行每年的涉诉案件均有明显增幅，案件数量总体增长较快，给法务部门带来较大的工作压力。缺少法律知识库、信息检索效率低、不便查阅参考相似案例等问题也亟待解决，对信息化系统升级的需求越来越迫切。

民生银行从诉讼智能管控、诉讼风险管控、诉讼成本管控及诉讼全过程管控这四个维度入手，构建更加坚实的案件管理体系。门户首页为用户提供待处理事项展示和案件的动态信息展示，实时显示案件处理进程，帮助决策者全面把控整体数据情况；流程管理实现案件核心流程的启动、查询及监控功能；诉讼案件管理实现立案管理、类案研判、审理执行的案件进程管理和结案管理；数据中心通过柱状图、饼状图等形象化的表现方式，对行内案件信息进行多维度的可视化统计展现，并提供灵活的案件数据查询功能；案例智库包含现行法律法规及银行领域 250 万篇以上的案例文书，在实现检索的同时，还能够根据系统本案信息，推送类似案例的裁判文书，满足法务人员的知识需求。

在产业数字化发展的背景下，不仅是银行、保险等金融客户，还有越来越多的大中型国有企业，开始注重企业中台的数字化升级，通过降低成本、提高效率来提升核心竞争力，在日益激烈的市场竞争中为企业的平稳发展保驾护航。比如，通过建立法规及类案数据库、提供多维度智能检索、提供多维度深入剖析、主动推送海量类似案例等解决方案，重新升级

---

❶　《中国税务报》刊登题为《看，北京税务稽查乘上 AI 快车》的大篇幅报道，2019 年 10 月 29 日发布。

企业智库，搭建大数据平台，极大地提高了原来查找信息的效率，通过整合多渠道数据来源，提升数据联动能力，解决了"信息孤岛"问题，全方位提升了企业风控管理质效。

（2）某银行同业资讯智能解决方案

某银行的数字化转型路径与民生银行有所不同。这家银行针对自身特点，出炉了"同业资讯智能解决方案"，通过对银行同业战略、策略、产品、活动、舆情等外部信息的采集、汇总、整合、挖掘，构建银行同业资讯智能平台。在战略、指标、策略、行业、产品等不同层面全方位展现银行对标同业的业绩及战略的方向趋势，帮助银行战略部、科技部、业务部门全面了解银行对标同业的经营状态与真实业务需求，及时调整银行经营战略及产品设计、发布策略，掌握市场与银行客户趋势行为，提升银行的市场竞争力。

指标对比方面，通过银行年报财务指标对比，发现同业银行近年经营情况，判断市场趋势及同业规划，掌握市场信息，对银行财务指标数据进行整理、分类，发现同业间经营差异与趋势；产品对比方面，推送同业银行产品发布情况，交叉对比产品差异、周期、类型等权属信息，辅助行内产品设计需求，提高产品市场投入效力与收益；高管动态方面，对数据信息进行结构化整理，按事件进行标签分类设置，通过可视化等多种形式对标银行高管行为、足迹、发表文章、战略性讲话等内容进行周期性推送，提高银行对市场发展趋势进行辅助预判决策的能力；新闻动态方面，通过对行业资讯、金融创新、监管机构动态进行分析预警处理，增强银行内部对市场情况掌握的及时性与风险监管能力；行业报告方面，整合并展示金融与银行业相关报告，方便战略、业务人员快速对所需资料信息进行检索，降低人工查找成本，提高应用效率。

银行的同业资讯智能解决方案，改变了人工数据收集工作复杂烦琐、资讯信息封闭、市场响应迟缓等问题，通过自动实时数据获取、聚合、管理，降低人工成本，有助于全面深入的业态监管，并使产品、活动投放更加精准，业务响应推送更加高效，真正实现用科技创新赋能行业发展。

我们深刻感受到，当产业链的上中下游企业、各级组织都逐渐实现粗放式向集约式升级、低附加值向高附加值升级，实现业务流各节点效率的提档提速，实现资源与要素的优化配置，那么每一个组织、每一个企业，乃至社会中每一个人，都将享受到全产业智能化发展带来的红利。机器越来越聪明，人类越来越省心。当科学技术令我们的工作和生活变得更加便利、更加幸福，这或许也印证着，我们离全民人工智能化的未来愿景更近了一步。

第4章

数据 + 知识混合驱动的产业智能

从以数据驱动为主的数字营销领域到以知识驱动为核心的专业服务领域，产业智能已具备了进入全面扩展和持续发展的新阶段，数据驱动与知识驱动的结合，将大大促进产业智能在各行各业的应用与拓展，为产业升级创造前所未有的条件。

今天，我们正在迎来以工业互联网为代表的产业智能全面发展新时代。

4.1 工业互联网兴起

4.1.1 工业互联网的内涵特征

过去 20 年，我国社会信息化水平大幅提升，数字经济、共享经济迅猛发展，特别是借助人口红利及相对宽松的行政监管政策，消费互联网获得了巨大成功，涌现了阿里巴巴、腾讯、百度、华为等世界知名互联网企业和信息技术公司，极大地提升了国家科技创新的形象和市场竞争力。

伴随着中国互联网进入下半场，互联网对传统实体产业的影响日益凸显，并已逐渐渗透政府、企业和社会团体等组织的全链条、全周期。一方面，传统 IT 企业继续发挥着信息系统先入为主的优势，大力推进信息化与工业化"两化"深度融合进程；另一方面，一些互联网巨头（如 BATJ）借助在消费互联网中积累的数据优势不断优化"人"与"物"的互联触点，在长期耕耘 C 端消费互联网业务基础上，以腾讯云、阿里云、华为云等为代表的 B

端产业智能逐步承载起传统产业转型升级的重任，新的产业互联网时代到来，其中最突出的标志是发展得如火如荼的工业互联网。

工业互联网的概念始自 2012 年，最早由美国 GE 公司提出，是新一代信息通信技术与现代工业技术深度融合的产物。通过开放的、全球化的通信网络平台，把设备、员工、生产线、工厂、仓库、供应商、产品和客户等生产要素紧密连接起来，全面共享和优化配置生产全流程的各种资源，提高全要素生产率和经济效益。工业互联网承载着共享、整合全产业链优质生产要素，以及重构工业生产体系的重任，是实现全社会、全产业链资源优化配置的公共性基础设施。

工业互联网的本质是以机器、原材料、控制系统、信息系统、产品，以及人之间的网络互联为基础，实时获取大流量、多样性、结构化、非结构化数据，应用机器学习、大数据、人工智能等新一代信息技术，经过对数据分布式处理、智能分析、整合应用等过程，及时提出并展示有商业价值的见解，实现物理设备自动化、智能化控制，解决企业内外部资源优化配置问题，使产业运营管理得到精细化、最优化结果，带动生产经营模式创新和生产力提升。进一步可概括为 3 个关键词：**连接、控制、分析**，即首先要将分布在各地的智能传感设备通过网络连接起来；在此基础上利用嵌入式的能力去实现本地的智能控制；最重要的是基于建模和算法，综合专家知识、领域知识进行自动化的智能分析与决策支持。

工业互联网主要由网络、数据（平台）、安全三大要素组成。其中，平台承载着工业知识与微服务，向上支撑工业 App 应用，向下接入海量设备，是工业全要素连接和资源配置的枢纽，更是支撑制造资源泛在连接、弹性供给、高效配置的有效载体（见图 4.1）。工业互联网平台包括三部分：一是边缘层，作为平台的数据接入端，通过开放标准协议将多设备、多系统中的多类型数据自动采集并高效存储在平台中；二是工业 PaaS 层，基于基础设施云（IaaS），引入数据挖掘、分布式处理、智能算法等，提供预测分析、认知分析等多种分析模型、方法和工具，以及灵活应用开发接口，支持用户定制化开发；三是应用层，即工业 App 层，利用丰富多样的可视化技术，根据用户业务需求进行实时预警、提前预测，及时提供有商业价值的决策信息。

116

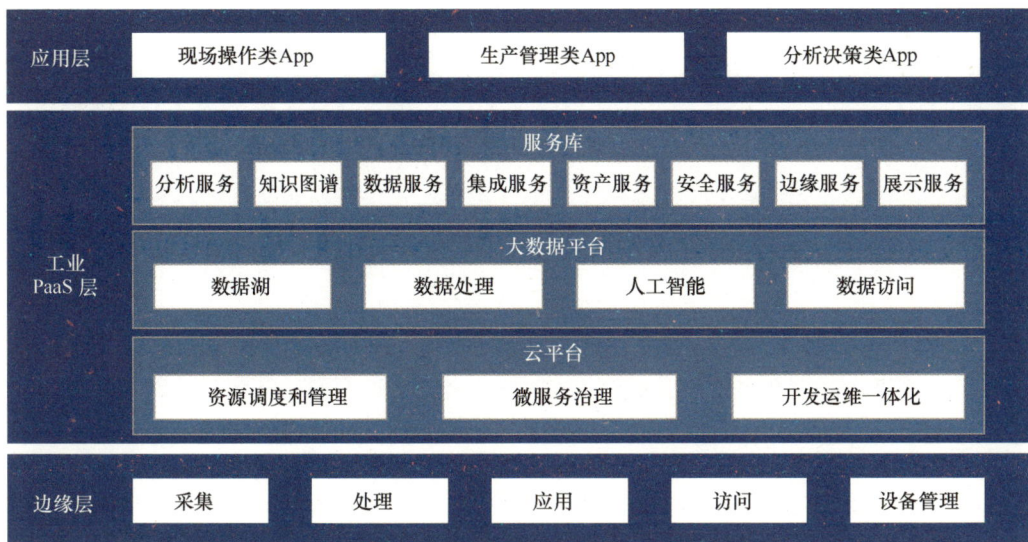

图 4.1　工业互联网平台体系架构

根据《工业互联网平台白皮书（2017）》的总结，作为建立在物联网架构基础之上的工业计算基础操作系统，工业互联网平台具有泛在连接、云化服务、知识积累、应用创新四大典型特征。泛在连接具备对设备、软件、人员等各类生产要素数据的全面感知和实时采集能力，通过边缘计算实现；云化服务能够实现基于工业云架构的海量数据存储、管理和计算，通过 IaaS 和 PaaS 云计算实现；知识积累能够提供基于工业知识机理的数据分析功能，并实现知识的固化、积累和复用，通过知识图谱和数据科学计算实现；应用创新能够调用平台功能及资源，提供开放的工业 App 开发环境，实现各类业务创新应用，通过 SaaS 方式提供对外服务。

工业互联网与大家耳熟能详的消费互联网相比，既有许多相似点，也存在较大差异，主要体现在以下几个方面。❶

从连接对象看，消费互联网连接的是产品、智能终端与人，核心是人联网；而工业互联网连接的范围更广，包括设备、产品、产线、人和系统，核心是万物互联。

从参与主体看，消费互联网的主力军是互联网企业，重在更大范围的信息共享；而工业互联网的主力军是广大制造业企业、互联网企业与网络通信企业的混合体，重在相对封闭

---

❶ 安筱鹏，著．重构：数字化转型的逻辑．北京：电子工业出版社，2019.

的信息专享。

从实现机制看，消费互联网更多的是互联网企业自身确定商业模式和技术路线，是跨行业的，不需要具体行业企业的深度参与，业务模式和流程相对通用；工业互联网则具有紧密的行业属性，在实现过程中，必须由行业企业深度参与，与互联网技术公司一道共同确定商业模式和具体实施路径。这也是工业互联网姓"工业"而不姓"互联网"的本质所在。

从反馈模式看，消费互联网要求对消费者的反馈尽力而为，允许网络中断或延迟等故障存在；而工业互联网面对生产过程的精准需求，必须进行实时、安全、可靠的反馈，一旦出现故障，对企业来说可能是致命的。

从通信网络看，消费互联网是基于统一标准协议、开放共享的网络，标准化相对成熟、简单；而工业互联网在边缘端和工厂内部存在多种协议和标准，标准化还未实现完全统一，集成共享的难度更大。

从应用成效看，消费互联网主要考虑如何提高产品的交易效率，降低交易成本，更多从消费者的利益出发；而工业互联网主要考虑如何提高生产效率，降低全产业链的总体成本，更多地从企业或行业主体的利益考虑。

从发展模式看，消费互联网应用门槛低，发展模式可复制性强，由互联网企业主导推动，并且投资回报周期短，容易获得社会资本的支持；工业互联网行业标准多、应用专业化，难以找到普适性的发展模式，资产专用性强，投资回报周期长，难以较快吸引社会资本投入，需要通过实实在在的效益贡献来赢得投资，是深耕行业后实现的厚积薄发。

4.1.2 工业互联网是信息化发展的高级阶段

工业互联网，顾名思义是传统工业与互联网融合的产物，但两者的"联姻"并非"一帆风顺"，而是在经历多年自动化、数字化、信息化的不断磨合，在新一代信息技术发展日益成熟的基础上，在新一轮工业革命"天时地利人和"的时代机遇期应运而生的，是企业信息化发展的高级阶段。

"信息化"这个名词是由日本学者梅棹忠夫于 1963 年在其专著《信息产业论》中首先提出的。其对信息化的定义是：利用现代信息技术对人类社会生产体系的组织结构和经济结构进行全面改造的过程，是推动人类社会从工业社会向信息社会转变的社会转型过程。中国信息化的发展最早可追溯至 1956 年中共中央下发的《1956—1967 年科学技术发展远景规划纲要（修正草案）》，其中提出了六大科学技术发展战略重点，其中的三项与当代信息技术革命密切相关，分别是半导体、电子学和计算机，由此揭开了我国信息化发展的序幕。

企业信息化是指通过先进的管理理念与信息技术融合，简化、优化、标准化业务流程，搭建生产经营管理信息系统平台，扩大信息资源共享，促进转变发展方式、提升管理水平和效率的过程，包括研发信息化、产品信息化、生产信息化、管理信息化等。❶纵观企业信息化的发展历程，伴随着人们对信息化认知和应用水平的提升、信息技术的进步，信息化发展的层次和高度也在不断演进，呈现螺旋式上升的发展规律。

首先，从信息化大的发展阶段看，企业信息化发展一般要经历 5 个阶段，即：各自建设分散信息系统阶段、统一建设全局性信息系统阶段、持续提升和集成应用信息系统阶段、共享服务及数据分析应用阶段、智能化发展阶段（见图 4.2）。这 5 个阶段演进的背后是企业管理变革不断深化、信息技术持续进步的过程，反映了信息化作用的范围正逐步由企业内部、局部支持为主扩展到企业内外部供应链、全局支撑为主，信息化的角色和定位也逐步由幕后走向前台，由管控转变为赋能。

119

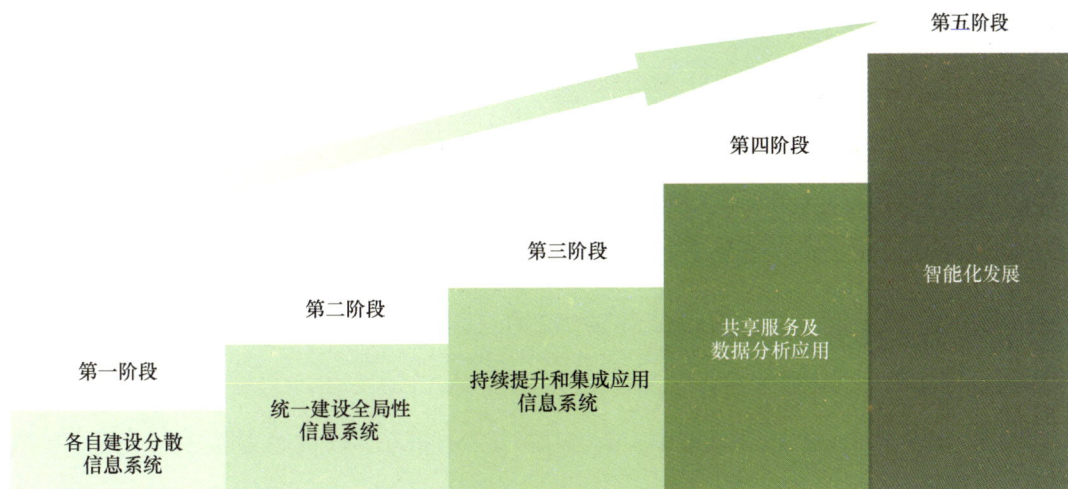

图 4.2　信息化发展的五阶段规律

❶ 刘希俭，著 . 企业信息化管理实务 . 北京：石油工业出版社，2013.

其中，在当前信息化发展的高级阶段，以共享、智能为主要特征的信息化建立在集中集成信息系统之上，基于对企业内外部数据、信息、知识、资源、服务等的充分共享，创新形成以各类共享中心为主要特征的生产经营组织模式，由传统的"职能部门分工负责＋现场值守"转变为"共享技术、资源＋专业化运营"，支持量化智能决策。作为该阶段企业信息化建设的标志性工程，工业互联网能够提供一种新型资源优化配置模式，通过融合工业云、大数据、人工智能等多种技术，广泛采集企业生产运营操作各环节的动态实时数据，与内部经营管理和外部供应链数据有效整合，在产品需求预测、生产运行优化、设备预防性维修、供应链协同优化等方面，提供完整的生产或设备管理预测、平衡与优化解决方案，有效支撑各类生产运行共享服务中心、设备运维服务中心等新型生产组织形态。因此，工业互联网的建成应用是企业信息化迈向共享、智能阶段的重要指标之一。

其次，从企业内部推进信息化的具体策略看，一般按照数字化、网络化、智能化 3 个大的阶段来制定相关战略规划并逐步推进。其中智能化发展的核心是基于海量工业数据的全面感知，通过端到端的数据深度集成与建模分析，实现智能化的决策与控制指令，形成智能化生产新模式。作为企业智能化发展的关键综合信息基础设施，工业互联网所依托的企业级智能物理系统（CPS），是一个智能化、自动化、人机物一体化的大系统，通过工业大数据、工业知识与平台功能的开放调用，降低应用创新的门槛，实现智能化应用的爆发式增长，从而为企业提供端到端的智能化解决方案。

最后，现代信息技术（云大物移智链）的发展必然导致企业信息化发展的观念和模式发生革命性的变化。工业互联网作为新一代信息技术开发模式和应用模式的主要载体，会加快推动新型 IT 建设和运维模式在企业的落地应用。工业互联网平台建设时会采取"厚平台、微服务、轻应用"的技术架构，支持开发运维一体化（DevOps）与持续集成、持续交付（CICD）等先进理念实施（见图 4.3）；采取基于微服务、组件化的敏捷开发方式，灵活快速响应业务需求变化，不断沉淀可复用的软件资产，在为业务发展带来显著价值的同时，带动企业传统信息化建设和运维模式优化升级。综上可知，工业互联网将是未来 10 年到 15 年企业信息化追逐的高层次目标。

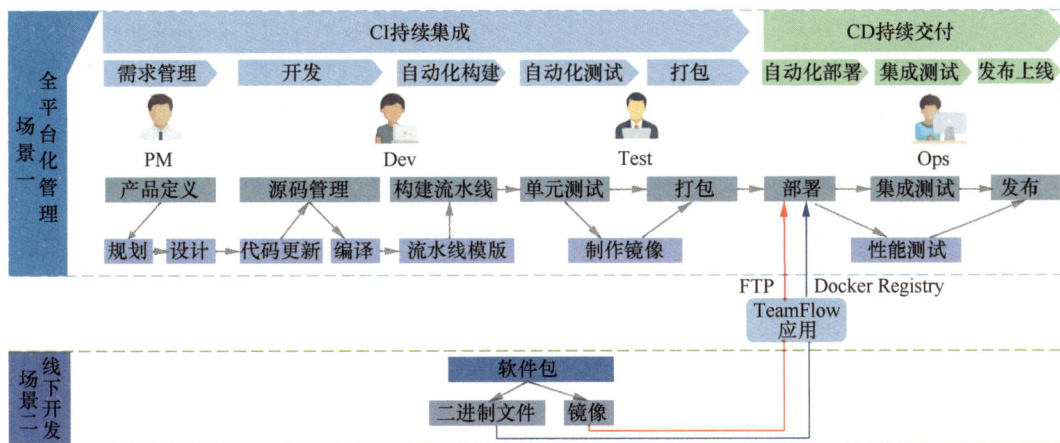

图 4.3　开发运维一体化（DevOps）技术模式

4.1.3　工业互联网发展的主要驱动力

　　工业互联网符合企业两化融合纵深发展趋势，是推进智能制造的现实路径，已成为我国打造制造强国和网络强国的关键结合点，是提升国家制造业核心竞争力的新的重要载体，其背后的主要推动力源于传统产业转型升级、新兴信息技术进步以及国家相关政策扶持推动等综合因素。

　　一是传统产业转型升级和新旧动能转换驱动。 近年来，世界经济陷入持续低迷，增长动能不足，传统依靠投资、出口、消费等增长引擎对经济的拉动作用逐渐减弱，但新的经济增长点尚未形成。国内以往依靠劳动力优势、粗放代工的生产经营方式已难以为继，必须变革传统的经济增长方式，在创新中寻找出路，而应用信息技术创新驱动传统产业转型升级存在很大改进空间，为经济发展注入新动能。

　　工业互联网作为传统产业数字化转型的前沿技术应用，一头连着传统产业，一头连着互联网，既可以通过互联网技术生态创新促进生产力发展，又可以通过互联网思维和模式创新重塑旧有的生产关系，是落实国家供给侧结构性改革战略的重要举措，是"看的见、易理解、可落地"的有效抓手。一方面，通过工业互联网实现对关键设备、生产过程、服务资源等的全方位智能管控与决策实时优化，支持形成各类共享服务中心、专家中心、安全监控中心等新型生产组织模式，大幅提升生产效率，降低生产成本；另一方面，通过发挥工业互联网全要素、全产业链、全价值链的连接优势，实现信息、技术、产能、订单等资源全面共享，支持跨地域、跨行业资源精准配置、互联互通与高效对接，从而能够在全产业链上下游更大范围内优化配置生产和服务资源，创新形成智能制造、大规模个性化定制、众包众创、一体化协同设计、服务化延伸等新型商业模式和产业形态，带动产业链全面升级。因此工业互联网的理念一经提出，就获得了企业的普遍认同，纷纷将其作为抢占产业竞争制高点、实现新旧动能转换的共同选择。工业互联网作为推进传统产业优化升级的主要驱动力，有着广阔的发展空间和市场前景，业内普遍预计，到"十三五"末，国内工业互联网市场规模将突破万亿元。

二是新一代信息技术融合发展驱动。工业互联网所依托的基础技术平台即工业互联网平台，本质上是一个工业级操作系统，其功能类似微软的 Windows、谷歌的安卓系统或者苹果的 iOS 系统，背后的实现逻辑是"数据 + 模型 = 服务"，需要多门类技术提供基础支撑，包括工业软件技术、设备技术、自动化技术、通信技术等，其中最为关键的是以云计算、物联网、大数据、人工智能为代表的新一代信息技术。

海量数据管理、工业应用创新与深度业务协同，成为工业互联网平台快速发展的主要驱动力量。工业互联网对传统产业转型升级的红利主要体现在通过生产、设备精益管理来提升生产效率和效益，是精细化管理的大数据升级版。工业设备运转形成的高频率、大批量、高并发的数据采集规模，已远远超出了传统 IT 系统的数据存储、处理分析能力，需要借助边缘计算、云计算、大数据、人工智能、微服务、容器化等技术，实现对海量、多样、高速、易变的工业大数据精准、高效、全面地分析。其中，物联网帮助企业有效收集设备、产线和生产现场成千上万种不同类型的数据，形成工业互联网发展的数据原料，特别是边缘计算网络、5G、基于 NB-IoT 和 LoRa 标准的广域物联网等新兴网络技术的发展，使来自数字世界的技术、思想方法、商业模式被逐渐挪移回物理世界，形成"万物互联"的新局面；云计算大大降低了传统产业创新的技术门槛和成本；大数据、人工智能在计算能力、应用算法方面创新应用，为工业互联网的智能感知、深度分析、智能应用开发提供基础技术支撑。同时，平台内嵌大量的工业经验和行业知识，需要借助知识图谱、自然语言处理等技术，通过信息技术人员与行业专家、数据科学家的共同努力，实现工业知识的软件化、代码化，并将这些技术、经验、知识和最佳实践固化封装为服务组件和应用 App，提供给最终用户，以此来支撑生产、设备、制造资源的泛在连接、弹性供给、高效配置。因此，工业互联网离不开最新 IT 技术和软件开发模式的不断成熟和高效支撑。

三是国家两化深度融合等政策驱动。 当前，工业互联网在全世界范围内迅速兴起，正成为第四次工业革命的重要支撑，是重塑国家竞争力的主要载体之一，在我国受到充分重视和大力培育。2015 年以来，国家各个层面密集出台相关政策，大力推动工业互联网发展以支撑我国工业转型升级；2018 年"发展工业互联网平台"首次写入政府工作报告；2019 年政府工作报告明确指出"打造工业互联网平台，拓展'智能 +'，为制造业转型升级赋能"。特别是 2018 年 2 月，国家制造强国建设领导小组宣布，设立"工业互联网专项工作组"使我国工业互联网发展驶入快车道。工业和信息化部先后发布了《工业互联网发展行动计划（2018—2020 年）》《工业互联网专项工作组 2018 年工作计划》《工业互联网 App 培育工程方案（2018—2020 年）》，支持工业互联网发展的政策体系基本形成。在 2020 年新冠肺炎疫情爆发后，工业互联网作为"新基建"的七项主要内容之一，再一次被提到国家战略部署的高度，重视程度和推进力度进一步加大。

除了以上因素外，我国发展工业互联网具有得天独厚的优势和潜力：一方面，我国拥有门类最为完整的工业体系、数量众多的工业企业、全球领先的互联网产业和潜力巨大的人才队伍，特别是每年毕业的大学生数量全球领先；另一方面，随着供给侧结构性改革的深入推进，传统企业对大数据、人工智能、区块链等新一代信息技术持有更高的热情和接受度，加速推动信息技术向制造业、能源等工业经济各领域渗透，实现新旧动能持续转换。以工业互联网平台为核心、以工业大数据为新型生产要素、以全产业链优化升级为目标的工业互联网时代正在到来，成为我国经济创新发展的主战场。

4.1.4　工业互联网平台建设实例及方法论

目前，全球制造业龙头企业、信息通信领先企业、互联网主导企业等都基于各自优势，从不同层面搭建工业互联网平台。美国 GE 公司作为工业互联网战略的倡导者和行业领导者，2012 年以来，通过自动化与信息化改造，形成了应对自身生产经营问题的解决方案及信息技术能力，并在此基础上组建了专门的数字化公司，向市场推出工业互联网平台Predix，计划 2020 年营业收入达到 150 亿美元；德国西门子整合内部资源，打造了基于云的工业物联网平台 MindSphere，利用物联网等技术对工业设备进行数据采集、传输、存储、分析和管理应用等，优化设备效能。

我国工业互联网仍处于起步阶段，发展基础和技术能力相对薄弱，跨行业、跨平台的综合性、通用性平台尚未形成。但随着工业互联网浪潮的到来，国内工业互联网产业体系也在逐步构建，涌现出海尔 COSMOPlat、三一重工根云、航天云网 INDICS 等平台类产品，并有逐步扩张态势。工业和信息化部数据显示，截至 2019 年年底，全国具有一定区域和行业影响力的平台超过 70 个，重点平台平均工业设备连接数已达到 69 万台，工业 App 数量突破 2124 个。

总体看来，现阶段主要的工业互联网平台厂商可大致分为以下六大类：一是传统 IT 企业将原有的解决方案向工业领域延伸，如 PTC、浪潮等；二是电信运营商和通信设备提供商借助渠道优势提供工业解决方案，如中国移动、中国电信、中国联通、华为等；三是互联网企业提供工业互联网基础平台支撑，如微软、腾讯、阿里巴巴等；四是传统工业设备厂商发挥在设备和细分行业经验方面的优势，为客户提供整体解决方案，如 GE、西门子、三一重工等；五是芯片企业研发低功耗的互联网芯片，如英特尔、霍尼韦尔等；六是创业公司在工业互联网不同层次或不同环节等细分领域提供专业服务，如 Uptake 等。

工业互联网平台是一个理想的、使制造"过程"智能化的平台，设想非常完美，系统非常复杂，在实现的过程中未知变量还很多，不同产业类别的企业，其平台之间的差异也很大。因此，在实现的过程中，一定要从每一个企业自身的紧迫需求和实际效益出发，分步推进，决不能盲目地跟随。

以国内领先的企业级大数据、人工智能提供商国双公司为例，其基于多年跨行业数据智能的技术积累和业务经验，利用企业物联网的发展机遇，直接面向企业的设备、生产精益管理需求，研发形成具有自主知识产权的工业互联网平台 COMPaaS，开展分布式数据采集、处理和控制，目标是为跨行业客户提供可落地、可扩展、有竞争力的工业互联网平台产品及行业解决方案。

COMPaaS 平台是在物联网等基础网络上构建起来的企业级工业计算平台，是大中型企业实现数字化转型、智能化发展的"空间站"，是业务创新和技术创新的"孵化器"。平台融合大数据、知识图谱、云计算、边缘计算等关键核心技术，以工业级 PaaS 平台为基础，采用微服务技术架构，具备现场数据实时接入与多维分析能力。

COMPaaS 平台的优势明显。在业务方面，支持完整、强健以及稳定的中台架构，打造企业级中台能力；提供高性能、高可用、易扩展的微服务基础设施及流程管理机制，支撑注册、审批、使用等服务资产管理需求；支持业务数据与平台能力的高效整合，快速响应各场景下的业务需求。在技术方面，提供易用的软件持续集成功能以及容器化应用的全生命周期管理，支持 IT 工厂流水线作业；提供完善的服务治理体系，通过服务网关配置、服务部署、服务监控、服务日志、服务注册发现等技术实现对微服务开发运维和应用的全面、高效支持；支撑动态资源管理，实现业务应用能力弹性伸缩；通过统一的管理平台集成整合海量数据，预聚合降低查询时间，保障数据安全性，提供全方位数据管理功能；提供一站式的稳定、高效、易用、开放的数据挖掘及 AI 分析建模平台，全面释放工业数据深层次价值。在平台管理方面，通过平台落地 IT 统一管控，实现标准化管理；支撑用户满足"等保 2.0"标准（即网络安全等级保护 2.0 标准），为安全建设提供体系化指导和规范；灵活的多级部署架构，匹配用户内部组织、层级间的各类管理及业务场景，实现多层次互联互通需求。

COMPaaS 平台先期基于油气、电力等能源行业专家的知识经验，目的是满足企业设备运行监控及预防性维护、生产过程精细管控及协同优化等需求，同时建立了完备的网络安全防护机制（见图 4.4）。平台的主要功能包括应用商店、工业互联基础平台、工业大数据、运营中心、开发者中心等。

1. 应用商店

（1）聚焦油气行业：汇聚油气行业各类精品应用，为油气产业升级提供科技创新支撑。

（2）全方位综合赋能：多样化油气 SaaS 服务，涵盖设备状态监测、异常报警、故障诊断、辅助维护等应用，为业务提供全程服务。

125

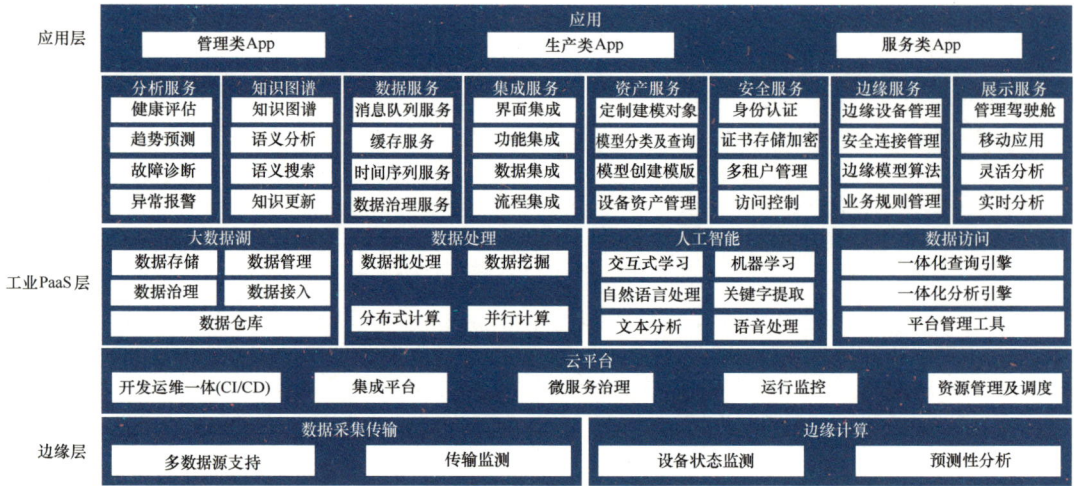

图 4.4　工业互联网平台 COMPaaS 的总体架构

（3）灵活标注，快速获取：将海量应用从多维度科学分类，通过个性化标签、细分领域榜单排行，以及高效的审核流程，快速响应用户需求。

（4）系统服务化生态：为各类业务系统提供服务生态，跨越传统应用框架，助力用户建设更清晰的系统架构，大幅提高业务及代码复用水平。

（5）开放、融合：面向用户上下游业务领域开放服务注册对接，同时与系统内部统建、自建系统集成，支撑油气产业上下游融合。

（6）高效助力开发：提供各类工业模型服务、工业数据服务、工业平台服务，帮助开发者快速构建业务所需工业应用。

2. 工业互联基础平台

（1）智能化工业模型分析：可灵活配置工业 AI 模型部署，可在边缘端或云端进行 AI 模型应用，实现 IoT 流式数据的模型推断。

（2）灵活规则引擎处理：可根据具体业务逻辑灵活定制编排规则引擎，实现边缘端或云端的实时数据流分析和处理。

（3）可视化仪表盘配置：动态可配置响应式仪表盘，可从设备和组织架构中收集抽取汇总可视化数据在仪表盘中展现。

（4）便捷安全的规则发布：便捷的业务逻辑规则链下发机制及强大的物联网安全机

制，包括证书加密、安全审计等功能，实现边缘与云端的链接通道安全性。

（5）多协议多源设备接入：支持多协议、多源设备的实时接入，动态更新云端设备拓扑，支持标准协议转换。

（6）高频实时数据接入：支持高频数据的实时接入，包括振动测点数据的全量采集与缓存，集群式部署可以处理数百万台设备，确保数据不会丢失。

3. 工业大数据

（1）便捷运维管理：提供自动化部署和配置、支持多种计算类型应用、多租户资源隔离，让大数据平台管理运维更便捷。

（2）安全保障持续稳定：提供用户级别的认证、角色和个人及数据的访问控制，为项目安全提供整体评估和事件跟踪，让大数据平台更安全。

（3）专业化数据集成：支持丰富的数据源和数据转换功能、作业速度控制、健壮的容错机制、数据质量监控，让数据集成软件更专业。

（4）高质量数据管理：提供图形化的操作、跟踪各表之间的关系、历史追踪与记录、数据质量管理，让企业的元数据标准更有保证。

（5）多维度数据分析：提供内置可视化建模设计工具、统一的查询接口来支持多数据源、预聚合加速、秒级多维度的估算，让业务数据分析更多维。

（6）高效实时流分析：具备高可用、高容错、高性能架构、极高吞吐量和低延迟流处理，支持应用热部署、可配置的消息传递保证，处理海量数据更轻松。

（7）灵活任务调度：保证用户任务正常执行、支持任务流执行控制、可视化界面配置任务依赖关系，让任务调度更灵活。

（8）高效软件开发：提供可视化界面进行 SQL 自助查询和操作 HBase 中的数据，提供可视化的 HDFS（Hadoop 分布式文件系统）、数据上传和分享功能，让软件开发更高效。

4. 运营中心

（1）开放的应用市场：提供多类工业应用的全套自助服务，并提供开放的 API（应用程序接口），帮助用户订阅使用满足需求的工业应用。

（2）具备完善的服务目录：提供开发人员用于构建、测试和运行工业应用程序的通用基础服务，支持快速构建微服务及工业应用。

（3）高效的运营管理模式：包含资源计量、工单管理等功能，支持各类云资源的服务计量、统计分析汇总，帮助用户快速解决在使用过程中遇到的问题。

（4）智能化监控：提供平台整体运维管理的一系列功能，主动监控自身健康状态，实现对平台各组件、系统的全面监控和运维。

（5）全面的安全审计功能：跟踪和记录用户对数据的操作行为，通过操作记录实现安全分析、资源变更、合规审计、问题定位等场景。

（6）统一的租户管理操作：提供多租户用户管理、资源申请、权限控制功能，方便快捷地管理平台租户，保证不同租户的应用和服务之间的安全隔离。

（7）可视化的备份与恢复界面：提供系统及子系统的备份、恢复信息，规范重要数据备份清单的建立及恢复工作，合理防范使用过程中的风险。

（8）灵活的自定义工作台：功能模块之间具有高内聚低耦合特性，用户可以通过拖拽的方式实现自定义运营常用功能，大大提升办公效率。

5. 开发者中心

（1）一站式 DevOps 平台：提供易用的软件持续集成功能、提供容器化应用的全生命周期管理。两者组合实现了从代码提交到应用部署的自动化、自助化的 DevOps 工作流程。

（2）统一的资源管理：提供统一的资源申请与管理平台，包括集群、服务器、存储、带宽与负载均衡，为开发者部署的各类微服务提供良好的运行环境。

（3）灵活的多维建模分析：提供面向业务指标维度的可视化建模与分析引擎，通过流水线式操作，零代码实现业务数据模型的建立，智能聚合常用查询路径，实现海量数据的秒级查询响应。

（4）全面的系统监控：提供立体监控运维平台，对工业互联网平台产品进行统一监控管理，实时监控平台资源、中间件、微服务运行情况，针对各业务流程进行定时拨测，制定故障智能诊断与恢复策略，保障业务稳定运行。

（5）便捷的微服务管理：平台提供高性能、高可用、易扩展的微服务基础设施，可快速实现应用服务部署、应用扩容缩容、补丁升级、灰度发布、服务下线，为企业内部的微服务管控提供便捷。

（6）智能边缘规则链：边缘规则链可以帮助开发者快速下发智能可扩展应用程序规则，实现边缘端设备的实时数据流分析和处理。配置简单，一键下发，有效利用边缘端算力，降低云端负载。

在 COMPaaS 平台的建设过程中，国双公司逐渐形成了可推广、可复用的方法论。

一是成立分工明确、协同合作的研发组织体系。按照工业互联网平台对边缘层、平台层、应用层的技术需求，成立 6 个研发小组，分别是总体组、系统组、连接组、数据组、智能组和安全组（见图 4.5）。其中，总体组负责整个工业互联网系统的总体设计和推进协调，包括需求分析、子系统功能与输入输出协调、标准、规范、情报分析、内外协调等；系统组负责操作系统及各个软件分系统的设计和协调等；连接组负责连接子系统（内、外）的设计、数据的无障碍获取以及物联网（IoT）子系统的设计（含现有采集层的全部功能）等；数据组负责数据信息转换和计算网络两层的全部任务等；智能组负责企业智能决策子系统的总体设计，各个决策分系统的设计、建模、算法和实现等；安全组负责全面的系统安全、可信、隐私保护等设计和实施。各组严格遵从研发项目管理方法，协同推进平台研发，保证平台产品的质量和研发效率。

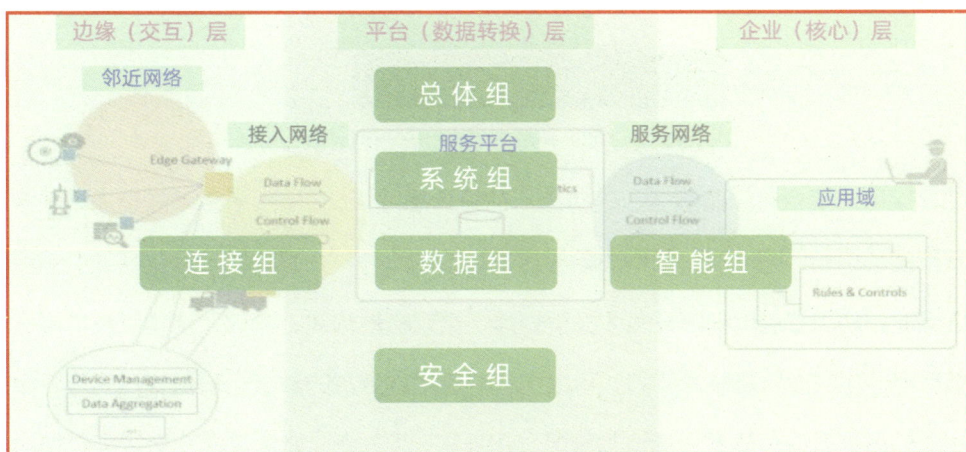

图 4.5　COMPaaS 平台研发项目组织架构

二是采取技术、数据、业务融合的联合研发模式。深刻把握工业互联网平台具备的"业务 + 数据 + 算法"一体化技术特征，花大力气组建近百名由业务咨询专家、数据科学家、技术架构师和平台开发人员组成的联合研发团队（见图4.6）。其中业务咨询专家具备丰富的行业经验和数字化转型经验，主要负责平台应用解决方案设计以及行业知识库、知识模型的构建；技术架构师主要负责平台整体架构设计和规划；数据科学家团队负责将众多业务问题抽象为数据科学问题，设计数据挖掘分析模型和算法，这也是工业互联网平台区别于一般信息系统平台的特殊角色，数据科学家要熟悉大数据算法、建模及人工智能领域的解决方案，可以根据客户数据情况，以及业务需求快速构建可执行的算法模型，通过对数据的深入挖掘及分析为客户提升数据的价值；平台开发人员负责基础平台的开发和使用维护，以敏捷小组和快速迭代的模式组织开发工作。同时，企业相关技术部门（如网络安全团队等）以最高优先级来保障平台的技术基础，确保平台研发工期与产品质量。

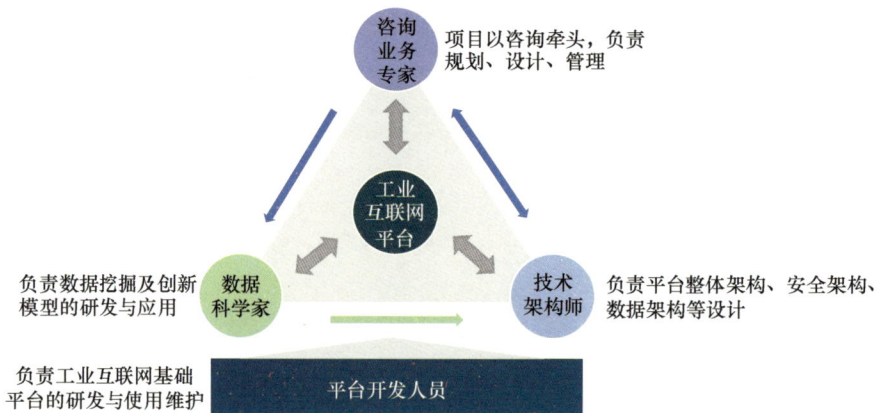

图 4.6　COMPaaS 平台的研发团队构成

三是采取"平台化、微服务、轻应用"的设计思路。COMPaaS 平台集成微服务、应用开发组件等功能，利用开源技术框架，以松耦合的微服务方式实现各类场景中的工业应用，并持续沉淀，从而使应用程序开发人员更快速、更轻松地构建、测试、部署以及扩展应用程序；拥有组件化的业务及技术能力，可以为客户提供端到端的数字化转型交付功能；建立以角色驱动的微服务交付体系，通过微服务（API）不断迭代、持续集成、持续交付地为角色赋能，满足各类业务需求（见图4.7）。

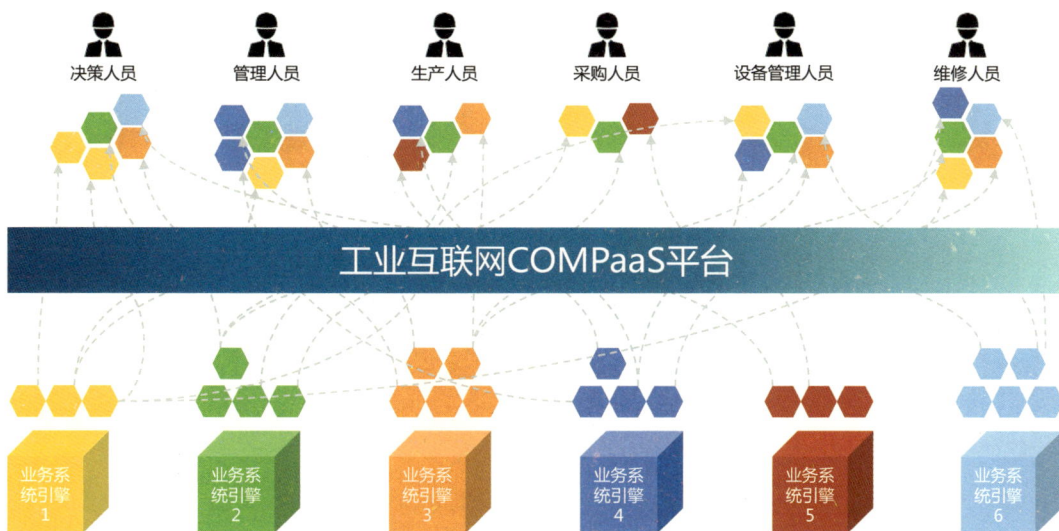

图 4.7　平台化、微服务的技术架构

四是采取敏捷项目管理方法推进平台开发。 整个平台研发包括前期需求调研、架构设计、方案设计、平台实现和应用实现 5 个阶段。在应用实现阶段，采用敏捷开发方法，提供从需求到微服务、产品开发运维一体化 DevOps、平台运维一体的敏捷开发平台，快速设计并测试各类业务模型及其应用，通过实验室验证和工业验证的多轮迭代，提升智能诊断模型、预测模型等现场适应能力及分析准确率（见图 4.8）。

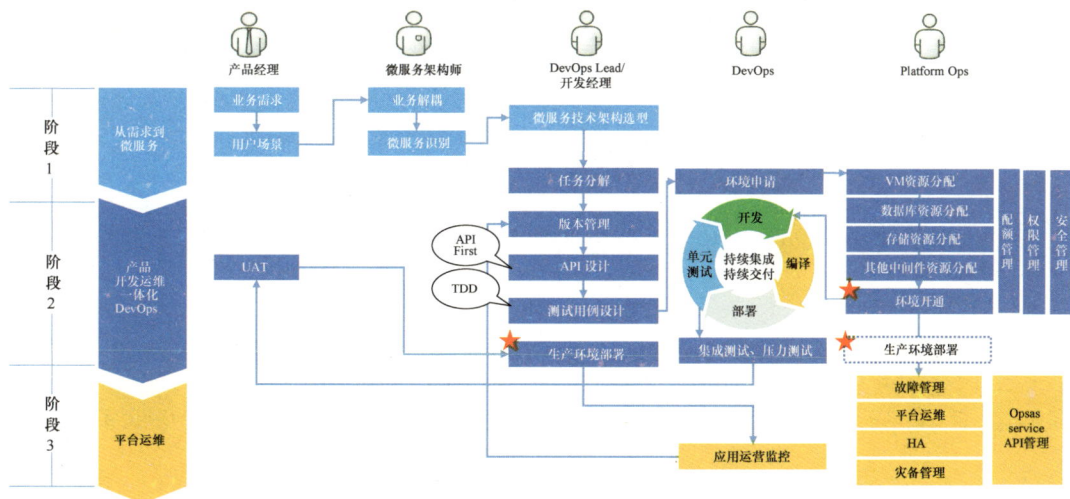

图 4.8　敏捷项目实施过程管理流程图

五是构建系统化工业知识图谱实现知识智能。 该平台融合知识图谱、自然语言处理等技术，基于垂直行业（如电力、油气等）知识分类体系，实现行业知识自动分类及成果加载，做到行业知识智能标注、知识自动抽取，建立各垂直行业领域知识图谱，在此基础上实现知识多维检索、智能问答、精准推送及可视化分析展示等应用。以企业设备管理和预测性维护为例，其结合设备运维知识图谱，可实现设备故障后的措施自动处理及流程推送，并提供健康评估、异常报警、异常检测、趋势预测等高附加值的分析服务。

六是基于边缘计算等技术支持多类型数据灵活接入。通过标准数据采集协议（如ModBus、ZigBee、BLE、REST等），借助实时流数据接入、离线批数据接入、边缘计算等技术，灵活接入各类设备、自动化和应用系统、互联网等多来源、多类型的海量数据，并通过分布式文件系统（HDFS）、非关系型分布式数据库（HBase）等技术进行有效存储，将边缘分析结果向云平台集成，从而满足对多源、异构、实时数据的集成整合需求（见图4.9）。

图4.9 边缘层应用架构图

七是打造立体完备的工业级安全防护体系。高度重视COMPaaS平台网络安全，建立健全立体完备的工业级安全防护体系，基于Sentry+LDAP开发核心安全功能，并集成主流安全方案，确保平台安全可靠，具体包括：建立端到端的安全策略，支持资产、流程、数据及应用层的全面安全防护；通过大数据和人工智能技术监控和消除信息安全隐患等，为用户提供安全的设备连接与管理、安全的数据分析服务、安全的云基础设施、安全的工业级应用等。同时，秉持"重平台、轻应用"的建设思路，构建"一库、一网、一平台"的网络安全智联平台综合解决方案，底层网络采用区块链技术，构建可信通信与认证网络，实现系统、人员、设备以及信息交互的有效认证与追溯；采用容器化技术和微服务架构实现安全业务应用的快速响应；同时融合自主知识产权的自然语言处理和知识图谱等技术，实现网络威胁的有效发现和态势感知，为平台安全提供有效支撑（见图 4.10）。

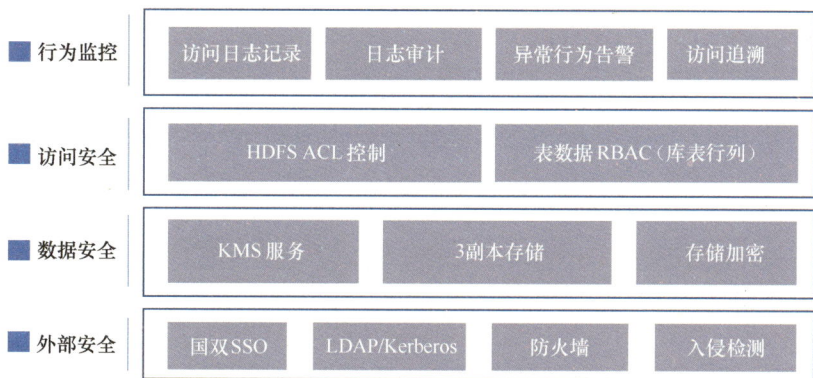

行为监控	访问日志记录	日志审计	异常行为告警	访问追溯
访问安全	HDFS ACL 控制		表数据 RBAC（库表行列）	
数据安全	KMS 服务	3 副本存储		存储加密
外部安全	国双 SSO	LDAP/Kerberos	防火墙	入侵检测

图 4.10　工业互联网平台安全架构

八是采取科学合理的实施策略。工业互联网平台除了技术的复杂性和难度外，还面临标准体系、管控模式、安全防护等多种挑战。志在打造国内自主可控工业互联网产品的企业，要首先正视平台的复杂性和难度，在战略上引起足够的重视。在具体工作中，应以通用化为目标，以订制化起步，将起步的困难降至最小。另外，原型试点的企业不宜太多，优先选择经营状况好、资金充裕、信息化具备相当基础（最好有一支内部信息化人才队伍）的代表性企业，作为系统开发的原型试点，形成双赢示范效应，并不断扩大实施范围，收获工业互联网创造的多种商业价值及效率效益；同时要制订完善、细密的开发计划，精心组织，稳步建设，逐步推进工业互联网平台在传统行业落地实施。

4.2　工业互联网推动产业智能进入新阶段

4.2.1　工业互联网推动产业智能的基本逻辑

1972 年的诺贝尔奖获得者、社会选择理论和一般均衡理论大师、美国著名经济学家肯尼斯阿罗认为：“不确定性是决策过程的基本特征，实际经济行为中的相当一部分是由非价格因素支配的。为了避免大数量的、不可逆的资本投入，只能通过不断获取信息和信号，来减少这种不确定性。”这个观点也道出了产业智能不断发展和持续深化的原因。

产业智能的第一个层次是数据驱动的决策和自动化，在这个过程中，大数据、机器学习等技术发挥着重要作用，有相当多的自动化都是通过机器学习实现的。到了产业智能的更高层次，即智慧化、智能化阶段，就必须由知识驱动，通过知识、经验的代码化实现真正的机器智能。

作为产业智能新的重要载体，工业互联网通过构建精准、实时、高效的数据采集互联体系，建立面向工业大数据存储、集成、访问、分析、管理的开发和应用环境，以数据的有序自动流动解决复杂制造系统面临的不确定性问题，不断优化研发设计、生产制造、运营管理等资源配置，形成资源富集、合作共赢、协同演进的生态圈。❶

在推进传统产业智能化发展过程中，工业互联网的核心是在工业技术原理、行业知识、基础工艺、研发工具规则化、模块化、软件化基础上形成数字化模型，打通状态感知、实时分析、科学决策、精准执行 4 个关键环节，重点突破隐性数据显性化和隐性知识显性化两大关键难题，因此，工业互联网对产业智能的驱动源于数据智能与知识智能的融合。工业互联网的发展，推动产业智能进入“数据驱动 + 知识驱动”的新阶段。

从数据智能的角度来看，工业互联网需要连接两大空间，即物理空间和数字空间，通过物联网、传感线、边缘网关等，实现对设备运行和生产状态的实时感知和全面数字化，反复迭代优化后，构建更加精确的数字化模型（也可称为“数字孪生”），以此为基础，借助边缘计算、大数据分析、实时数据库等技术进行挖掘分析，形成业务决策反馈给用户。因此，数据分析和处理在工业互联网系统中极为重要，包括端点数据的获取，从数据中提取信息的先进数据处理技术，各种决策模型的分析计算，以及系统结果的输出。

从知识智能的角度来看，工业互联网平台提供了重构工业知识创造、传播、复用的新技术体系。通过知识的图谱化、结构化，借助自然语言处理、文本解析、知识图谱等技术手段，大量跨行业、跨领域的工业经验、知识、方法将以工业 App、工业微服务组件的形式

---

❶ 安筱鹏，著 . 重构：数字化转型的逻辑 . 北京：电子工业出版社，2019.

沉淀到平台之上，从而实现基于知识的传承、积累和智能化应用，并为知识、经验在更大范围内传播和复用提供基础环境。其中，工业 PaaS 层将工业技术原理、行业知识、基础工艺、研发工具等标准化、代码化、软件化，形成各种以服务形态呈现的知识算法和模型；工业 App 层将面向特定知识应用场景，形成封装了工业技术、经验、知识和最佳实践的应用软件。这些蕴含了知识模型、算法、经验成果的微服务组件、知识服务 App，逐渐形成日益繁荣的工业知识互联市场，从而推动知识经济的发展。

4.2.2　工业互联网为产业智能提供新战场

工业互联网通过数据、知识驱动资源优化配置，进而推动产业智能向更深层次、更大范围扩展。一方面，通过跨设备、跨系统、跨厂区、跨地区的互联互通，实现全要素、全产业链、全价值链的全面连接，实现以数据流、知识流带动技术流、资金流、人才流、物资流，构建形成数据和知识驱动的个性化定制、智能化生产等新型工业生产制造体系（见图 4.11）；另一方面，工业互联网能够促进各类资源要素优化配置和产业链紧密协同，引导企业挖掘潜在市场需求，并帮助企业将价值创造模式由单纯的供给产品转化为提供"产品 + 服务"的服务型制造新模式，实现工业生产的网络化协同、服务化延伸，不断催生新业态、新模式、新产业，助力传统产业不断向高端迈进，实现产业现代化。

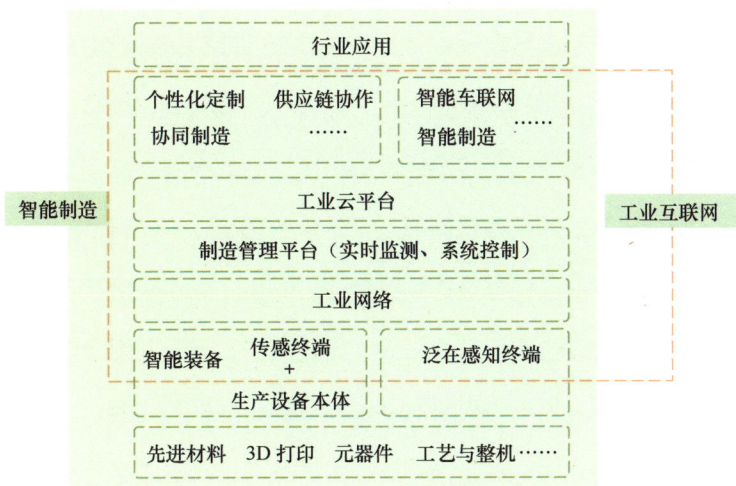

图 4.11　工业互联网与智能制造

因此，工业互联网对产业智能的推动作用是全方位的，体现在产品开发、生产管理、售后服务以及供应链优化等主要环节（见图 4.12）。一是智能产品开发与大规模个性化定制；二是智能化生产和管理；三是智能化售后服务；四是上下游产业链一体化协同。在产品开发和服务环节应用工业互联网技术的企业，一般致力于开发智能产品，提供智能增值服务；在生产管理环节应用工业互联网技术的企业，一般主攻发展数字工厂、智能工厂。例如航天云网主要发展网络化协同工业互联网；树根互联主要发展产品服务化延伸工业互联网；海尔主要发展用户个性化定制工业互联网；富士康主要发展智能化生产工业互联网。

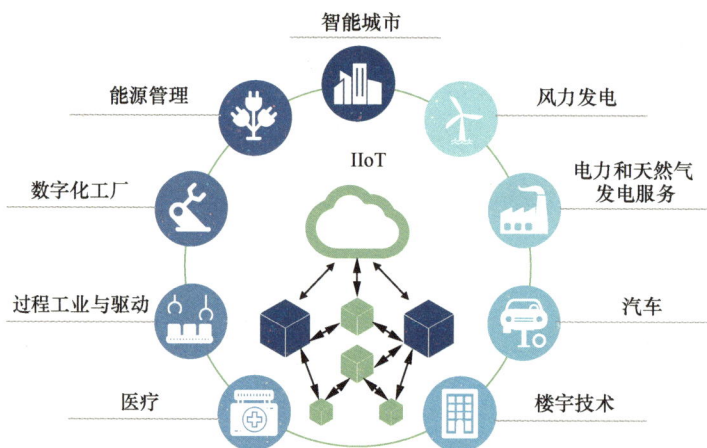

图 4.12　工业互联网的应用领域示意

在机械制造行业，挖掘机、重型卡车等大型设备制造商以往都会面临以下难题和风险：由于下游客户资金紧张，多以按揭贷款方式进行设备销售或租赁，随之而来的是庞大的应收账款，以及下游客户以"设备转卖""没活没钱"等理由的拖欠付款。为控制风险，制造商需要利用物联网、传感器等技术手段掌握每一个从企业售出的机械设备的运行状况，工业互联网成为企业运营的有效抓手。机械设备制造商通过搭建工业物联网平台，一方面可以通过手机随时随地查看设备的地理位置、工作时间、历史轨迹、当天油耗、健康状况、保养提醒等信息，及时掌握设备情况；另一方面通过平台的计算、分析等功能，为设备提供远程监测和服务，通过设备及固件升级提供预防性维护、远程故障诊断等服务，从而带来新的业绩增值点。以前，该类企业基本上是以销售或租赁产品为主要收入来源，而现在服务收入的占比明显提升，带来了商业模式的创新转变。同时，这些数据汇总至政府相关部门，通过对国内主要工程机械厂商数据的统计分析，可以全面准确掌握各地区工业企业运行工作量，而工作量可以作为衡量一个时期工业经济发展的主要指标和晴雨表，为相关产业政策调整优化提供客观依据。

在新能源汽车行业，通过开展以工业互联网为主要特征的车联网建设，可提升行驶里程预测准确度。对于燃油汽车，司机会准确了解该车还能跑多少千米，但是对于混合动力的新能源车，其行驶过程中的剩余里程数不仅与驾驶习惯、剩余油量、剩余电量有关，还与当时的天气、气温、路况紧密相关。例如，在一个上下坡路很多的城市，或在一个红绿灯很多的路段行驶，跟在普通路段行驶，剩余里程就会有较大差异。所以，单靠油量传感器解决不了剩余里程预测问题，必须通过车联网的传感器收集影响行驶里程的各类参数，为每一台车、每一条路线，还有当时的天气搭建预测模型。车启动前，用户输入出发地和目的地，通过后台大数据分析计算，能够实时预测若干条建议路线的油耗值，为用户选择省油路线提供参考；车开动后，自动提取用户的驾驶行为特征，譬如急加速、急减速、急转弯等，对用户的驾驶行为习惯做聚类和评价，并依据实际驾驶行为建立油耗模型，用于分析影响油耗的设备因素、驾驶行为因素，以改进产品设计，指导用户驾驶行为，从而改善用户体验，提升汽车品牌竞争力。

在能源优化行业，通过搭建工业互联网平台，采用物联网、云计算、机器学习等技术，将大型写字楼、数据中心能源的生产、转换、存储、输送、使用等环节的众多节点互联，集成整合、统一存储能耗计量仪表测量数据、能耗系统实时运行参数、天气以及建筑自控系统等数据，实时监控建筑能耗、室内环境指标以及报告故障诊断分析情况，并通过人工智能技术从能耗、舒适性、运行稳定性等方面对故障进行自动分析，帮助用户制订和优化维修计划，提高能源利用率。例如，对于风电发电企业，工业互联网平台能够为风电用户提供监控、运维、运行以及评估的全周期管理，提供风电场及风机群优化运营解决方案，为风机的经济可靠运行提供预防性运维以及环境监控、预测功能，实现叶片结冰预测、局部放电预测等；支持风电场的设备资产管理、设备监控以及智能巡检，为风电场群提供高效优化运行保障、降低运营成本，提升能源供给效益。

4.3 产业智能加速数字化转型

4.3.1 传统产业数字化转型的两个层次

传统产业数字化转型就是利用信息技术升级产品与服务、重构商业模式，实现转型、创新和增长，本质是在"数据＋算法"定义的世界中，以数据的自动流动化解复杂系统的不确定性，优化资源配置效率，构建企业新型竞争优势。[1] 用一个简单的公式可表达为：数字化转型 ＝ 企业管理流程 ＋ 信息技术应用 ＋ 必要的资源配置优化。

数字化转型将引领企业的未来，覆盖企业的方方面面。总体上，数字化转型包括两种类型，即产业内纵向转型和跨产业横向转型（见图 4.13）。

图 4.13　数字化转型的两种类型

1. 产业内纵向转型

产业内纵向转型又称产业内自上而下的转型，包括共享智能新模式、产品即服务商业模式。

（1）**共享智能新模式**，即企业通过开展信息化、自动化、数字化建设，搭建集中、集成、共享、智能的信息系统，推动生产经营管理网络化运行。生产运行从现场劳动密集型升级到知识密集、共享智能服务模式，从而促进产业内转型升级，实现管理创新、模式变革和价值提升，使传统企业升级到共享智能企业。主要体现为以下五大转型创新。

一是创新生产组织和运行模式。通过大规模实施物联网、自动化、工控系统等数字化建设，实现生产数据自动采集、远程传输，催生生产运行监控中心和远程专家技术支持中心

---

[1]　安筱鹏，著. 重构：数字化转型的逻辑. 北京：电子工业出版社，2019.

等新组织形态，推动生产组织扁平化，大幅提高劳动生产率。带来的主要转变包括：现场操作模式由线下到线上、由单兵到协同、由手工到自动转变；生产管控模式由死看死守、部门责任制到智能巡检、专家诊断制转变，由传统"职能部门分工负责 + 现场值守"向"共享技术、资源 + 专业化运营"转变。随着数字化、网络化共享程度的提高，各种共享服务中心、专家中心、安全监控中心等将成为常态化生产组织方式，现场员工将大幅减少，各种监控、分析中心员工明显增加。

例如，油气田企业的作业现场通常地理分布广、条件艰苦、管控难度大，通过数字化建设实现"让流程穿越组织"，组织机构进一步扁平化，由过去的"四级"管理简化为"三级"管理；全面使用数字化增压橇和注水橇后，取消井区、集输队，采油作业区管理层级简化为"二级"甚至"一级半"，用工大幅减少；通过自动化、数字化、信息化，构建一体化生产生活基地，建立按流程管理的"作业区（联合站）－增压点（注水站）－井组（岗位）"或"作业区（联合站）－井组（岗位）"新型劳动组织模式，实现行政管理与生产管理统一；在气田推行数字化无人值守集气站，构建"作业区－监控中心－单井"的生产组织模式，将作业区生产管理终端由区域监控中心直接延伸至气井井口，进一步提高生产管理水平和经济效益，改变过去"晴天一身土、雨天一身泥"的作业模式，为一线劳动者带来数字化转型福利。

二是创新经营管理模式。 经营管理涉及人财物、产供销，企业通过实施 ERP 系统，实现流程贯通、数据集成，业务处理由部门负责制向以流程为导向的多部门协同转变，产品价格调整由层层离线通知向在线统一调整转变，物资采购由线下操作向网上交易转变，业务监管由事后检查向全过程实时在线监督转变。基于统一信息系统平台，可实现不同部门在同一平台上协同工作，促进各类资源的优化配置，会计凭证由系统自动生成，支持全面预算管理和资金、债务、会计集中核算；通过内控管理类信息系统，可实现数据的集中管理、业务流程的固化以及系统操作的可追溯，减少人工干预，提升企业风险防控能力，支持控制体系工作重心前移，加强过程管控，促进源头治理；通过统一的电子商务平台，可实现总部战略伙伴选择对企业透明，企业采购行为对总部透明，助力阳光采购。

三是创新销售商业模式。 随着移动互联网的普及应用，以及新兴互联网企业在消费者体验与互动能力方面的逐步升级，销售行业内不断涌现新的思维和新的观念，这种新思维和新观念也逐步传导到传统的销售行业,驱动新零售模式的发展。新零售的概念最早是阿里巴巴在 2016 年云栖大会上提出的,强调对人、货、场重构;后来京东提出无界零售,强调以客户为中心,打破传统的限制;埃森哲提出定制、互联、整合、协作为核心的无缝零售概念,这些概念虽有差异,但均未脱离零售的本质,都是为了更高效、更优质地服务消费者。

新零售的主要特征包括:生态化,即通过打造行业平台,将零售相关的金融、物流等行业进行融合,形成共赢、互利的新生态;无界化,即企业通过对线上与线下平台、有形与无形资源进行高效整合,打破过去传统经营模式下存在的时空边界、产品边界等现实阻隔;智慧化,源于人们对购物过程中个性化、即时化、便利化、互动化、精准化、碎片化等要求的逐渐提高,是技术进步条件下商业模式不断创新发展的必然结果;体验极致化,人们的消费观念将逐渐从价格消费向价值消费过渡和转变,购物体验的好坏将成为决定消费者买单的关键性因素。

以石油石化企业的销售业务为例,传统加油站仅仅销售单一的油气产品,收入结构简单,获客成本较高。通过信息化,打通消费者数据渠道和物流信息,以加油站为载体,以信息化为纽带,建立旨在满足客户一站式需求的"全路途"运行模式,推动加油站从单一的加油场所,向"安全、便捷、绿色、智能、温馨"的综合服务体转变:将单纯的油品销售转变为油品、非油品和资金利用综合创效,形成自助加油、微信支付、"线上 + 线下"营销等新模式,提高客户体验和满意度;利用信息系统对分布于全国各地加油站的便利店实行超市化管理,建立线上与线下高度融合、虚拟与实体互为支撑的营销体系,实现油非互动、积分互换、在线推广等促销手段;整合加油卡客户数据,与异业合作伙伴实现客户互通、资源共享,促进"油卡非润"一体化营销向线上延伸,实现扩销增效。

四是创新业务决策模式。信息化推动传统的人工统计测算、经验分析向基于系统、数据和模型的精准分析转变,提高业务决策的科学性、准确性和及时性,支持资源配置、市场预测及各业务环节的整体优化。特别是,随着大数据技术的发展应用,数据驱动的业务决策正成为企业首选,"让系统数据说话,听系统数据指挥"正成为企业共识,并贯彻于企业文化建设和生产全生命周期中。

在后 ERP 时代,企业搭建基于大数据的新一代数据仓库,将企业内、外部数据随需关联，打破数据的系统界限；利用大数据智能分析、数据可视化等技术，实现数据共享、日常报表自动生成、快速和智能分析，满足企业集团总部和各分子公司各级数据分析应用需求；通过大数据分析工具库、算法服务库，实现报表生成自动化、数据分析敏捷化、数据挖掘可视化，并提供数据展现、诊断分析、预测分析和决策建议，为企业发展创造价值。

五是创新日常工作模式。通过信息系统应用，将与信息传递相关的人和物流动转变为电子流动，使有价值的方法、标准、知识和经验能够更加便捷、在更大范围内充分共享和有效利用，大幅提升日常工作效率。

文件的起草、收发、传阅等在电子公文系统中进行，原来收发一份文件需要一周或更长的时间，现在仅需几分钟就可以完成；员工之间的日常信息交互，通过电子邮件实现，代替传真、邮寄，沟通方式更加及时、便捷，每年数百万份文件在电子公文系统中流转，所有合同在线完成立项、审查、签订和跟踪管理；大量的工作会议利用视频会议系统召开，支持国内外人员异地同步开展业务分析、方案研讨，提升工作质量和效率，大幅节省差旅费用；移动应用系统功能由日常办公向市场营销、生产管控、决策支持等方面拓展，满足员工随时随地的办公需求。

（2）产品即服务商业模式，即企业通过在产品中增加传感器、CPU 和应用系统，引进数控机床、焊接机器人、涂装机器人、自动化运输车等智能化设备，通过分布式数控（DNC）实现设备联网，并与原有的制造执行系统（MES）、产品数据管理（PDM）系统、计算机辅助工艺过程（CAPP）设计系统等进行集成，实现设备自身的智能化、网络化和信息化，使其具备数字化管理功能。这样，在用户使用中，就能够实时收集设备及产品的运行和使用状况数据，并以此为基础进行优化运行、预测型维修，提升产品附加值，从而将"销售产品给客户"转型升级为"为客户提供设备服务"，英文是"Product as Service"，也就是产品即服务。

卡特彼勒公司数字化转型实例

美国卡特彼勒公司成立于 1925 年，凭着高品质的产品和服务，逐渐发展成为世界上最大的矿山、工程机械和建筑机械生产商，也是全世界柴油机、天然气发动机、工业用燃气轮机以及柴电混合动力机组的主要供应商。

卡特彼勒数字化战略的推行是从 20 世纪 90 年代中期使用 Telematics 连接出厂设备开始的，其数字化转型愿景是"从数字获取洞察，由洞察驱动行动"。通过加强数字化能力建设，实施"智能机器时代"的数字化解决方案，为客户提供更好的售后支持。目前已有 56 万多台卡特彼勒设备实现了互联，不仅有助于卡特彼勒和经销商扩大服务范围，而且可以通过增强数字化能力为客户带来更好的服务，帮助他们更高产、高效、安全地运营。

首先，卡特彼勒建立了 CAT Connect（卡特智能）系统，目的是提升设备的运行效率和现场安全生产水平。该系统能监控、管理和加强自身设备的运行状况，甚至还可以连接和管理其他厂家的工程机械设备，从而帮助客户更好地控制现场作业，提高生产效率、降低成本、增强安全性。

其次，卡特彼勒推出基于 CAT Connect 的智能技术服务，通过提供数据连接、坡度控制、压实控制、有效载重、监测和远程操控等先进技术和大数据分析服务，帮助客户更好地管理和跟踪项目，监控安全和设备性能，从而使运营更加精准、安全、有效，提升盈利能力。这样，卡特彼勒就从销售产品转型升级到产品即服务的营销模式，提高了综合市场竞争力。

最后，卡特彼勒将这些服务移植到移动 App 中，并针对 10 余个不同行业分别建立了对应的解决方案，推广到 155 个国家，形成了卡特彼勒、经销商和客户的协同工作方式。

总之，数字化技术为卡特彼勒的转型升级三部曲提供了一个重要手段，帮助企业实现细化到最小单元的精细化，并且在错综复杂的市场环境中始终保持创新的灵活性和持续的竞争力。

2. 跨产业横向转型

通过信息化、数字化建设提升劳动生产率，能够从第一、第二产业中释放大量劳动力，有效推动供给侧结构性改革。企业自身开展信息化建设的同时，不断形成信息技术优势，进军信息经济产业，由传统企业跨产业升级到信息经济服务业，为其他行业企业提供信息技术服务，创造新的经济增长点。同时，可以带动和引领同行业产业转型升级和企业内部管理提升，增加知识型员工的比例，优化员工布局，进一步增强企业核心竞争力，为企业在信息时代经营发展获得技术红利等。

相关测算表明，信息消费每增加 100 亿元，将带动 GDP 增长 338 亿元。而且，随着信息化的深入发展，应用领域的扩展，必将诞生更多细分高科技产业，催生更多新兴现代服务业。例如，随着产业智能的发展，预计到 2025 年，我国人工智能芯片产业规模将达到 1000 亿元；智能汽车、无人船等新型智能终端在全球市场占有率将达到 50% 以上；围绕智能传感器、智能硬件产业发展，模拟仿真、MEMS 工艺、晶圆级封装、个性化测试和软硬件集成能力达到国际先进水平，未来 5 年国内传感器市场规模将达到近 6000 亿元，成为支撑工业互联网和智能制造的新型基础产业。

GE 工业制造业向"高端制造业 + 服务业"转型实例

GE 公司由托马斯·爱迪生创立于 1892 年，目前是全球数字工业公司，也是世界上最大的提供技术和服务业务的跨国公司。目前公司业务遍及全球 100 多个国家，拥有员工 31.5 万人。同时 GE 公司也是美国工业互联网的标准制定者和积极倡导者。

作为一家老牌的工业企业，GE 公司与所谓的"互联网思维"似乎不太沾边，但实际上，GE 公司对互联网技术的应用在深度和广度上均是世界领先。GE 公司 2015 年 4 月宣布出售金融业务，专注于高端制造业，打造核心优势，而"数字化转型"是其最重要的战略，通过自动化与信息化改造，形成应对自身生产经营问题的解决方案及信息技术能力，并在此基础上组建了 GE 数字化公司。

作为传统制造业的技术引领者，从 2013 年开始，GE 公司凭借其长期的设备智能化技术优势，制定了工业互联网领域的长远发展规划。在过去 5 年间，经过 5000 名研发工程师耗资 100 亿美元，打造出了全球第一个以云技术为基础的工业互联网平台——Predix（见图 4.14）。通过 Predix 推动并形成分行业的统一工业互联网标准，营造了一个由用户、软件开发者、智能设备生产商及合作伙伴共同开发的数字化生态系统。应当说，此举洞察先机、引领潮流，抓住了一直以来大家在探讨的工业控制及信息管理系统之间的结合点。公司计划 2020 年营业收入达到 150 亿美元，从而推动 GE 公司从工业制造业向"高端制造业 + 服务业"转型。尽管目前这项计划实施并不顺利，但在跨行业数字化转型方面却不失为一次勇敢的尝试。

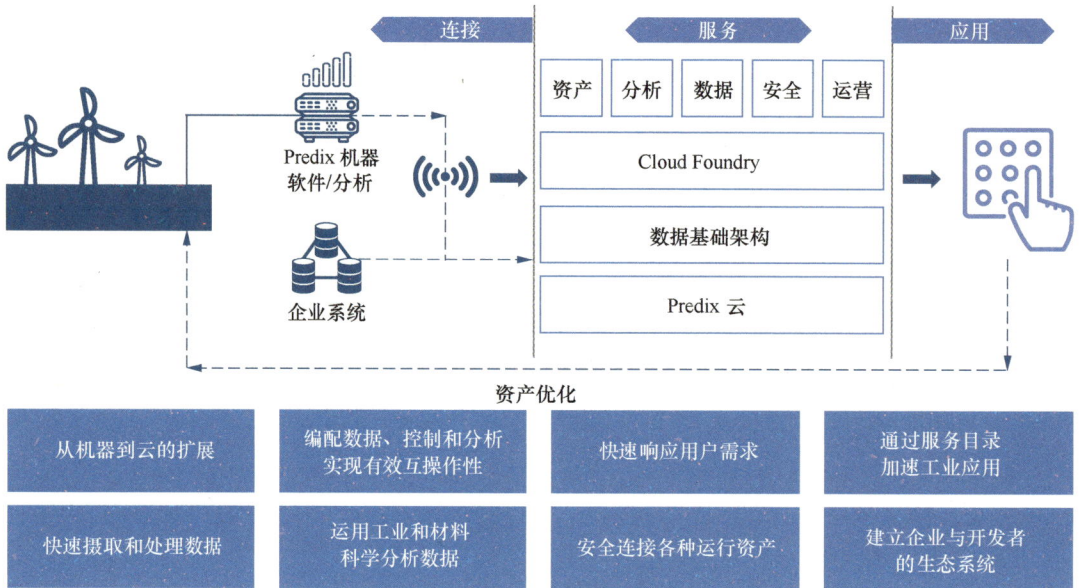

图 4.14　GE Predix 的整体架构

当然，我们也能从公开的报道中了解 GE 数字化转型的曲折历程，尽管 GE 数字化转型的目标宏大，但 GE 数字化公司的发展却受到来自内部业务需求的制约，成为一个内部的软件作坊。GE 集团下属一系列业务部门，如 GE Aviation（喷气式引擎）、GE Transportation（铁路）、GE Power（风力发电）等，这些业务部门都有大量的 IT 开发需求。因此他们都期望借助 GE 数字化公司的资源来实现"变革创新"，而且这些创新都是由各个业务部门的 CEO 和高管决定的，这并不像是数字化转型，而更像是信息化升级，因此 GE 数字化公司的发展前景较为局限。

与此同时，GE 数字化公司在这个绩效考核体系的制约下，背上了营业收入和损失的目标，需要每季度汇报业务状况。因此，他们的工作重点往往是一些能够产生短期收入的项目，而不是为 GE 的最终用户产生长期价值。后来，GE 数字化公司开始向外部工业公司销售服务和解决方案，致力于帮助它们完成数字化转型，这时 GE 数字化公司也就变成了一家咨询公司。但这已经脱离了公司发展变革的初心，情况并未真正好转。

GE 的数字化转型从一个侧面说明，从内部发起的数字化转型往往因为缺乏独立性而经常被现有组织扼杀在摇篮中，数字化转型绝不是简单地向现有业务模型中增加技术，而需要在新的环境下重新考虑业务模型。

思科由网络设备制造商转变为数字化解决方案提供商

思科公司认为全数字化竞争愈演愈烈，这将重塑市场和行业，预期全数字化颠覆时间为3年，将有40%的现有企业被取代，提出"要么进行全数字转型，要么被数字转型所颠覆"的理念，制定了"简化－自动化－安全性－监控和调整－持续创新"的公司全数字化流程。思科的全数字化战略目标就是创造新的业务模式，由传统的以架构为主导的网络设备制造商转变为数字化解决方案提供商；打造全新客户体验，实现敏捷交付、持续交付；注重客户安全，提供全数字化网络下的安全解决方案。

在思科公司全数字化过程中，信息部门发挥引领作用，制定了"简化一切－云扩展－深度数据分析－卓越运营－企业文化"的信息化流程。简化一切就是思科公司将原来的18种信息技术服务支持请求、15个步骤简化为1种体验和3个步骤，服务请求实现时间由原来的8周缩短到现在的8分钟，节省成本83%；云扩展就是打造思科公司的全球云，按需调配资源、自动伸缩，简化部署和运营，提高用户工作效率22%，缩短争议解决时间18%，平均支持请求处理时间缩短66%，年运营成本降低75%；通过大数据分析减少网络延迟时间30%，实现对每个服务器调用的实时可视性；卓越运营就是建立端到端的工作流程，实现敏捷开发，年交付的功能数量增加199%，质量提高92%，漏洞及时解决率提高90%；企业文化就是要打造最佳工作场所，充分体现个人和团队两个价值，保证公司内充分合作，吸引人才、留住人才。

4.3.2　产业智能为数字化转型注入新动力

传统信息化建设奠定了企业数字化转型的基础，积累了丰富的数据资产、IT人力资源以及大量的信息技术软硬件产品。大数据、云计算、物联网、移动互联、超级计算等新一代信息技术日新月异、飞速发展，形成了群体性跨越，为新时期产业智能提供了坚实的技术基础，也为加速企业数字化转型提供了强大动力。

1. 基于数据驱动的新一代数据仓库

企业在过去信息化建设中形成了大量生产经营及专业业务应用成果，同时也累积了大量的数据资产。如何对海量数据进行挖掘和分析、把数据变成信息以及快速获取有价值的信息，成为困扰很多企业的难题。

在后 ERP 时代，企业对数据管理和分析的需求主要体现在以下 3 个方面：一是企业战略层、管理层、执行层对跨业务领域、跨信息系统的数据分析需求迫切、增长迅速，包括便捷获取各类数据内容和加强数据分析能力，服务于管理和决策；二是企业信息系统众多，系统管理独立，数据存储分散，横向的数据共享和分析应用仅由具体业务驱动，难以对全局数据开展价值挖掘，从规模上和效果上都无法真正体现企业庞大数据资产的价值；三是市场竞争和产业链日益全球化，企业不只满足于内部数据的分析，更要通过互联网、微信、App 等新技术手段结合外部市场数据进行整体分析，才能在企业发展决策中先人一步。这些需求表明在企业信息化或者数字化的历史上，数据从来没有距离业务这么近，数字化转型正从流程优先走向数据优先。

面对日益提高的数据管理和分析需求，如果应用传统的信息技术手段（如数据仓库），那么在数据容量横向扩展、数据批量计算时都会面临巨大的性能挑战，数据管理和分析能力受到限制。大数据、内存计算、移动应用、云计算等技术的融合，将大幅提升企业数据分析能力。基于云的数据分析将获得更多关注，特别是以分布式系统架构、多元异构数据管理等为主要特征的大数据技术，正成为改进提升数据仓库性能的重要支撑技术。

基于大数据的数据仓库，融合了传统数据仓库和大数据的各自优势（见图 4.15），基于企业云架构，将企业内、外部数据随需关联，打破数据的系统界限；利用大数据智能分析、数据可视化等技术，实现数据共享、日常报表自动生成、快速和智能分析；建立全面的数据共享和服务能力，支持数据共享和服务的制度化、流程化、系统化，从而实现平台云化、数据集中化、分析智能化，为企业最终实现以数据驱动的业务决策模式提供新途径，推动管理优化和业务创新。

国双倾力打造具有自主知识产权的企业级数据仓库产品，应用云计算、大数据、人工智能、可视化等技术，融合企业级数据分析软件需求，形成涵盖多源数据接入、数据处理存储、数据治理、数据分析、云平台操作系统以及图形化展示等的 14 个组件，以及涵盖所有 Hadoop 生态的底层平台组件，提供并存并算、多维分析、智能挖掘、灵活展示和数据治理等能力，具备高通用性、高扩展性、高可用性、高实时性、高容错性优势（见图 4.16），主要功能包括数据采集、数据存储、数据计算、数据分析与应用、基础管理等。

传统数据仓库软件特点	大数据特点
⬆ 一体化的平台解决方案	⬇ 基于开源技术发展，缺乏整体性的规划和统一设计
⬆ 平台管理工具功能强大	⬇ 各组件之间耦合度不够高，中间部分缺乏高度商业整合和应用； 对开发使用人员门槛高，需掌握的技术众多，难度大
⬆ 功能封装且可视化(数据管理、关系型数据、分层结构、数据采集处理可视化且易用,权限管理完善细颗粒度且灵活)	⬇ 功能封装程度不够，限制了规范的应用； 对企业级的权限管理、分业务域应用、数据治理等应用缺乏考虑
⬆ 平台相对稳定可靠	
⬇ 基于若干年前的传统架构，升级改造伤筋动骨，先天基因不足	⬆ 多种开源技术，对新出现的技术和需求响应快，快速应用
⬇ 对大数据量的支持不好，分布式计算能力和线性扩展能力弱	⬆ 基于Hadoop等大数据技术，处理数据量大且线性扩展
⬇ 较难适应越来越多新出现的数据源类型和数据结构类型	
⬇ 对数据挖掘、机器学习等整合困难	⬆ 与数据挖掘等结合成本低

图 4.15 传统数据仓库与新一代数据仓的对比

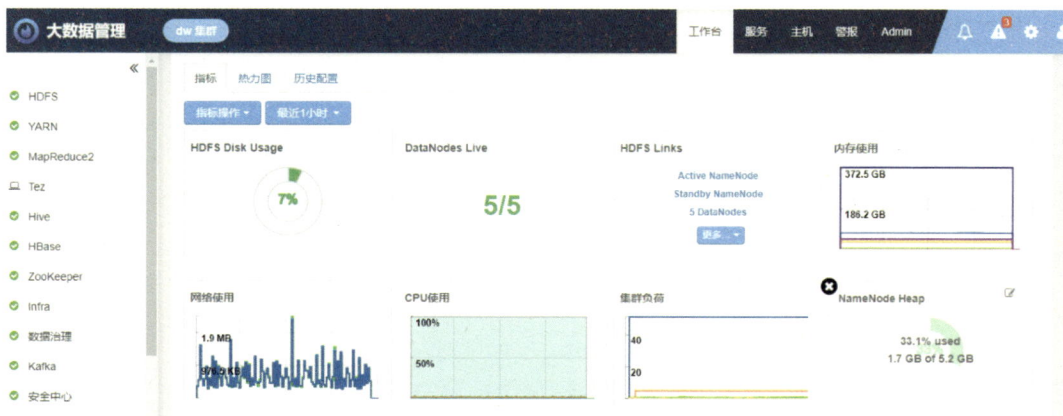

147

图 4.16 国双基于大数据的数据仓库

（1）**数据采集**，按照数据类型不同可分为 5 种数据采集类型，即结构化数据批量采集、日志数据实时采集、非结构化数据采集（非文本）、企业外部数据采集和物联网数据采集。

（2）**数据存储**，基于 HDFS 的分布式文件系统存储，提供完整的收集、存储、转换、计算四个步骤的服务，并最终向服务应用层输出。数据存储设计按照数据类型分为 3 种方式，即结构化数据存储、非结构化数据存储、实时流数据存储，不同的存储对应到数据仓库不同的数据区域内，结构化数据一般存储在 Hbase 数据库中，非结构化数据存储在 HDFS 文件数据库中。

（3）**数据共享**，提供三类数据的共享，即贴源数据共享、主题数据共享和历史数据共享。数据共享设计包括共享流程、共享授权、共享监控、数据目录、数据查询及数据 API。

（4）**数据分析**，按照应用的模式的不同可分为大数据分析、传统数据分析和流数据分析。传统数据分析主要分为敏捷式商务智能、指标及报表分析、定制开发及第三方工具分析。大数据分析及流数据分析产生的中间信息或者结果信息可通过再次联合分析和利用，形成综合指标、报表及预警预测分析。通过多维模型建模、多维数据分析实现对海量数据的毫秒级分析，以及实时数据的接入分析。

（5）**数据展示**，提供丰富多样的图表和组件，如线图、饼图、柱状图、词云图、雷达图、散点图、玫瑰图、地图、关系图等，结合过滤、文本、图片、链接、网页嵌入等组件可以将数据洞见串连成一个完整的业务故事，图文并茂，讲述隐藏在数据背后的真相（见图 4.17）。同时凭借平台内建的数据加速引擎以及友好的交互界面，用户只需要简单的点击操作，就可利用图形化界面进行业务逻辑的配置，对海量数据进行清洗、处理、关联、整合，完成即时的过滤、联动、下钻等交互分析。

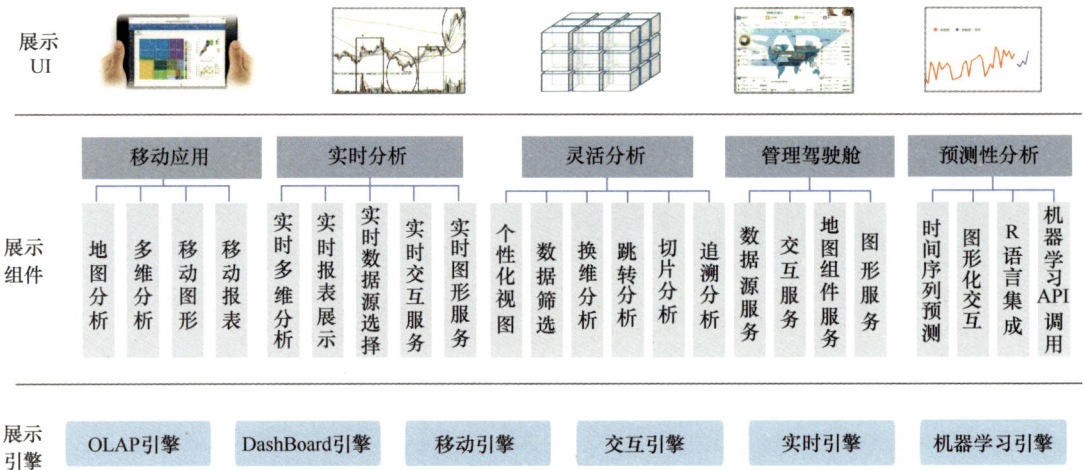

图 4.17　数据可视化展示

随着基于大数据的数据仓库日益成熟，数据管理和分析能力将逐渐在企业内部沉淀、复用，数据中台的概念开始出现，用以实现数据集中管理、数据服务有机共享，为企业带来共享效率提升，正成为企业数字化转型的中枢。

2. 基于知识驱动的知识互联平台

知识的沉淀与传承，铸就了人类文明的辉煌，也成为机器智能持续提升的必经道路。现实世界中的知识很复杂，实体和概念、逻辑对机器来说是无法理解的。机器理解数据的本质是建立从数据到知识库中实体、概念、关系的映射；机器解释现象的本质是利用知识库中实体、概念、关系解释现象的过程。

目前，国内外人工智能技术大多处于计算智能、感知智能层次的应用，对业务的支撑多数只有案例示范性应用，尚未形成深层应用和全覆盖。究其原因，除了人才缺乏、起步晚等因素外，最重要的是缺少支持机器认知智能应用的基础技术架构与核心平台，这也大大限制了企业、政府机构、军队等各行各业对人工智能技术的规模化应用。

知识图谱作为人工智能的基础支撑技术之一，已在智能搜索、智能问答、个性化推荐、内容分发等领域有了初始应用，也有了较多的技术沉淀，为加快建成通用性的平台和工具（即知识互联平台）奠定了较好的基础。在知识互联平台建设方面，目前国内外基本处在相同的起点，但未来的发展，中国更具竞争性优势。一方面，知识互联平台的发展依赖于各行各业的知识积累以及科技工作者的深度参与和长期磨合，而中国的产业体系较为完备，能够提供全面、丰富且系统化的知识体系，同时中国的科技工作者人数众多，人员成本相对较低，能够有更多的人力资源投入知识模型的建立和工具完善中，在推进知识图谱规模化应用和知识互联平台建设方面具有独特的竞争优势。另一方面，在政策层面，国务院 2017 年印发《新一代人工智能发展规划》，明确提出要建立新一代人工智能关键共性技术体系，其中包括知识计算引擎与知识服务技术，具体是指"重点突破知识加工、深度搜索和可视交互核心技术，实现对知识持续增量的自动获取，具备概念识别、实体发现、属性预测、知识演化建模和关系挖掘能力，形成涵盖数十亿实体规模的多源、多学科和多数据类型的跨媒体知识图谱""重点突破跨媒体统一表征、关联理解与知识挖掘、知识图谱构建与学习、知识演化与推理、智能描述与生成等技术，实现跨媒体知识表征、分析、挖掘、推理、演化和利用，构建分析推理引擎"。这些政策文件和系列要求为推进知识互联平台建设提供了良好的政策环境，有利于各行业更好地推进人工智能技术应用。

知识互联平台基于知识图谱以及人工智能技术研发，是构建自动化、智能化应用的核心平台。知识互联平台围绕知识图谱提供了全栈技术支撑，能够高效支撑知识图谱在各行业的应用，为客户提供建立行业知识图谱的技术功能。其中，数据来源提供了海量 Web 数据、大数据以及行业或企业的知识库，涵盖结构化及非结构化数据，同时提供人工录入知识功能；知识数据获取提供了互联网自动爬取功能，通过数据清洗保证数据质量，通过数据标注提供知识积累功能，通过数据整合实现知识的关联集成；知识提取基于自然语言处理算法实现对知识实体的分析和提取，是平台的核心处理模块，也是构建知识图谱的前提；知识图谱数据库包括数据科学知识图谱和行业知识图谱，数据科学知识图谱是平台的特有组件，封装了机器学习的常用算法、数据预处理以及模型等，包括自动建模功能，可作为数据科学家工作、新人教学、问答和知识发现的平台；行业知识图谱则是用于支撑特定行业应用的知识图谱解决方案。基于平台，除了可实现智能问答、知识推理、知识推荐等应用外，还可支持增强机器学习等应用，提供事件预测、智能辅助决策以及场景化自动推送等应用。维护管理平台提供知识自动更新功能以及平台运营管理功能。此外，平台还提供面向数据科学的模型开发功能以及面向应用的开发功能，提供基于平台高效、便捷的集成开发工具和环境。

知识互联平台能够在知识抽取、知识表示、知识融合、知识更新、知识推理等知识互联全生命周期，提供通用性的基础平台和工具（见表 4.1），可以广泛应用于石油石化、煤炭、航空航天、钢铁、电力、政府、军事、教育等各行各业，主要应用场景包括企业已有数据和知识的深度挖掘分析、企业知识库、知识机器人和认知计算等，在推进产业智能和企业数字化转型中扮演着越来越重要的角色。

表 4.1 知识图谱平台工具集

序号	类别	产品或工具	功能描述
1	数据接入	爬虫管理	用于定制、部署、维护爬虫集合，获取公开外源数据
2		数据库接入及 ETL 配置	通过简单配置即可维护与各类数据库的通信，实时同步数据
3	数据存储与管理	分布式文件系统	用于分布式存储图片、文档、程序等
4		分布式关系数据库	用于存储大规模结构化数据
5	图谱数据抽取	实时处理工具	用于源数据链到图谱的实时处理流程配置，如动态同步第三方数据库中的特定字段、新生成文档的自动抽取等
6		批量导入工具	用于管理定期任务或手动批量执行，如批量同步数据库的数据，或批量处理非结构化文档

续表

序号	类别	产品或工具	功能描述
7	图谱存储	分布式图数据库	用于存储和维护大规模知识图谱，具备使用图查询语言进行图谱修改和维护的功能
8	基础功能	本体编辑器	用于对本体进行编辑管理
9		实体编辑器	用于对实体进行编辑管理
10		文档导入及编辑工具	集成 OCR 技术，支持图片格式文档的导入、编辑，使其可用于自动抽提
11		知识标注工具	用于进行知识标注，完成知识抽提并提供训练数据
12		知识抽取配置工具	用于针对不同知识点配置不同的抽取模型，实现非结构化文档知识抽取的自动化
13		知识查询引擎	用于对自然语言查询语句进行转化，将知识的查询转化为对图谱的查询
14		分布式图计算引擎	用于大规模、分布式的图计算
15		知识推理引擎	用于进行知识推理以及新知识发现
16	基础应用	全文检索	用于海量数据中的文档全文检索
17		多维分析可视化	用于海量数据的聚合分析，实现多维度自由剖析
18		智能问答	融合关系数据库查询及图数据库搜索，实现基于自然语言的交互问答

知识互联平台对企业的价值主要体现为 3 个方面。一是大幅提高科技工作者的工作效率：知识互联能够实现行业结构化数据与非结构化知识成果的集中管理和统一共享，打破原来的知识壁垒，帮助科技工作者快速、准确获取大量高价值的知识信息，大幅节省前期的资料收集时间，协同开展各项研究工作，明显提高科研工作效率。二是有效助力传统产业智能化转型：知识互联一方面能够将大量知识数据从非结构化成果文档数据中抽取出来，基于知识的高效学习、智能应用，为科研成果创新和业务科学决策提供更全面、更有效的智力支持，明显提高业务价值；同时，平台还能为人工智能技术在图像识别、视频监控、智能问答等业务场景的应用提供基础支撑，是传统业务向智能化方向发展的有效途径。三是更好地推动行业知识传承和共享：通过平台建设和应用，能够有效沉淀和积累行业专家的知识成果，使新人能够站在前人臂膀上进一步创新和完善，从而有效避免因为人才流失、专家退休离岗等因素造成的知识断档，更好地实现知识传承。

4.3.3　油气行业数字化、智能化转型实例

石油和天然气作为国家重要的战略性资源，其产品广泛应用于国民经济、人民生活的

各个领域，在国民经济发展中占有举足轻重的地位。伴随着经济全球化与信息化相互交织的发展潮流，油气田企业作为一个多学科、多专业相互配合、相互渗透、协同攻关的知识和技术密集型企业，积极响应和落实国家"两化融合"战略部署，大力推进信息化建设，努力转变企业发展方式，增强核心竞争能力。特别是近年来油气行业原油开采成本增高，炼油利润空间缩小，成品油销售市场竞争激烈，化工品市场架构和需求变化快，这些都对石油行业生产、经营和决策提出了挑战，要求经营者必须依据资源和市场情况，做出及时反应和科学决策。

多年来，我国各大型油气田企业均不同程度地实施了油气生产自动化、数字化建设，有效支持了企业降本增效。在此过程中，油气田企业积累了大量的生产数据、设备数据、管理数据等，为更好地体现这些数据资产的价值，需要借助油气大数据、人工智能建设和应用，实时收集和分析现场生产数据、设备运行状态数据以及内外部信息系统数据，进行深度挖掘和智能分析，形成能够指导油气生产运行管理、有价值的决策信息，助力企业精益生产。

放眼外部，壳牌等国际油气公司正在大力开展智能油气田建设，实现生产数据自动采集、现场实时监控、智能生产优化。英国石油、道达尔等公司纷纷与 IT 技术公司联手，在合适的领域寻求合作，加快智能化转型步伐。斯伦贝谢等油服公司以数据湖为基础，以云平台为支撑，将大数据、认知计算等技术与业务深度融合，构建了勘探开发全过程数字化、自动化、智能化的专业应用环境。

根据全球领先的信息技术研究和顾问公司 Gartner 的研究，2019 年油气行业主要关注人工智能应用、数字化转型等主题，旨在加速推进数字化、智能化转型（见表 4.2）。

表 4.2　2019 年油气行业信息技术发展趋势

趋势	描述	趋势	描述
人工智能日趋成熟	人工智能将很快成为石油公司运营和业务绩效管理的常用工具。其中，模式识别、自然语言处理和图像分析识别等技术将是最常见的应用案例，首席信息官应该探索如何最大化 AI 解决方案的性能，并从中提取价值	颠覆性的业务模式将会出现	伴随着传统 IT 服务的日渐衰落，IT 服务的业务模式转型势在必行，而首席信息官应该时刻准备引领这场转型。Gartner 预测 20% ~ 30% 的油气公司已经基于颠覆性的业务模式制订了长远的发展规划，不再是对传统模式的局部优化，而是开发全新的业务模式，完成业务模式转型

续表

趋势	描述	趋势	描述
可视化和自动化使人为干预最小化	可视化操作在油气领域的应用还处在起步阶段，未来的发展空间仍然巨大。基于可视化操作，石油公司对于作业性能的了解更加直观，从而可以快速地做出有效决策；此外，以后的野外工作可以转移到风险较小和费用较低的地方，大型的生产设施（如海上石油钻井平台）可以实现无人化值守，自动化作业	传统业务系统与新的数字化平台有机结合	随着石油企业追求更高的经营业绩，灵活、创新的数字化交易平台的重要性逐渐凸显出来，而传统业务系统固有的自身封闭性决定了其缺乏基本的数字化能力。石油企业的首席信息官还没有意识到作为变革推动者的重要性，而是退而求其次创建了一个二者融合的平台，既可以直接利用传统业务系统的功能，又增加了一个应用程序接口层，可以方便快捷地创建数字增强型产品、服务和设备。首席信息官必须做的是阐述清楚这个融合平台在促进交易灵活性方面的作用
全新工作场景提升员工综合能力	石油公司正在积极地引入一些智能化的沉浸式技术来重新定义工作方式，既可以培养复合型人才，又可以提高生产效率，这些技术包括人工智能、实时数据分析、增强现实、混合现实和聊天机器人等。首席信息官将不得不与首席人力资源官密切合作，以确定公司的工作方式，利用沉浸式的人机交互技术来提高生产效率	首席信息官成为数字化转型的推动者	要在油气领域全面开展数字化转型，首席信息官将会面临很多客观存在的难题，比如碎片化数据管理、团队技能缺失、联动协调能力差等。但是更大的难点是首席信息官还没有完全意识到充当变革推动者的重要性，他们应该与人力资源合作，以建立自己的变革领导能力
网络物理资产的崛起加速工作方式的转变	伴随着自动化程度的不断提高，油气公司管理物理资产的方式也在快速改变，物联网和数字孪生等技术将增强企业监控资产状况、预测问题和未来性能的能力。随之而来的是公司商业模式的改变，因为公司将不可避免地需要开发新的生态系统、运营模式、技能集和文化来支持这种变化	数字化转型加快IT运营模式的现代化进程	数字化转型加快IT运营模式的现代化进程，从陈旧的、僵化的运营模式转变为方法灵活、多学科协作、设计思维、以用户为中心的新的运营模式，首席信息官需要跟上这种转变，否则IT服务的决策性作用将逐渐降低
数字化提高业务弹性应对市场的不确定性	首席信息官将不得不面临一个问题：在引入数字化资源来提高业务的弹性，与仅仅按需进行技术资源投资从而保持成本结构的弹性之间，如何达到合理的平衡？面对全球油气市场的动荡和不确定性，首席信息官要想增强业务弹性，必须使他们的IT运营模式更加灵活，对市场反应更加灵敏	以产品为中心的交付模式促进IT变革	许多首席信息官已经意识到以产品为中心的交付模式在IT交付的现代化进程中的潜在作用。虽然以产品为中心的交付模式的应用还不广泛，但是应用率在逐步提高。2020年62%的石油公司都将成功地采用以产品为中心的交付模式

153

　　国双以自主可控大数据、人工智能平台为基础支撑，采用成熟的产业智能化方法论，融合油气行业资深专家经验，紧密对接油气田业务需求，推动油气大数据和人工智能技术落地应用；基于自然语言处理、文本分析、知识图谱等技术，构建油气知识图谱和智能知识库，积累形成智能油气藏、智能井、智能地面等完整覆盖勘探开发领域全业务链的智能化生态应用，助力油气田践行数字化、智能化转型战略。

1. 油气大数据平台

油气大数据平台作为油气工业数字化、智能化的核心载体，支撑企业进行生产智能决策、业务模式创新、资源优化配置。通过构建精准、实时、高效的数据采集互联体系，建立面向油气工业大数据存储、集成、访问、分析、管理的开发环境和应用环境，支撑业务技术、经验、知识模型化、软件化、复用化。

平台提供油气行业多源异构数据的实时接入与集成整合功能；提供完善的海量数据处理、分布式存储与智能数据治理功能；提供基于人工智能技术驱动的商业化智能认知和数据分析功能。

平台以开源 Hadoop 为基础，集成 Hbase、Kafka、NoSQL 等大数据主流组件，整合油气行业实时数据、时序数据、流式数据等多类数据服务接口，可以支撑多种计算类型的应用混合负载，利用批处理应用、交互式查询、高频读写、全文检索、数据挖掘和实时流计算等多种计算，提供嵌入式的组件开发功能，融合业界领先的多维分析引擎、实时分析引擎和人工智能分析引擎，为油气行业多样化数据处理提供超越传统技术的全新解决方案，有效支撑业务应用建设。

在实时数据采集与传输、统一数据采集与集成等数据源管理基础上，对标生产操作层、生产管理层、生产决策层 3 个层级，油气大数据平台整体应用分为现场实时管控、生产智能优化、智慧决策支撑三大类。

现场实时管控主要聚焦生产操作现场，基于物联网数据分析、边缘计算等技术，提供实时生产监测、智能远程控制、设备运行监测、工程作业实时监控、实时安全环境监测等应用，实现整个生产操作现场的实时自动运营与安全生产受控。

生产智能优化主要聚焦生产过程管理，提供数据集成分析及智能生产优化应用。其中数据集成分析主要面向现场实时管控中汇聚的实时流数据、历史数据、知识数据、复杂非结构化数据等各类数据，提供生产应用集成、生产综合预警、生产可视化应用、实时生产分析、设备管理与预测性维护、安防及物联设备预警分析等数据分析应用，支持生产过程的精细化管控。

智慧决策主要聚焦决策管理层，主要包括油气勘探指挥决策优化、开发生产智能决策优化、生产运行指挥决策优化、安全环保决策优化等，为油气田生产提供科学、高效、智能化的实时决策支撑环境。

2. 油气知识互联平台

在油气行业，企业投资了数万亿元进行勘探开发生产，积累了大量的宝贵经验和知识。这些知识大部分存储在非结构化的文档中。通过将知识图谱技术开创性地应用到油气行业，对海量行业知识成果进行标注、解析和知识抽提，突破当前国内外石油行业人工知识收集的效率瓶颈，抽提出的行业知识存储在分布式图形知识库中，形成国内首个基于自动知识抽提和知识图谱的油气勘探开发知识库。

在知识库建设过程中，通过独有的勘探开发知识体系和领先的知识处理（知识智能标注、自动抽提和图谱管理）引擎，对海量勘探开发知识成果、论文、图书、图件、资料、专利等知识资源进行深度加工、分类聚合、串联推送、智能分析，进而为用户提供高效、精准的一站式勘探开发知识汇聚、智能检索、智能问答、精准推送、智能分析与可视化展示等各类智能化应用（见图 4.18）。具体构建流程如下。

一是油气知识体系构建： 对油气田勘探开发综合知识体系进行梳理，利用知识图谱的思想对勘探开发业务进行全面的抽象和概念描述，对勘探开发本体、本体的多个属性及本体之间的关系进行建模和展示，并对本体模型进行可视化管理。知识体系构建的过程是一个从简单到复杂，不断迭代和优化的过程。

二是油气知识库建设： 通过知识导入工具，将结构化、半结构化和非结构化数据源链接、导入知识库系统，实现多源异构数据的融合。通过知识标注，业务专家将非结构化知识成果中的各类勘探开发实体、实体的属性和实体之间的关系手工标记出来，利用各类自然语言处理模型算法，最终实现勘探开发特定领域的知识半自动到自动抽取。

三是油气智能应用构建： 根据业务需求和知识图谱库，构建各种智能应用，如智能精准搜索、勘探开发智能问答、智能推送、勘探开发类比分析、知识可视化展示等应用。

借助知识图谱构建形成的油气勘探开发知识库，能够有效解决目前认知计算在勘探开发生产应用中的技术瓶颈，打造提升类脑计算能力，大幅提升油气勘探开发生产的自动化、智能化程度。随着知识规模的扩大，该知识库将成为油气行业的"智能大脑"，能够像资深

155

油气专家一样思考、推理和预测，为油气决策提供全面支持，帮助专业人员从地下发现并开采出更多油气，产生更多的经济效益。

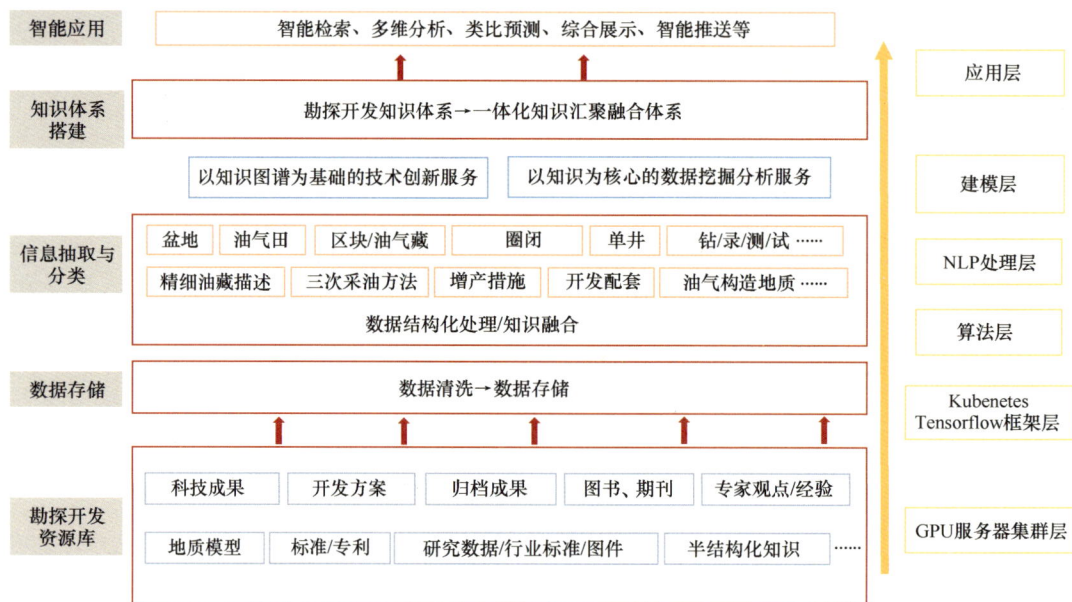

图 4.18 油气行业知识库建设路线

目前，该油气知识图谱库已覆盖完整的油气勘探开发知识体系（包括从含油气盆地、油气田、油气藏、生油岩、储层、盖层、单井等勘探开发本体）、31,000 余条事实型油气行业知识、117 个中国油气田和 26,000 余条油气藏相关知识（见图 4.19）。基于知识库的语义检索和知识问答功能，包括手机移动端的勘探开发智能助手 App，在传统油气勘探开发行业首次成功发布智能问答系统，能够回答油气地质学家、石油工程师的一些问题，提升了石油行业的工作效率、知识和数据的利用率及创新能力。

3. 油气田抽油机井故障智能诊断

油气田抽油机井是一套地面电机与机械运动装置，它通过井下管杆带动地下抽油泵做往复运动，可将地下的原油进行举升并采出地面。抽油泵在往复运动过程中会出现不同的机械故障，抽油泵故障会直接导致产量的损失，同时还会因为电机空转直接造成无效耗电成本。抽油机井空转 24 小时损耗用电的成本为 2000 余元，如果一口日产 5 吨原油的油井无效生产 1 天，就会造成约 15,000 元的损失。

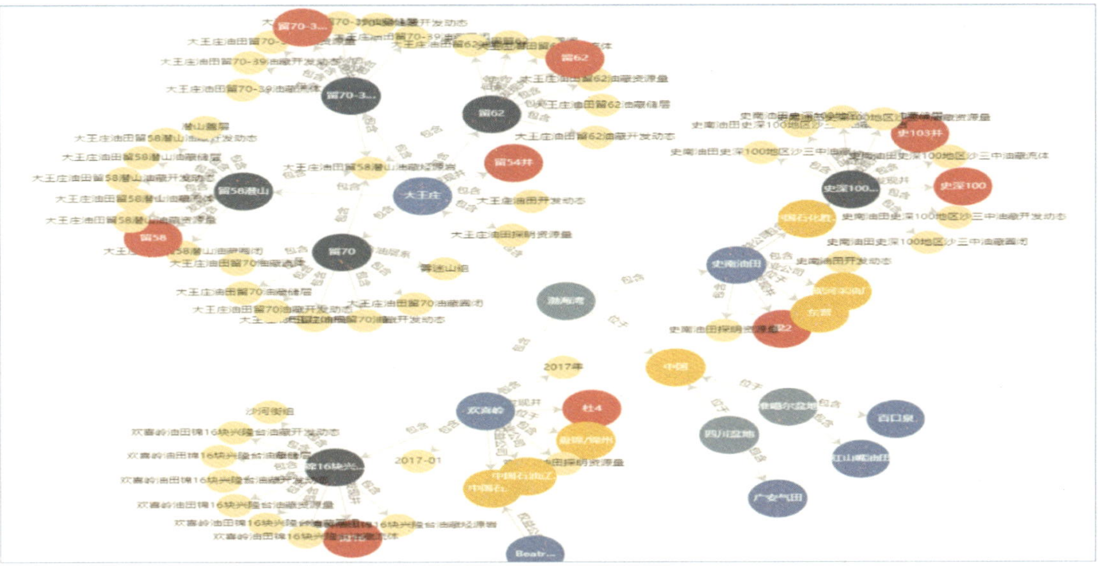

图 4.19　油气行业知识图谱示例

　　油气田企业的抽油机井工况复杂，在成百上千台抽油机连续运转的情况下，数据量大，现有故障诊断软件无法有效支持。在油井生产过程中，及时发现异常或定量评价系统健康状态并采取有效维修措施，对于切实提升油井生产效率及生产的可靠性与经济性具有重要意义。

　　我国东部某油田处于运行状态的抽油机数量已达到数千口，每年都会因故障造成产油量与无效耗电的大量损失。但市面上现有的抽油机井故障诊断软件准确率低、误报率高，且人工诊断效率低下，及时性不强，通常会有一定延迟，亟须一套智能诊断系统，提升油田的生产效率效益。

　　国双的行业专家、数据科学家与油田业务专家通力合作，将统计机器学习、深度学习（生成对抗网络）与规则模型相结合，充分利用油井参数信息，建立示功图与故障特征的直接对应关系，针对不同井形成针对性的诊断模型，并通过增加实际样本而不断完善，随时进行专家经验干预调整，实现业务处理逻辑与人工智能结合。

　　通过机井故障智能诊断系统，油田业务人员可以在线上获取实时准确的故障诊断和报警信息；同时，为避免人为判断的主观因素影响，也便于积累经验数据，为客户建立决策知识图谱，实现维修建议自动推荐，后续还可不断优化（节点更新 + 算法优化）。另外，通过人工智能技术，建立生产特征与产量的直接关联关系，并结合故障诊断，建立单井产量实时计算模型，实现产量的实时精准计量。

通过融合采油工程业务专家经验、图像识别以及机器学习、知识图谱、大数据分析等技术，建立抽油机示功图核心参数、油套压辅助参数与故障特征的对应关系，形成综合诊断模型；经过对基础数据、日生产数据、实时生产数据进行数据清洗、故障标注和特征提取，训练形成分类诊断模型；融合数十年油田生产运行维护中的故障识别与维修经验，建立故障处置知识图谱，自动推荐处理措施，从而形成"一井一模"的故障精准诊断和智能处置模式。

从应用效果看，目前对 300 余口抽油机井实时故障诊断的准确率达 90% 以上。以上智能应用逻辑目前已推广至油田站库故障预警、管线安全管控等应用场景，站库故障报警准确率平均提高 5% 以上，在保障油田安全生产的同时，支持企业提质减员增效。

4. 油田站库生产运行安全环保预警

我国某油气田公司经过多年的数字化改造，在井场、管道、站库信息化建设方面开发了很多有代表性的生产系统，应用效果较好，但距离绿色生产、自动安全管控等还有一定的差距。其中，油田联合站承担原油处理、存储与外输任务，集原油处理、存储、加热、计量、稳定、外输等功能为一体，是一级防火、甲级防爆单位（见图 4.20）。随着油田数字化建设及无人值守站库的推广，联合站面临岗位精简、新老技术人员交替等问题，数字化的无人值守站库对安全提出了更高的要求。

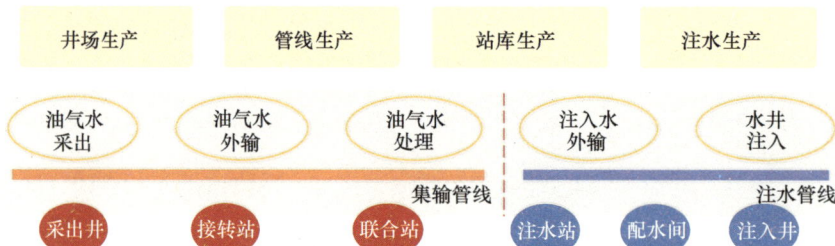

| 井场生产 | 管线生产 | 站库生产 | 注水生产 |

| 油气水采出 | 油气水外输 | 油气水处理 | 注入水外输 | 水井注入 |

集输管线 | 注水管线

| 采出井 | 接转站 | 联合站 | 注水站 | 配水间 | 注入井 |

图 4.20　油田现场生产工艺

随着大数据、人工智能技术的快速发展，油田需要在现有系统基础上进行升级改造。通过引进新的技术手段，对油田危险区域的关键设备设施进行跟踪分析，实现重点风险源的快速辨识，以提高井站库 HSE（健康、安全、环境）的安全管理水平。

为此，油田以站库危险区域、重要风险源及风险因素辨识结果为依据，以实现生产平稳运行、隐患早期预警、生产过程可控、问题快速处置、强化安保措施、提高生产效率为目标，通过大数据、知识图谱、物联网技术与风险管理方法对接与融合，开展站库生产运行安全环保预警系统建设，创新站库安全风险预警和管控管理模式，提高站库 HSE 安全管理水平，达到示范与推广的目的。

站库安全预警系统是基于国双的大数据分析及人工智能技术积累，将机器学习、知识图谱、数字孪生等新技术引入联合站安全管理，帮助客户建立更智能的安全预警系统。在系统建设过程中，油田业务团队与国双公司数据科学团队、IT 技术团队充分融合，基于业务实际需求，建立多个智能模块，包括站库应急能力预警、污水罐溢罐预警、站库安全专家知识库、异常工况诊断、设备检维修周期提醒、注水泵预测性维护、人员动态管理、生产关键参数的移动应用推送以及可视化综合信息查询与在线分析等，是大数据、人工智能技术在油气生产现场的典型应用。

该系统的主要特点和优势包括以下几个。

（1）基于数字孪生技术建立了联合站全站的数字仿真模型，可实现各类应急状况的模拟，实现了全站全系统的安全应急模拟；数字仿真模型自动化模拟，可确定关键设备的合理阈值，有效减少误报漏报；在异常工况发生前及时做出预警，从而避免安全事故的发生。

（2）针对站内设备，利用大数据、机器学习方法，对机泵设备的生产特征进行建模，实现了注水泵的预测性维护与关键动设备的生产运行班报的自动生成，减少设备非计划停机，减少基层员工工作量。

（3）利用知识图谱、人工智能技术，将站内应急处置预案进行结构化的处理，建立了安全知识库，实现了专业知识的有效传承与利用；与智能预警融合，实现了异常工况的自动预警、原因分析、应急措施智能推送，大大减轻了应急处置周期。

（4）在以上智能功能模块建设基础上，基于三维组态实现了预警信息的可视化展示与移动推送，并通过集成第三方系统服务，实现了生成预警与视频监控的联动，实现了产业智

159

能与可视化的充分融合。

此外，知识图谱技术在站库安全预警系统中得到应用，将仿真模型与专家知识融合，实现智能化的安全预警模式。

一是设备层图谱的实现。基于工艺流程将实体设备关系抽象化为设备图谱，以关系形式描述设备实体之间联系（见图 4.21）。设备层图谱同时会将设备的生产参数变化转换为状态变化和各种生产现象，以便更好地模拟专家分析过程。

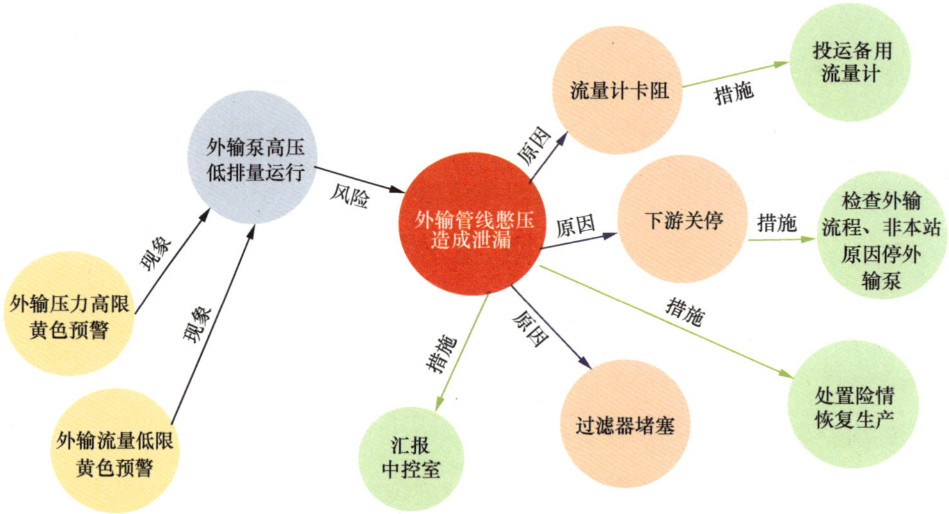

图 4.21　设备应急措施智能推送知识图谱

二是决策图谱的实现。决策图谱是利用现有的应急预案，结合专家知识和历史案例，通过文本分析、自然语言处理等技术，提取文本资料中的关键信息，包括生产现象、风险原因、应对措施等，并进行结构化的处理，进而实现决策知识图谱的构建。当生产现场的设备发生参数变化时，仿真层实时模拟和反映参数变化，设备图谱将参数变化转换为生产现象变化，同时基于不同生产现象的变化在决策图谱中自动选择最优措施方案，生成决策建议。同时将决策措施输入仿真层进行验证，验证通过后，通知现场管理人员进行现场作业和处理。

系统建成应用后，明显提高了油田站库 HSE 的安全管理水平，优化了现场人力资源配置，盘活了劳动力存量，最大限度地提高了劳动效率，确保油田生产安全平稳运行，同时实现了油田站库知识有序传承，从而为油田的可持续发展提供了有效支持。

4.4　产业智能推动产业链全面升级

4.4.1　从工业互联网到产业链全面升级

经过 40 多年的改革开放，我国传统产业的竞争力由弱到强、由小到大，支撑中国成为全球第二大经济体。在这个过程中，我国的竞争优势主要依靠人口红利带来的低劳动力成本以及传统的投资、出口、消费"三驾马车"拉动。但现阶段这种经济增长模式已难以为继，如改革开放之初的 1979 年至 2012 年的 33 年间，经济实现了年平均 9.9% 的增长，2013 年至 2018 年，下降到年平均 7.02%，2019 年更是下降到 6.1%。[1] 同时，支撑经济增长的生产要素条件也发生了重要变化，如劳动力人口从 2012 年开始出现持续下降。目前我国劳动力趋于短缺，其中适龄劳动人口 60 岁以下的人每年以几百万的速度在下降。原有动能逐渐衰减，新的增长动能尚在孕育中。实体经济面临需求不足、增长乏力、发展失衡等诸多问题，再加上资本"脱实向虚"等不利因素，使实体经济发展不能再单靠过去的要素驱动、投资驱动，必须依赖新的动力源泉，如劳动者素质的提高、科技进步和全要素生产力的提高，推动产业链全面升级，这是经济增长进入高质量增长阶段的必然要求。

实现产业链全面升级，要求企业从低附加值向高附加值升级，从高能耗高污染转向低能耗低污染，从粗放型转向集约型；要求企业必须紧紧围绕传统产业升级改造，瞄准重点领域和方向，加快发展先进制造业和战略性新兴产业，大力发展生产性服务业。

产业链全面升级的关键是技术进步。作为当今世界技术创新的典型代表，信息技术属于这样一种少有的资源，能以较少的投入获得较多的产出，从而产生较大的收益。在推动实体经济转型升级的过程中，信息技术无疑会成为最具创新活力的引擎之一。为此，如何运用信息技术推动传统产业升级是关系到经济能否持续发展的战略问题。以工业互联网为载体的产业智能快速发展，无疑为传统产业链全面升级创造了条件。

工业互联网的发展伊始，往往围绕企业的提质增效、转型升级展开，更多着眼于企业

---

[1] 国家统计局数据。

或产业内部的资源优化配置。随着越来越多的产业部署工业互联网，通过跨产业、跨地域的互联互通，能够实现在全产业链上下游更大范围内生产和服务资源的优化配置，从而全面提高供应链整体运营效率和管理水平；同时随着工业互联网的深入应用，会衍生出越来越多的新型商业模式和产业形态，如智能制造、大规模个性化定制生产、众包众创、一体化协同设计、服务化延伸等，从而带动产业链全面升级。

工业互联网对产业链全面升级的作用途径具体体现为：一是智能化生产，通过部署工业互联网平台及行业解决方案，实现对关键设备、生产过程、服务资源等的全方位智能管控与决策实时优化，大幅提升生产效率，在内部提质增效的同时降低生产成本。二是网络化协同，通过工业互联网整合分布于全球各地的设计、生产、供应链和销售资源等，形成网络化协同设计新模式、新业态，在更大范围内优化资源配置，大幅降低产品研发和制造成本、缩短产品上市周期。三是规模化定制，基于工业互联网精准获取用户需求和个体数据，通过灵活组织设计、制造资源与生产流程，实现低成本条件下的大规模个性化定制，提升产品竞争力。四是服务化延伸，依托工业互联网对设备、产品的运行状态实时监测，为用户提供远程维护、故障预测、性能优化等一系列后期增值服务，推动企业实现服务化转型。

工业互联网所具有的渗透性、共享性、知识性，有利于推动制造业与现代服务业融通发展。如基于工业互联网平台形成的"平台＋金融"应用，能够在更加全面掌控企业经营状况的基础上，准确评估企业的信贷风险，从而有效解决大量中小企业的贷款难问题，为银行精准放贷保驾护航；保险公司基于工程机械企业工业互联网数据分析，制定形成保险精准定价模型，为设备采购商提供基于互联网数据分析的财务保障，分担投资风险；在"大众创业、万众创新"的背景下，依托工业互联网正在形成多层次公共服务平台，实现跨企业、跨领域、跨产业的广泛互联互通，推动一二三产业、大中小企业融通发展，为推动经济高质量发展和改善民生提供重要依托。

4.4.2 产业智能推动先进制造业发展

制造业是中国产业经济的支柱产业，强大的制造业体系让中国获得了"世界工厂"的名声。虽然成就斐然，但是也面临着许多挑战，诸如大而不强、成本上升利润下降、长期处于产业价值链的中低端、低端产能过剩与高端产品有效供给不足并存，等等。如何拥抱工业互联网，如何迎接产业智能，成为中国制造企业竞相探索的转型之路。

2017 年 11 月 27 日，国务院发布的《关于深化"互联网 + 先进制造业"发展工业互联网的指导意见》指出"工业互联网是以数字化、网络化、智能化为主要特征的新工业革命的关键基础设施，加快其发展有利于加速智能制造发展，更大范围、更高效率、更加精准地优化生产和服务资源配置，促进传统产业转型升级，催生新技术、新业态、新模式，为制造强国建设提供新动能"，吹响了以工业互联网为载体推动智能制造的号角。

智能制造是实现中国制造业由大到强的关键，也是制造业发展的必然趋势。产业智能与制造业结合，可以大幅提升制造业的生产力水平和劳动效率，推动制造业从制造向服务转型。

智能制造融合了信息技术、先进制造技术、自动化技术和人工智能技术，核心是数字化、网络化、可视化、智能化。数字化即对工厂中数控机床、机器人、工具、刀具、人等全部制造资源的实时数据采集，实现智能工厂的数字化；网络化即通过对实时数据的网络化传输，在大数据中心汇聚、存储和管理，建立智能工厂的"数字双胞胎"；可视化即能够实时展示智能工厂的生产动态，并能够基于大数据、敏捷 BI 等技术实现全景式实时分析；智能化即在大数据中心之上，使用 PLM、CAPP、MES、ERP 等智能工厂信息化管理软件，以及基于大数据的工艺优化、质量检测、健康保障等智能化软件模块，提高生产效率和生产质量。

当前，产业智能的快速发展，将有助于推动智能制造向更深层次发展，进而带动传统制造业向先进制造业迈进。一是产业智能推动生产装备高端化。通过部署产业智能系统，在装备上布设传感器、边缘计算设备和网关，对装备加工、运行数据进行建模分析，并根据实际工况进行实时优化，可有效提高装备运行的稳定性并提升加工制造的精度。二是产业智能推动生产过程智能化。利用产业智能系统的联接、计算、分析、优化能力，为生产制造中的各种生产要素深度赋智，推动传统生产制造向柔性制造、敏捷制造和绿色制造等方向发展，放大和提升生产线的产品价值。三是产业智能推动产品性能高端化。通过产业智能系统的内

163

嵌应用，不断增加产品的智能化、个性化供给能力，全面提升产品质量和客户体验。四是产业智能推动产品销售服务化。产业智能会促使原来的单一产品销售附加更多服务价值，产业链条进一步向服务端延伸，持续提升产品的竞争力和盈利空间。当然，更重要的是，在推进制造业产业智能的过程中，可以有效沉淀和传承中国过去 40 年发展中所积累的知识、经验。从以往依靠国外的技术，到用数据重新建立一个经验型的自主技术体系，进而使中国制造业未来的发展更自主可控、可持续、可传承。

近年来，国内工程机械行业依托自身向智能制造转型的成功经验，借助产业智能平台为其他企业提供跨行业、跨领域的第三方服务。2018 年 12 月 13 日，徐工信息发布工业互联网全新品牌"汉云"平台。截至 2019 年，平台接入的设备已经超过 67 万台、设备种类 2066 种，管理的设备资产超过 4000 亿元，先后为 63 个行业、400 多家客户提供服务。三一集团旗下的树根互联早在 2017 年年初就揭晓了其"根云"平台，截至 2018 年 7 月，平台所连接的各类工业设备已超过 45 万台，覆盖 42 个细分行业，连接超过 4300 亿资产。中联重科旗下中科云谷于 2018 年 12 月 18 日正式发布工业互联网平台 Zvalley OS，2019 年 1 月份，投资 1000 亿元的中联智慧产业城项目正式启动，该项目也成为中联重科践行工业互联网战略、推进传统制造业全面升级为智能制造的重要应用基地。

4.4.3　产业智能推动现代服务业发展

服务业高质量发展是我国经济高质量发展的重要体现。网络化、数字化、智能化已成为推动我国服务业转型升级的关键驱动力。随着移动互联网、大数据、人工智能的不断发展，"智能 + 服务业"的融合深度和广度不断加大，涌现了一系列新产品、新服务、新产业和新业态。

所谓的现代服务业是指以现代科学技术特别是信息网络技术为主要支撑，建立在新的商业模式、服务方式和管理方法基础上的服务产业，既包括随着技术发展而产生的新兴服务业态，也包括运用现代技术对传统服务业的提升。主要分为 4 类：一是基础服务，包括通信服务和信息服务；二是生产和市场服务，包括金融、物流、批发、电子商务、农业支撑服务以及中介和咨询等专业服务；三是个人消费服务，包括教育、医疗保健、住宿、餐饮、文化娱乐、旅游、房地产、商品零售等；四是公共服务，包括政府的公共管理服务、基础教育、公共卫生、医疗以及公益性信息服务等。

产业智能与医疗服务结合，可以解决目前存在的挂号难、排队时间长、就医体验差等困扰大众的就医问题。而且，过去远程医疗是少数人享用的超值服务，随着产业智能的普及应用，远程医疗在贫穷落后和欠发达地区将有更大的市场。以往偏远地区的病人要到城市看病，仅仅交通费、食宿费就是一笔不小的开支，负担很重，而通过远程医疗，百姓不用长途奔波就可以享受到大城市一流的就医服务，这带来了巨大的福祉。

产业智能与政务服务结合，可以提高政府的公共服务效率。在人工智能赋能政府服务转型的背景下，人脸识别、自然语言处理等技术应用能够有效助力增强政府的服务能力，提升过程监控能力和办公效率，为民众提供便捷、快速、舒适的服务。通过充分利用云计算、大数据、人工智能等技术，构建统一的政务云数据中心、泛政务通用知识库，围绕政务数据的聚合应用和"数据多跑路，群众少跑腿"，开发各类政务智能应用，全面提高政府服务能力，提升政务执法和公共服务质效，推动传统政务系统向智慧化、网络化方向发展，助力政府施政公开透明、执法公正统一、服务便民高效。

产业智能与金融服务结合，将改变金融服务行业的规则。传统金融机构与信息科技公司合作构建起更大范围的高性能金融服务生态，基于对消费者的大数据分析和客户画像，深入了解消费者行为和偏好的不断变化，以数据驱动金融产品的精准营销和推送，使消费者获得定制化的产品和服务，增强客户黏性，同时也会使中小企业融入更大范围的生态圈。

产业智能与交通运输结合，借助卫星定位、智能视频、数字化地图、移动互联网等，只要有一部手机，就能知道一个陌生的城市哪里有路口、哪里有饭店和医院等。基于互联网的汽车正成为一个新的智能终端，将带动形成庞大的车联网产业。

产业智能与媒体服务结合，"智媒体"时代，数据是驱动媒体转型升级的一个重要因素，通过以数据为中心的多终端聚合，实现媒体供给与用户需求的平衡。精细化运营涉及流量的挖掘、流程的详细梳理以及每一个视频站点详细的数据分析，以此揭开层层迷雾，得到真实流量和用户数据，打破流量虚高的假象。

4.4.4 产业智能挑战与机遇并存

在国家系列产业政策支持下，我国迅速成长为世界网络大国，但支撑产业智能的基础信息技术产业却仍处于受制于人的被动局面：一是美、欧企业主导国际网络标准和协议的局面没有根本改变；二是支撑网络及其设备的关键技术、关键元器件、系统软件、关键应用，大多掌控在欧、美国家之手，不仅严重影响网络信息安全，而且整个产业发展也受制于人；三是我国在相关产业国际分工中仍处于较低端地位——组装、代工、代销多，自主研发与创新少；四是产业发展严重不平衡，地面基础网络发达，但空间（卫星）网络落后，硬件产业发展迅速，但基础元器件、操作系统、核心软件发展落后，互联网应用创新积极，但支持传统产业升级不足等。

从国际发展环境看，以美国为首的国家将中国视为全天候战略竞争对手，通过推动废除网络中立原则、发动对中国的贸易战等不公平措施，对中国相关产业进行战略遏制。美国针对贸易战做出的"301调查"，明确提出将对中国出口到美国的数个领域进行围堵，包括新一代信息技术产业、高档数控机床和机器人等，这些领域与中国推进产业智能休戚相关。反观国内，支撑产业智能发展的基础操作系统、数据库、服务器等核心软硬件产品生态环境仍较为薄弱，特别是芯片和操作系统是我国国产化程度较低的两个领域，由此导致的国外设备、软件后门与漏洞已严重威胁到我国的经济安全与国家安全，产业智能之路充满挑战。

但与此同时，我们仍然坚信，中国企业通过产业智能推动产业链升级还是有很大的机会的。从内部环境看，我国拥有当今世界唯一的"体系完备、能力优秀"的现代工业体系，也就意味着我国拥有世界上最全面、最系统的工业数据，包括各行各业的生产、技术、销售、服务等各方面的数据，这将为大数据和产业人工智能技术的广泛应用，以及产业智能体系及平台的建设提供强大支持。我国应充分利用这一得天独厚的优势，结合我国拥有的世界上最多的IT工程师、世界上各行业最多的技术专家，通过实施产业互联网计划，整合产业链、价值链和生态系统中的一切产业要素，加快构建我国自主可控的工业互联网，抢占世界产业发展和产业分工的制高点，相信中国产业智能之路会越走越宽。

5

CHAPTER 5

第　章

产业智能的技术与安全挑战

以大数据、人工智能、云计算为代表的新兴技术，正在为人类创造一个前所未有的智能时代，为产业智能的发展奠定了重要的技术基础。但新兴技术就像一把双刃剑，在为个人、企业和社会带来良好创新和机遇的同时，必然伴生着新的风险，也会带来很多令人困扰、始料未及的社会难题。

5.1 智能时代的技术挑战

5.1.1 产业智能关键信息技术

过去十几年，云计算、大数据、人工智能、物联网、区块链、5G 等新兴技术蓬勃发展，带动了信息技术产业的持续繁荣。世界各国都在积极利用这些新兴技术推进数字经济发展，以此来构筑新的国家竞争力。中国是新兴信息技术的最大受益者之一，在相关产业政策方面一直比较开放，积极引导和鼓励新兴技术落地应用，大力推进数字技术和实体经济深度融合，极大地加速了产业智能和数字化转型的步伐。以下对产业智能的若干关键技术做简要盘点。

一是大数据。大数据是对那些无法在一定时间内用传统数据库软件工具对其内容进行抓取、管理和处理的数据的统称。自从 2011 年麦肯锡在业界正式提出大数据的概念以来，大数据的 5V 特点，即 Volume（海量数据）、Velocity（高速读写）、Variety（类型多样）、Veracity（数据质量）和 Value（数据价值）便广为人知。如果将数据视为一种生产资料，则大数据将是下一个创新、竞争、生产力提高的前沿，是信息时代新的财富，价值堪比石油。大数据所能带来的巨大商业价值，被认为将引领一场足以与 20 世纪计算机革命匹敌的巨大变革。

大数据技术解决的是对海量数据进行挖掘和分析，把数据变成信息的问题，其价值不在于发现规律性的知识，而在于提炼信息、创造价值。当前，大数据技术生态圈非常庞大，新技术层出不穷，其底层技术框架已基本成熟，成为推进产业智能的重要支撑型基础技术之一。融合是大数据技术发展的重要特征，包括算力融合，内嵌多种异构算力的大数据平台成为行业热点；流批融合，流计算与离线批处理融合不断向更实时、更高效的计算推进；模块融合，以数据中台的形式提供企业级一站式数据能力复用平台；云数融合，利用云化趋势降低大数据技术使用门槛；数智融合，包括大数据平台的智能化与数据治理的智能化。❶

大数据通过数字化丰富要素供给，通过网络化扩大组织边界，通过智能化提升产出效能，是新时代加快实体经济质量变革、效率变革、动力变革的重要依托。随着大数据工具的门槛降低以及企业数据资产意识的不断提升，越来越多的行业开始尝到大数据带来的"甜头"。企业通过不断建设和完善大数据平台，持续加强数据治理，构建起以数据为核心驱动力的创新能力，大数据与实体经济深度融合不断加深。

以国双基于开源组件构建大数据平台为例，该平台支持从 Web、传统关系型数据库、FTP 等来源接入数据到大数据平台，并提供离线、实时分布式计算等功能，使大数据应用开发者可以基于大数据平台开发大数据应用。同时，平台提供了丰富的运维管理和安全保护等措施，充分保障了大数据平台的稳定可靠和安全性。平台首度创造性地将自然语言处理、数据挖掘、机器学习、信息检索、分布式计算等技术结合，实现对海量数据深度剖析、聚类分析和智能排序，其独有的分布式数据架构和面向业务的维度指标建模与分析引擎，具备多维度剖析业务价值的能力（见图 5.1）。

二是人工智能。 人工智能是利用计算机模拟人的思维过程和智能行为，使机器能够胜任一些通常需要人类智能才能完成的复杂重复性工作，进而替代人类进行繁重的科学和工程计算等工作。人工智能概念由来已久，经过 60 多年的演进，人工智能加速发展，呈现深度

❶ 《大数据白皮书（2019）》，中国信息通信研究院，2019 年 12 月发布。

学习、跨界融合、人机协同、群智开放、自主操控等特征，同时更加成熟并贴近人们的实际生产生活，主要应用于机器视觉、指纹识别、人脸识别、专家系统，智能搜索等领域。

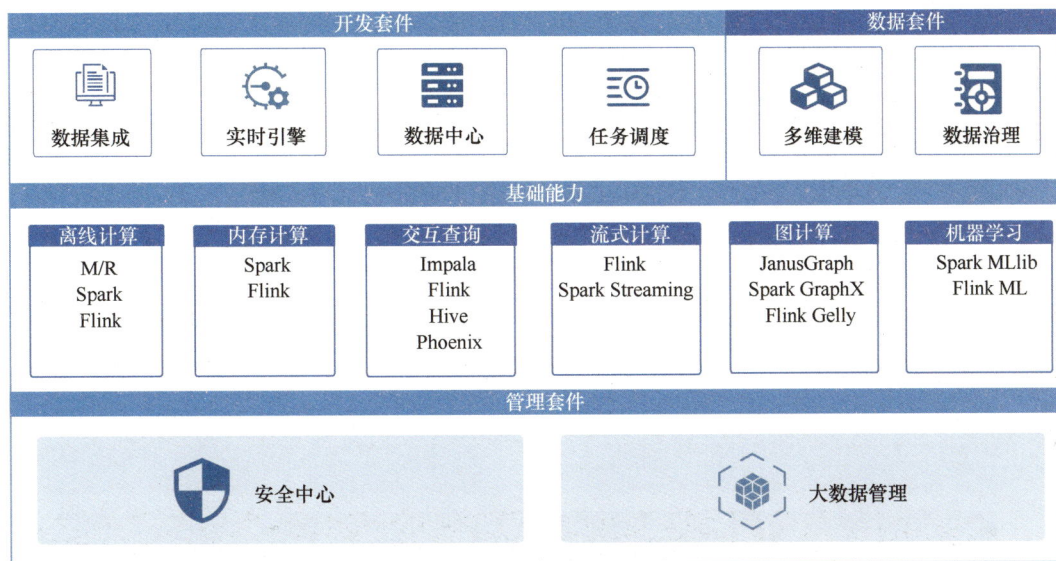

开发套件				数据套件	
数据集成	实时引擎	数据中心	任务调度	多维建模	数据治理

基础能力					
离线计算	内存计算	交互查询	流式计算	图计算	机器学习
M/R Spark Flink	Spark Flink	Impala Flink Hive Phoenix	Flink Spark Streaming	JanusGraph Spark GraphX Flink Gelly	Spark MLlib Flink ML

管理套件	
安全中心	大数据管理

图 5.1　国双企业级大数据平台

人工智能总体上分为 3 个层次，一是计算智能，即快速计算、记忆和存储能力；二是感知智能，即视觉、听觉、触觉等感知能力，包括当下十分热门的语音识别、语音合成、图像识别等；三是认知智能，就是希望机器具备认知能力，能够像人一样"思考"，实现机器对数据和语言的理解、推理、解释、归纳和演绎。知识图谱和以知识图谱为代表的知识工程系列技术是认知智能的核心。

作为新一轮产业变革的核心驱动力，人工智能解决的是对数据进行学习和理解，把数据变成知识和智慧的问题，是推进产业智能的核心关键技术，同时人工智能是引领未来的前沿性、战略性技术，将由感知智能跨入更高层次的认知智能发展阶段，持续催生新技术、新产品、新产业、新业态、新模式，深刻改变人类生产、生活方式和思维模式，全面重塑传统行业的发展生态。

以国双人工智能引擎为例，其具备传统机器学习、自然语言处理、图像处理、视频处理、深度学习等核心技术，实现算法开发、测试、部署、更新的全流程，并封装成 API 提供对外服务，为行业用户提供开箱即用的功能。同时其将语音分析、图像识别、视频解析等机器感知与自然语言处理、知识图谱等机器认知深度融合，形成混合式人工智能，更好地应对复杂产业场景下的智能化应用需求（见图 5.2）。

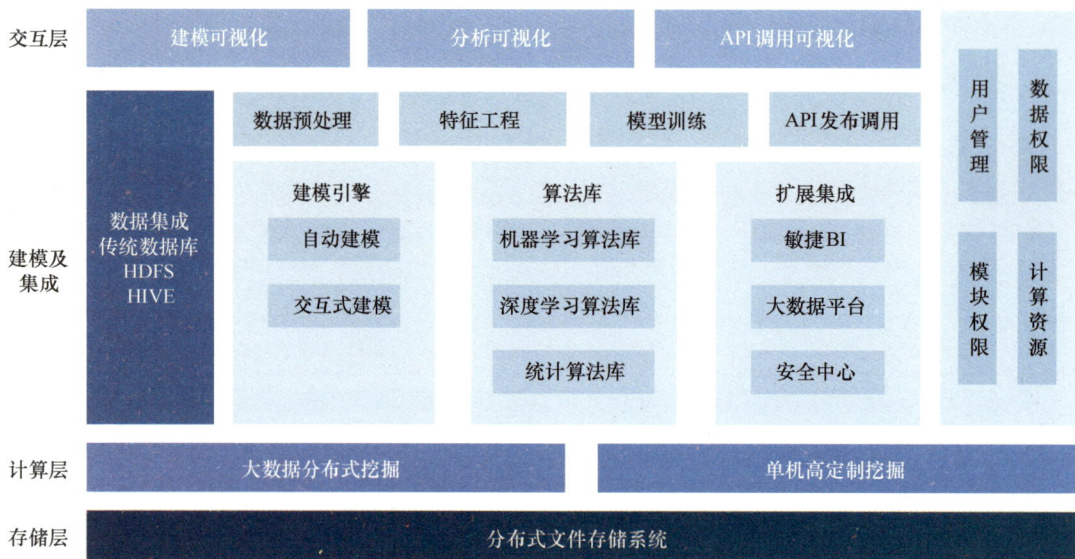

图 5.2 国双企业级人工智能引擎

三是云计算。云计算是基于互联网或企业内部网的资源共享计算模式。2006 年亚马逊公开发布 S3 存储服务、SQS 消息队列及 EC2 虚拟机服务，正式宣告了云计算时代的到来。如今云计算已成长为一个巨大的行业和生态，堪称新世纪以来伟大的技术进步之一。超大规模数据中心、高速互联网络，以及计算资源虚拟化和软件定义网络（SDN）等技术的不断发展和成熟，构成了云计算的技术前提。

在云计算兴起之前，对于大多数企业而言，硬件的自行采购和 IDC 机房租用是主流的 IT 基础设施构建方式。除了服务器本身，机柜、带宽、交换机、网络配置、软件安装、虚拟化等底层诸多事项总体上需要相当专业的人士来负责，做出调整时的反应周期也比较长。云计算的到来，给出了另一种高效灵活的方式，只需轻点指尖或通过脚本即可让需求方自助搭建应用所需的软硬件环境，并且根据业务变化可随时按需扩展和按量计费，再加上云上许多开箱即用的组件级服务，使任意组织和个人得以站在巨人的肩膀上开展业务，避免重复造轮，极大地提高了软件与服务构建各环节的效率，加速了各类信息化应用的架构革新。云端按需启用和扩展的资源弹性，也能够为企业节省巨大的信息化建设成本，成为产业智能发展的重要基础设施。

随着云计算发展步入第二个十年，容器、微服务、DevOps 等技术在不断推动着云计算的变革。云计算的应用已经深入政府、金融、工业、交通、物流、医疗健康等传统行业。"上云"将成为各行业、各类企业加快数字化转型、鼓励技术创新和促进业务增长的第一选择甚至前提条件。云计算将顺应产业互联网大潮，下沉行业场景，向垂直化产业化纵深发展。随着通用类架构与功能的不断完善和对行业客户的不断深耕，云计算会自然地渗透更多垂直领域，提供更贴近行业业务与典型场景的基础功能。典型的垂直云代表有视频云、金融云、游戏云、政务云、工业云等。云计算作为赋能业务的技术平台和引擎，非常适合承载产业互联网的愿景，加快其落地与实现。

未来，云计算必将进一步成为创新技术和最佳工程实践的重要载体和试验场，走在时代进步的前沿。当下的热点技术，从 AI 与机器学习、IoT 与边缘计算、区块链到工程实践领域的 DevOps、云原生和 Service Mesh，甚至未来感十足的量子计算，都有云计算厂商积极参与、投入和推广的身影。就最终效果而言，云上的资源和产品让人工智能等新兴技术变得触手可及，大大降低了客户的探索成本，也加快了新技术的验证和实际交付，具有极高的社会价值。❶

四是物联网。物联网指通过各种信息传感设备，实时采集任何需要监控、连接、互动的物体或过程等各种需要的信息，与互联网结合形成的一个巨大网络。其目的是实现物与物、物与人，所有的物品与网络的连接，方便识别、管理和控制，也就是"物物相连的互联网"。

物联网的主要特征体现为全面感知、可靠传递、智能处理。对于传统制造业来说，信息孤岛问题普遍存在。物联网技术破除了数据孤岛，实现产品的生产制造、流通、销售，以及为消费者服务的整个产业链的信息一体化。物联网的应用使工业设备、车联网、智慧物流、智能建筑从设备到平台应用有了空前的发展。在智慧生活方面，得益于物联网技术、人脸识别技术和移动互联网的发展，无人驾驶、无人超市、无现金社会……这些曾经只出现在科幻电影中的场景，如今已经变成现实。手机购物、移动支付、共享单车等正是物联网渗透消费领域的具体应用。当前物联网技术呈现终端智能化、联接泛在化、计算边缘化、网络扁平化、

---

❶ 《国双何恺铎论道云计算的激荡十年》，何恺铎，2019 年 4 月发布。

服务平台化等发展趋势，成为推进产业智能的主要使能技术之一。

五是边缘计算。边缘计算是在靠近物或数据源头的网络边缘侧，融合网络、计算、存储、应用核心能力的分布式开放平台，就近提供边缘智能服务，满足行业数字化在敏捷联接、实时业务、数据优化、应用智能、安全与隐私保护等方面的关键需求。它可以作为联接物理和数字世界的桥梁，使能智能资产、智能网关、智能系统和智能服务。❶ 边缘计算这一概念最早可以追溯到 2003 年，2015 年进入 Gartner 的 Hype Cycle（技术成熟曲线）。

边缘计算的技术理念适用于固定互联网、移动通信网、消费物联网、工业互联网等不同场景。其发展的内因是云计算的中心化能力在网络边缘存在诸多不足；外因是数字经济与实体经济结合的需求进一步旺盛，特别是工业互联网的蓬勃兴起，实现 IT 技术与 OT 技术的深度融合，迫切需要在工厂内网络边缘处加强网络、数据、安全体系建设。

面对产业智能化深度发展需求，边缘计算主要提供 4 种功能：建立物理世界和数字世界的联接与互动；建立模型驱动的智能分布式架构与平台；提供开发与部署运营的服务框架；实现与云计算的协同。尽管业界普遍对边缘计算在产业互联网领域发挥重大作用寄予了厚望，但边缘计算的产业推进难度较大。从实施角度看，行业设备专用化，各行业差异大，过渡方案能否平滑升级、新技术方案能否为企业接受还需验证；从产业角度看，工业互联网、物联网技术方案碎片化，跨厂商的互联互通和互操作一直是很大的挑战，边缘计算需要跨越计算、网络、存储等多方面进行长链条的技术方案整合，难度更大。❷

六是区块链。区块链是一种分布式记账底层技术，采用分布式存储、共识机制、非对称加密算法、点对点传输、密码学等系列技术组合，具有去中心化、开放透明、无法篡改、可追溯、安全可信等特点，在网络环境下建立起点对点之间的可靠信任，提高交互效率，成为构建互信网络的基石，解决了网络中的信息不对称、交易成本高、陌生人信任等难题。区块链技术具有三大优势：一是降低交易中间成本，提高交易效率和安全性；二是提高数据透明度和安全性，实现数据可追溯，预防数据欺骗；三是智能合约保障交易过程的自动执行。

区块链技术被认为是继大型机、个人电脑、互联网之后计算模式的颠覆式创新。互联

172

---

❶ 《边缘计算参考架构 2.0》，工业互联网产业联盟，2017 年 11 月发布。

❷ 《边缘计算带来了哪些机遇和挑战》，中国信息通信研究院，2017 年 12 月发布。

网和金融业是区块链应用最广泛的垂直行业。此外，供应链、政务与公共服务、知识产权保护、司法存证等领域的应用也较为集中。Gartner 预测，2020 年以后将逐步进入区块链完善解决方案期，可为使用智能合约、通证化和去中心化运作架构的全新商业模型提供新途径；2025 年以后将进入区块链增强阶段，结合去中心化经济实力和人工智能、物联网技术的发展，可为商业和社会创造前所未有的颠覆性技术架构。

5.1.2　ABC 时代面临的新挑战

以人工智能（AI）、大数据（Big Data）和云计算（Cloud Computing）为核心的新兴技术，无疑成为当下产业智能和数字化转型的关键技术，数据和知识成为驱动企业业务创新变革、保持核心竞争力的重要生产要素，在为产业智能带来发展机遇的同时也面临着巨大的挑战。

云计算对传统 IT 安全运维的挑战

云计算时代，传统的 IT 建设思路受到了较大的冲击，在一定程度上也让传统企业的 IT 部门失去了掌控力，并引发新的信息安全问题。

相较于云厂商即申即用的弹性可伸缩资源而言，自建或租用机房的方式在初期的建设成本相对较高，并且也不够灵活。企业一方面要选择事故率低、运作规范的机房供应商，另一方面要采购服务器和交换设备、路由器等，自己组建网络。后续还得投入不同类型的运维人员进行网络等系统的配置维护和优化。但这种方式带来的好处也是显而易见的，企业对自己的 IT 基础设施拥有最大程度的控制权。从财务的角度来说，服务器、交换机等固定资产经过多年的摊销折旧，后期的费用其实算下来会比公有云购买同样配置的资源要划算很多。很多中大型成熟的企业出于数据安全等的考虑，也不太可能会完全丢弃原有的 IT 基础设施，转而全面投向云计算平台。因此 Gartner 预测，未来 90% 的企业会采用公有云加私有云的混合基础设施。在这种情况下，企业的业务和数据，也都需要进行跨云的管理运营。

企业在开展一些新型业务时，可能还会涉及公有云和私有 IT 环境的数据打通问题。例如，企业采购了微信生态的运营工具，需要将这部分微信的数据与原有 CRM 系统的顾客数据进行打通。虽然国内主流公有云厂商也都提供了企业专线的打通服务，但这类服务通常涉及对现有 IT 网络环境的改造，整体实施费用和后期的维护成本都较高，周期也非常长，从项目启动到网络调通可用，至少要经历半年左右的时间。因此考虑到投入成本和实施周期，最终企业可能会通过公网通道进行传输，而这就意味着原有 IT 环境需要暴露数据接收点到公网环境中，如开放 FTP 服务供云端传输数据，而 FTP 技术相比 Web 技术而言，更新迭代比较慢，很多开源的 FTP 服务器都被爆出较多漏洞没有及时修复，一旦将数据接收点暴露在公网，黑客就可以通过攻击 FTP 而进入 IT 内网环境，安全风险显著增加。

云计算的安全运维也面临新的挑战。虽然公有云节省了一部分 IT 运维的工作，提供了很多自助化服务，如系统自动化部署、自助扩容降配、一站式系统监控、一键修复系统漏洞等，但并不是完全零运维，而是借助云厂商所提供的管理功能和各种自营、第三方服务进行有效安全的云管理。而这些也需要一定的学习成本，很多企业并没有配备专门的云管理员，或强制要求 IT 管理员系统性学习云厂商提供的这些服务，加上很多服务是收费的，所以开发人员或者 IT 管理员仍然会按照传统虚拟机的方式进行管理。但危险之处在于，在封闭的 IT 内网中，即使安全策略配置有误，也不会立刻造成安全事件，但公有云上一旦出现网络和安全配置问题，那么主机可能就会立刻暴露到公网上，进而对业务和数据安全产生威胁。

在传统 IT 领域，运维和业务开发通常是分离的，各司其职，业务人员开发的目标是快速响应业务部门的需求，而运维人员负责保障 IT 基础设施环境的安全可靠，以及系统的发布和上线，支撑 IT 环境的规范和有序。当业界出现重大安全事件的时候，运维人员可以第一时间扫描所有 IT 管控的服务器进行安全筛查。但公有云出现之后，部分业务部门出于便利考虑，会将业务系统放在公有云平台。由于支付的是服务费，通常可以直接计入业务部门的成本，而不需要通过企业统一的固定资产采购，也不需要经过 IT 运维部门的评估，这就造成各个业务部门自治管理的主机游离于 IT 运维人员的管控范围之外。加上开发人员的安全意识普遍较薄弱，会把更多精力放在业务需求的正常实现和可访问性上，有可能为了尽快调通某个程序接口，而随手关闭防火墙，进而造成主机裸露到公网上。

公有云平台独立的账号体系也是让 IT 部门头疼的一大难题。稍微成规模的企业，内部通常都会有一套自己的集成身份认证和管理体系，可以打通企业内部各个系统的身份认证，实现单点登录。企业员工离职之后，只需要关停账号，所有系统的权限就自动关停，管理层面较为便捷。而公有云最早的账号体系比较简单，基本都是面向员工的个体账号，即每个账号都是自己的超级管理员，并没有考虑企业内不同部门协同时权限细分的需求。账号往往由业务部门的开发人员自行申请并保管，如果他们在注册账号时使用的是有规律的弱密码，云厂商或者 IT 管理员也无法监管到。或者，账号由 IT 部门统一申请和管理，但依然需要共享给业务部门，否则无法在管理后台做更多高级配置修改。这样共用账号带来的问题就是，一旦有员工离职，就需要修改公共账号的密码，并通知到所有还在使用的员工，代价相对较大。所以很多时候，企业员工会选择性地忽略这类问题，从而埋下安全隐患。

当然，随着云计算的普及和各大公有云厂商产品的逐渐成熟，阿里云等领先厂商开始改造自己的账号体系，引入子账号的概念，以及配套的权限细分管理模块，以适应企业复杂多样的权限管控要求，所以这个问题有了一定程度的缓解。但不同云厂商的账号权限体系依然有所差别，企业在享受云计算带来的便利的同时，仍然需要投入一定的学习和管理成本。

开源大数据技术带来的安全隐患

2011 年，以 Hadoop 为代表的大数据开源技术开始火热起来，很多企业纷纷试水搭建自己的大数据平台，建立大数据分析应用，但搭建这样一套大数据平台，并不像传统单机软件一样，部署一两个软件就可以搞定。大数据本身是分布式的，门槛较高，并且一套大数据平台本身就包含了很多开源子系统。以全球知名大数据厂商 Cloudera 发行的 CDH v6 为例（见表 5.1），其一共打包了 20 个开源子项目。这就意味着部署完毕之后，企业需要运维至少 20 个软件，而且多数软件也是由若干个组件分布式部署之后组装而成的。即便这些大数据厂商提供了平台管理工具来简化复杂度，但运营好这样一套分布式的大数据技术平台，依然是一件门槛较高的事情。

表 5.1　CDH v6 版本内含的开源软件

组件	版本
Apache Avro	1.8.2
Apache Flume	1.8.0

续表

组件	版本
Apache Hadoop	3.0.0
Apache HBase	2.0.2
HBase Indexer	1.5
Apache Hive	2.1.1
Hue	4.2.0
Apache Impala	3.0.0
Apache Kafka	1.0.1
Kite SDK	1.0.0
Apache Kudu	1.6.0
Apache Solr	7.0.0
Apache Oozie	5.0.0
Apache Parquet	1.9.0
Parquet-format	2.3.1
Apache Pig	0.17.0
Apache Sentry	2.0.0
Apache Spark	2.2.0
Apache Sqoop	1.4.7
Apache ZooKeeper	3.4.5

随着企业对大数据技术的深度应用，必然需要将内部更多的核心数据资产进行整合存储，而这种整合意味着一旦平台的安全防线失守，全公司的核心数据资产就将遭到泄露，无形中加重了安全风险等级。经过很多年的发展，业界已经积累了关于传统 Linux 和 Windows 系统安全运维的丰富的经验，商业软件本身在设计架构时，也会将安全作为产品的一部分同步研发，运维人员只要按照官方指导做好安全加固工作即可。但大数据涉及的开源组件众多，加上开源的变化非常快，对安全运维工作的要求提出了很大的挑战。一旦配置有误，就会撕开一道口子，黑客就可以轻易获取全平台数据，甚至轻松抹掉整个平台上的所有数据。据权威机构的统计报告，很多针对大数据平台的攻击都是门槛极低的，根本谈不上深层次的渗透攻击和漏洞挖掘。而多数企业的安全意识也比较薄弱，以为将大数据平台放置

在防火墙内（内网环境）就足够安全。为了省事，通常不会开启安全相关的配置，一旦内部有人恶意破坏，或者黑客突破第一道防线进入了内网，那么就容易引发灾难性的数据泄漏事故。

随着大数据概念的火热和 Hadoop 项目的高速发展，Hadoop 已经成为事实上的大数据技术标准，围绕 Hadoop 生态的开源项目也层出不穷。但开源社区的贡献者普遍追求功能需求开发，对于非功能性的需求往往考虑偏少，安全方面更是常被忽视。这里提到的安全，一方面指的是开源系统在身份认证和权限控制方面，设计较为简单，无法满足企业级管理的需求；另一方面指的是安全的特殊性，其对代码的侵入性较强，引入安全机制就意味着要对代码进行联动调整，如果缺乏良好的架构统筹设计，编码人员就容易出现遗漏和失误，造成越权漏洞。

开源项目普遍为独立运作，参与的厂商之间也有很多利益的博弈，没有任何一家大数据发行厂商拥有所有大数据开源子项目的掌控权，也不存在一个权威的顶层架构团队来统筹规划整个大数据平台各个组件之间的协同。这种情况造成的最大问题，就是各个开源项目的安全设计水平参差不齐，有些比较简陋，有些比较周全，当这些软件被集成到一套大数据平台发行版中的时候，安全模型并不能很好地统一，容易引发各种各样的安全漏洞。虽然业界也有厂商在推出专门的独立安全组件，但由于开源社区自治的特性，这种推广进度比较缓慢。

近几年，随着开源技术的火热，很多黑客组织也盯上了开源项目，将后门代码植入开源软件中。由于开源项目代码入库审核不严谨，而企业通常认为开源等于安全，开源软件相比闭源商业软件漏洞更少，因此不会进行必要的安全评估。2018 年，在国外 Reddit 社区有用户报告，在 Python 仓库里 SSH-Decorator 软件的新版本中发现了窃取用户 SSH 私钥及账号密码的后门，该后门代码会在发起 SSH 连接时记录一些敏感信息，并将其发往远端服务器。事件曝光之后，该仓库很快就被 Python 官方紧急移除了。再者，开源项目之间互相引用其他开源类库，已经是一个基本操作，而在相互引入之时，大多数团队只会做首次安全评估，一旦开源类库被采用，后续升级包版本便不再进行新的评估，这样就容易被植入后门代码。

人工智能技术的脆弱性

大数据的蓬勃发展以及深度学习的技术突破，带动了人工智能技术新一轮浪潮，在计算机视觉和自然语言处理方面产生了革命性的突破。安防产业是人工智能新浪潮中最早受益的行业之一。随着深度学习技术的迅猛发展，监控视频的结构化达到了极致，很多智能监控摄像头能够轻松准确地识别视频里的各种人物和物品信息。但与此同时，深度学习本身具有的一些问题也逐渐暴露出来，包括算法的鲁棒性、不可解释性等。

2013 年，谷歌资深科学家 Christian Szegedy 及其合作者的一篇著名论文 *Intriguing Properties of Neural Networks* 首次提出了通过"对抗样本"来诱使神经网络得出违背人类直觉的错误结论。论文提及一张大熊猫的图片，AI 原本有较大把握识别出大熊猫，但通过叠加一个干扰图像，就能成功让 AI 错误地将大熊猫认定为长臂猿。

2018 年，比利时的研究员基于谷歌的思路找到一个绕过视频监控的办法，这个方法也非常简单，用户只需在身上贴一张彩色图纸，就能使监控摄像头对本应该识别为"人"的目标视而不见，达到"视频隐身"的效果。

人工智能的发展与大数据密不可分，很多时候算法的效果高度依赖输入的训练数据。而产学研界也都在追逐机器自动"进化"目标，因此很多人工智能模型会根据线上运行的数据反馈，实时修正模型。这样就会带来一个问题，人工智能有可能受到人工的干扰，进而出现设计者意料之外的状况。

2016 年，微软在社交网站推特上发布了人工智能机器人 Tay，受到了大量网民的追捧，但紧接着，微软就发现，Tay 的"说话"风格发生了巨大的改变，言语用词不当。最后微软被迫对 Tay 进行了强制下线处理。

另一方面，基于人工智能的合成仿真能力越来越强，包括文字合成、图像合成、人声合成、视频合成。其中，文字合成、图像合成并不是新鲜事物，基于 Adobe 公司强大的图像编辑软件 Photoshop，我们可以做出很多以假乱真的大师级作品，但音视频的无缝合成，在此之前一直是业界的难题。2018 年 Adobe 公司的全球创意大会，演示了基于人工智能的视频剪辑功能，可以轻松将不同场景的视频融洽地合二为一，一度震惊世界。而 DeepFake

开源项目的横空出世，将视频换脸技术的制作门槛拉到了普通人可触及的水平。这些合成技术被滥用于谣言、假新闻的炮制，甚至实施诈骗。《华尔街日报》报道，曾经有诈骗分子利用音频合成技术伪装了英国某能源公司 CEO 的声音，并成功骗过该 CEO 底下的一名高管，诱导该高管给某预设的诈骗账号转账约 20 万欧元。

人工智能技术相比云计算、大数据而言，虽然历史更悠久，但很多安全问题需要更多政府机构和行业组织共同参与解决。假以时日，我们应该能够看到人工智能技术更好地服务于社会进步。

5.1.3 5G+ 物联网的万物互联

2005 年 11 月，国际电信联盟（ITU）在信息社会世界峰会（WSIS）上发布了《ITU 互联网报告 2005：物联网》报告，该报告首次正式提出了物联网（Internet of Things，IoT）的概念。其实这个概念最早源于比尔·盖茨在 1995 年写的《未来之路》一书，但由于当时的硬件资源、无线通信技术和传感技术的成熟度不足，并未引起大家的重视。

现如今，物联网技术已经广泛存在于各行各业以及普通老百姓的生活之中。例如，我们的二代居民身份证，就使用了一种无线射频识别（RFID）技术来实现非接触式的物体识别。当我们开车在高速公路上行驶时，路面下铺设的传感器能实时感知车流情况，判断路况拥堵状况，计算车辆行驶速度，还能检测当前区域的能见度等；我们每天经过的十字路口和居住的小区，布满了联网的监控摄像头，这些也是物联网设备。而随着智能家居的普及，个人联网设备已经不局限于个人计算机、手机、平板电脑，越来越多的设备开始智能化，包括智能门锁、室内恒温器、环境感知窗帘、智能交互音箱、扫地机器人、可穿戴设备等。这些设备内嵌了丰富的传感器，可以感知人体或周围环境的一切信息，并且可以直接通过互联网实现远程管理和控制。在工业领域，物联网技术应用更加广泛，在边远的无人地区，通过物联网传感设备和卫星网络可实现远程数据采集和监测，大幅降低人力成本。

咨询机构 Strategy Analytics 发布的研究报告《全球联网和物联网设备预测更新》中指出，到 2018 年年底，全球联网的设备总数量达到 220 亿台，其中细分市场里，企业物联网占据一半。该报告还预测，到 2025 年将会有 386 亿台设备联网。我国政府在物联网领域的推动力度非常大，远超美国、欧盟以及其他国家。2009 年 8 月物联网被正式列为国家五大新兴战略性产业之一，写入"政府工作报告"，预计将带动千亿级设备联网的产业需求。但伴随着物联网技术的高速发展，迟迟未能彻底解决的问题，就是市场和技术的高度碎片化。

在个人计算机时代，由微软主导的 Windows 生态和 Linux 基金会主导的开源 Linux 生态，是全球两大主要操作系统阵营，而在移动互联网时代，苹果公司开发的 iOS 系统和谷歌公司开源的安卓系统共同垄断了约 99% 的移动市场份额。但在物联网时代，并没有这样的科技巨头主导整个市场和技术标准，从芯片供应商、设备制造商、设备操作系统、无线通信协议、应用层协议到物联网应用软件，缺乏统一的技术标准和强势生态，安全架构更无从谈起。

很多企业在引入物联网设备之后，仅仅做一层简单的口令保护就直接将其连接到互联网。很多设备厂商会在手册里提供默认密码，而安装人员往往安全意识不到位，或者图事后维护方便，会直接使用默认密码进行管理。在美国，有人开发了一款情报搜索引擎 Shodan，可以像谷歌一样方便搜索到所有连接到互联网上的网络摄像头、路由器、工业控制系统等。Shodan 每个月会爬取大约 5 亿个地址信息，通过设备感知和口令猜解方式，自动登录该设备的管理后台，读取设备数据，很多智能设备也因此遭殃。

2015 年 4 月，美国华盛顿的一对夫妇就遭遇了智能家居带来的"恐怖事件"。他们 3 岁的儿子一直在抱怨有个隐形人会在晚上出来跟他讲话。一开始，他们以为小孩只是天马行空，直到有一天他们真的从儿子房间的监视器中听到陌生人的声音。更令他们毛骨悚然的是，他们发现该设备的摄影镜头竟然还会跟着他们移动。2019 年 9 月，同样在美国，另一对夫妇也遭遇了类似的事件，他们屋内的智能家居设备遭黑客入侵，调高了屋内的恒温器温度，所有操作均无法解决这个问题，最后只能联系运营商进行紧急处理。

这些案例仅仅是少数黑客的恶作剧，对于黑客行业来说，针对个人设备或者公共设备的网络入侵，通常不会这么高调，因为他们的最终目的是通过控制这些设备来低调地获利或者达到其他违法目的。

2016 年 10 月，美国最主要的 DNS 服务提供商 Dyn 遭遇到了大规模的 DDoS 攻击，直接导致了 Twitter、LinkedIn、eBay、PayPal、星巴克等上百家知名企业的服务无法正常访问，几乎影响了美国互联网的半壁江山，损失巨大。经过安全专家分析，此次攻击来自全球范围的上千万 IP 地址，其中几十万攻击源是 Mirai 恶意软件所控制的物联网设备构成的僵尸网络（Botnet），大部分是 DVR、网络摄像机和路由器设备。根据 2017 年美国司法局公布的事件调查报告，Mirai 是一款专门针对运行 Linux 操作系统、可访问网络的消费级电子设备进行定向攻击的恶意软件，这款软件利用设备漏洞和默认凭据等手段，持续感染新设备。

利用僵尸网络瞬间发起大规模分布式网络攻击的现象并不罕见，这也是破坏力非常大的一种恶意网络攻击手段，但利用沦陷的物联网设备组建僵尸网络并伺机发起攻击的方式正在变得越来越主流。随着 Mirai 代码的开源，越来越多的变种也陆续出现。安天公司发布的《2017 全球僵尸网络 DDoS 攻击威胁态势报告》显示，自 2017 年开始，物联网僵尸病毒呈现一个爆发式的增长趋势，传统的 Windows、Linux 主机僵尸网络家族也正在向物联网平台蔓延。通过 2017 年捕获的"肉鸡"（受控设备）进行设备类型分析，其中 IoT 设备类型的"肉鸡"最多，占比 61.37%，其次是 Linux 设备类型的"肉鸡"，占比 20.85%，Windows 设备类型"肉鸡"占比仅 17.78%。而随着智能家居的普及，安全性较差的个人设备将成为下一个重要的被攻击点，一旦被攻陷，黑客所能控制的设备数量就会大量增加，从而组建一个上百万设备的僵尸网络。而且这种由个人设备构成的僵尸网络的隐蔽性和可持续性非常高，并且对应的是个人资产而不是企业资产，即使被发现，有关部门往往也无能为力。

随着 2018 年首个 5G 国际商用标准 R15 的正式推出，5G 技术的落地速度逐渐加快，这将进一步催生更多的物联网应用场景，尤其是对网络性能要求较高的关键型任务，如无人驾驶和自动化工厂，物联网设备的类型和数量也将迎来爆发式增长，人类将会进入万物互联的时代。

在 4G 时代，移动带宽和网络延时有了很大的改善，随时随地刷视频、看直播已经越来越普及，但在不同区域的网络体验仍有所差别，在球赛、演唱会这种人多的地方，移动网络的质量会受到很大的影响，这是因为 4G 基站可接入的设备数量和无线带宽依然比较受限。而 5G 技术支持毫米波的通信频谱，极大拓宽了无线通信带宽。单一基站接入的设备数量，相比于前几代技术而言，也有了极大的提升，这些都会极大地改善移动网络体验。

移动通信技术适用的范围不仅仅是消费级移动网络，工业级的应用场景也同样重要。对于消费级的应用场景而言，网络卡顿、延迟大一些并不会产生致命的影响，无非就是体验差一些，但在产业应用场景里，网络的可靠性和低时延就变得不可或缺。5G 技术具有高带宽、海量连接、高可靠、超低空零时延、超低功耗等特点，支持 3 种类型的通信场景：增强型移动宽带（eMBB）、海量机器类通信（mMTC）和高可靠低时延通信（uRLLC）。虽然目前电信运营商大规模铺设的 5G 网络，主要还是在增强型移动宽带通信上，而 mMTC 和 uRLLC 这两种技术标准尚未制定完成，但相关的设备技术和应用场景已经在各行各业里开始试点，未来将在无人驾驶、自动化工厂、远程医疗等领域陆续开花结果。

5G 技术相比前几代技术而言，在安全性上有了更多改进，但思考 5G 时代的安全问题，并不能仅仅从通信协议的角度出发，而要从全局来看。在 5G 时代，物联网设备的多样性和互联性，极大地提升了网络的复杂性，而网络安全与系统的复杂性高度相关。通常越复杂的系统，安全隐患就越多，防御难度就越高。以车联网和自动驾驶技术来说，一辆现代中高端的汽车有 50 ～ 150 个电子控制单元（ECU），整车 ECU 代码量合计多达 1 亿行。当引入自动驾驶技术后，代码量将会激增。卡耐基梅隆大学软件工程学院的一份报告指出，平均每个功能点会有 0.75 个缺陷，每一百万行代码就会有大约 6000 个缺陷，其中约 1% 会转化成可被黑客利用的漏洞。以此估算，整车预估存在超过 6000 个安全漏洞。在电影《速度与激情 8》中黑客远程控制汽车的画面看似很科幻，但现实中正在上演。2015 年，两位白帽黑客发现了克莱斯勒厂商旗下 Jeep 汽车的安全漏洞，可以实现对车辆方向盘和油门、刹车系统的控制，克莱斯勒公司为此向美国的 140 万辆汽车发出了"自愿安全召回"的说明，并紧急发布了安全增强补丁。2016 年，腾讯科恩实验室在无物理接触下，成功入侵了特斯拉电动车的安全系统，可以实现远程开启特斯拉电动车的天窗、车门以及在行驶中启动刹车。2019 年，科恩实验室再次发布研究报告，声称发现了特斯拉自动驾驶系统中的安全缺陷，可以远程操控车辆的行驶路线。

传统网络安全防护的老三样，即病毒查杀、防火墙、入侵检测，在 5G 和物联网时代根本无法满足防护的要求。很多物联网设备属于弱终端，出于成本和必要性考虑，CPU、内存、电池容量等硬件配置远远不如手机终端，无法集成复杂的安全防护软件，而为了实现低功耗和低时延，也并不适合采用复杂的加解密和认证算法。在这种情况下，网络安全的防御，需要探索更多创新的思路和技术。

5.2　智能时代的安全难题

5.2.1　大数据下的公众隐私保护

智能时代的到来，将对社会各方面产生深远的影响，人们在感叹科技给社会带来进步、给生活带来便利的同时，也正在承受科技所带来的困扰。

在互联网时代，用户获取信息的主要渠道，以及互动、消费的行为从线下转移到了线上。用户足不出户便可通过媒体门户知晓全球时事动态，在搜索引擎上键入关键词即可检索全网信息；在电子商务平台上点点鼠标便能完成商品的下单，当天即可送货到家。而这些服务，基本上是免费提供给用户的。但世界上没有免费的午餐，这些便利背后的秘密就是广告变现。

成立于 1995 年的雅虎公司，算得上互联网时代的开山鼻祖。除了早期众多的技术创新之外，雅虎公司最大的贡献还在于首创了信息免费、广告收费的新商业模式，而这套商业模式，也被后来的谷歌公司继承并发挥到极致。当用户在谷歌搜索引擎上键入自己想要检索的关键词，谷歌会从整个互联网网页里搜寻匹配意向最高的网页链接排序返回，同时，还会从谷歌的广告系统里提取与当前搜索词综合匹配度最高的若干个广告，通过竞价的模式选出排名前 3 位的广告，放在给用户返回的搜索结果的前面。用户如果点击了广告链接，广告方的品牌客户将按点击次数付钱给谷歌。例如当用户在谷歌中搜索"成都有什么好吃的"，谷歌知道用户当前不在成都，很可能想去成都旅游，因此会给用户推送航线、酒店类的广告，当用户点击这些广告时，谷歌便赚取了相应的佣金。这就是谷歌最基本的广告变现模式，实际的规则远比上述介绍的复杂，但基本原理从来没有变过。

雅虎和谷歌公司的大获成功，也让免费服务配合广告变现的模式成为迄今为止国内外互联网最主流、最成熟的商业模式。受这种模式的影响，几乎所有互联网公司在开始运营的时候，都会先通过免费、好用的产品服务去吸引大量的用户，然后通过广告等其他方式从用户那里获取利润。现代广告业源于 17 世纪，早已非常成熟，互联网公司也只是将这套广告的载体搬到了网上而已。但基于互联网的数字广告模式，相比于传统广告而言，有了更多新的玩法，而且由于用户在网上的一切足迹均可追踪记录，充分运用好这些"数据"，广告营销能做得更加的精准，企业主自然也就乐意将费用投放到最有效的媒体上，这也是谷歌公司能依赖广告营收成为世界巨头的最大秘密。

在早期互联网技术还没那么发达的情况下，可能只有谷歌这样的科技公司，才能将数据分析和数据挖掘利用到极致，以此来优化广告效果，提高广告精准度。但随着互联网行业的高速发展以及大数据技术的普及，在线用户行为监测和大数据分析技术的技术门槛已经不再高，企业通过网站或 App 埋点技术可以很轻松地获取用户的所有访问行为，如用户的网页浏览记录、注册和下单记录、页面停留时长等。同时，数据的获取周期也在大幅缩短，数据分析报告可以每周、每天自动生成，甚至可以实时查看数据报表，企业主离消费者越来越近，不再需要依赖线下市场调研机构长周期的调查结果，就能及时知晓用户群的喜好，从而及时调整营销推广策略。

除了通过基础的数据分析来改善业务经营状况之外，企业还会利用数据挖掘技术将这些用户数据进行深度挖掘，从而掌握每个消费者的"口味"，为其呈现个性化的内容和贴心的服务，这就是互联网时代无处不在的推荐引擎。最广为人知的就是亚马逊等电商平台的推荐模块。当用户在亚马逊浏览商品的时候，亚马逊后台会基于用户的历史购买数据以及当前浏览的物品，结合大众喜好或当下比较流行的商品，分门别类地推销给用户，让用户产生更多的购买欲望，从而提高平台的销售额。

当然，也有一些企业运用大数据技术过了头，最近两年流行的新词"大数据杀熟"，反映的正是这一乱象。某些互联网 OTA 厂商根据用户的个人消费特征，进行隐蔽的差异化定价。对于消费力高、价格不敏感的熟客等用户群体，以高出标准价的方式进行售卖。这种涉嫌价格歧视的行为经过媒体曝光之后，遭到舆论的谴责，最后监管部门出台了相应的规定，集中治理这种乱象。不过这种现象并非近几年才出现，早在 2000 年，国外电商巨头亚马逊公司就做过一个差别定价的"实验"。有用户发现在亚马逊平台上《泰特斯》(Titus)的碟片对老顾客的报价为 26.24 美元，但是在删除了 Cookie（存储在用户本地终端上的数据，可辨别用户身份）后，报价变成了 22.74 美元。这件事情的曝光，让亚马逊面临消费者汹涌如潮的谴责，最后 CEO 贝佐斯亲自道歉，称一切只是为了"实验"。但这是否真的仅是个"实验"，外人不得而知，毕竟，基于大数据技术动态调整价格策略，以实现利润最大化，是企业逐利的本能。

大数据技术本质上就是要将更多、更细粒度的数据关联起来，产生洞察，从而支撑企业基于数据的理性决策，最终实现利润最大化的经营目标。在互联网免费服务加广告精准营销的商业模式下，企业主和媒体方都有天然的动机，希望获取潜在用户群详细的个人信息。在这种动机的驱使下，加上国内法律法规尚未健全，缺乏有效的监管手段，就出现了大数据时代下个人隐私数据的极度泛滥，除了企业直接采集用户个人信息用于自身业务外，黑市上大量廉价的隐私数据的流通和交易行为更是让人触目惊心。这些交易数据一部分是某些互联网公司依靠免费服务获取的，另一部分由黑客通过非法手段获取，数据获取源涵盖快递、酒店、招聘、社交等几乎所有行业。

2018 年 8 月，华住集团旗下连锁酒店发生用户数据泄露事件，波及华住旗下的汉庭、桔子、禧玥、宜必思等 10 余个品牌酒店，遭泄露的信息包括华住官网注册资料、酒店入住登记身份信息、酒店开房记录、住客姓名、手机号、邮箱、登录账号及密码等，大约 5 亿条数据信息被不法分子整体打包出售。

在早期互联网野蛮生长阶段，很多国内用户并不看重个人隐私，促使企业更肆无忌惮地从用户侧索取更多隐私数据。随着国人认知水平的提升及对自身权益和隐私的重视，大家对于侵犯隐私的事情也越来越"较真"。有人认为，很多网民确实会为了几毛钱的红包而无视自己的隐私，或者即使有隐私协议，这些网民也会直接点击同意，而根本不看协议的具体内容，变相授权互联网公司"合法"获取其个人隐私信息。当年，微信仅凭一个"春节发红包"的营销活动，一夜之间就让无数网民"上缴"自己的银行卡信息并绑定开通了支付通道，使腾讯新的金融业务迅速收割海量用户。而拼多多基于微信社群病毒式的砍价活动，也让很多人为了几毛钱出卖了自己的社交关系。但更多的网民则表示他们没有选择的权利。目前，很多互联网公司推出的产品，在用户安装 App 或者使用服务之前，会向用户弹出隐晦又冗长的隐私条款，获取非常多且不明缘由的手机权限，用户如果不同意，则根本无法继续使用 App 或服务。面对这种"无法拒绝的用户隐私协议"时，绝大多数用户都会选择"同意"，企业也就心安理得地"合理"使用用户的隐私数据，从而避开监管，使"侵权"合规化。

针对越来越严峻的网络安全形势，以及个人隐私数据泄露越来越泛滥的趋势，国家也加速了立法进程。2016 年 11 月 7 日，十二届全国人大常委会高票通过了《中华人民共和国网络安全法》（以下简称"网安法"），该法案于 2017 年 6 月 1 日起正式施行。作为我国的网络安全基本法，网安法对于保障我国网络安全，维护网络空间主权和国家安全、社会公共利益，保护公民、法人和其他组织的合法权益，促进经济社会信息化健康发展，具有重大意义。对于个人信息的泄露，网安法不仅明确了网络产品服务提供者、运营者的责任，而且严厉打击出售贩卖个人信息的行为。以往的灰色地带，终于被一根法律红线强行隔开。

在网安法出台之后，政府监管机构也开始大力整顿大数据产业的乱象，尤其是征信和营销领域的政策日益趋严，并加大了对企业违规过度采集个人隐私数据现象的整治力度。2017 年 7 月，山东省成功破获一起特大侵犯公民个人信息案，共抓获犯罪嫌疑人 57 名，打掉涉案公司 11 家。其中被查获的公司中，最引人注目的是在新三板挂牌上市的数据堂公司，该公司也是大数据交易行业的龙头企业。据报道，涉案的数据堂公司在 8 个月时间内，日均传输公民个人信息 1 亿 3 千万余条，累计传输数据压缩后约为 4000GB。

国内的大数据产业在经历了一次整顿后，变得更加规范有序，这无疑是一个好的开端，但也仅仅是在向个人隐私保护比较完善的国家靠拢而已，并不意味着大数据时代的隐私问题得到了彻底的解决。事实上，随着数字化技术的成熟，网民在互联网上的行为将不可避免地被越来越完整的采集记录下来，即使进行了个人隐私数据的脱敏，相关信息也可以借助大数据技术被复原。

19 世纪中叶，美国马萨诸塞州为了推动医学界的学术研究，授权该州的一个机构对外发布所有政府雇员的医疗数据。为了防止用户隐私泄露，在数据发布之前，该机构对数据进行了脱敏处理，删除了包括姓名、身份标识和家庭住址在内所有的敏感信息。但来自麻省理工学院的研究员发现了匿名数据里存在的规律，虽然数据里头并没有姓名、身份标识的字段，但通过另外 3 个关键字段：性别、出生日期和邮编，再配合该州在另外一个渠道公开的投票人名单（上面也有同样的 3 个字段，同时还有更丰富的其他字段），将两份数据进行交叉匹配，就可以定位到部分医疗数据的雇员信息。该研究员还发现，超过 80% 的美国人，他们的性别、出生日期和家庭邮编这 3 个字段信息是独一无二的，如果两份数据同时具有这些字段，那么就能将两份数据拼接起来，进而获取更全面的信息。

医疗系统的个人健康数据，在很多国家属于高度敏感的隐私数据，对于黑客来说是一块"肥肉"，在黑市上的交易价格非常高。但这些医疗数据如果被合理利用，会为全人类医疗事业的进步提供非常高的数据价值，国外政府和隐私保护研究机构很早就开始研究，如何在数据开放与隐私风险之间找到一个最佳平衡点。中国政府也在结合国外最佳实践和国内实际情况，制定符合中国国情的法律法规。2018 年 7 月，国家卫健委发布了《国家健康医疗大数据标准、安全和服务管理办法（试行）》，旨在保障公民知情权、使用权和个人隐私的基础上，根据国家战略安全和人民群众生命安全需要，促进健康医疗大数据的规范管理和开发利用。

大数据时代，数据本身就是一座金矿，我们需要用更科学、合法合规的手段，符合技术伦理道德的准则，去更好地挖掘数据的价值，而不能因噎废食。

5.2.2 企业数据安全与业务安全

在大数据和产业智能时代，企业在实施数字化转型的过程中，如果没有做好网络安全防御工作，自身的经济利益，甚至是发展和生存将很可能受到威胁。

数据资产泄露的威胁与日俱增

在安全行业里流传着这么一句话，"全世界的企业可以分为两种：一种是数据已经泄露的，另外一种是即将发生数据泄露的"。根据腾讯安全部门发布的 2018 年年度安全报告，企业信息安全的头号威胁就是数据泄露。黑市里流通的个人隐私数据，很大一部分来自企业发生的数据泄露事件，尤其是那些掌握了大量个人隐私数据的企业。

数据泄露事件与安全漏洞的逐年快速增加高度相关，一些权威机构认为，缺乏有效的安全防御手段的数字化转型，将导致企业面临更高的风险。Gartner 公司也指出，由于很多企业的安全团队无法切实管理数字化的安全风险，到 2020 年将有 60% 的数字业务遭遇重大服务安全事故，"数字化业务以远超传统业务的速度迅猛发展，这意味着专为最大限度实现控制而设计的固有安全方法将不再适用于数字创新这一全新时代"。❶

除了客户隐私数据泄露之外，企业技术机密数据的保护不当，也会给企业带来直接的经济损失。2016 年 6 月，长沙警方收到三一重工的报案，称其在全国范围售出的近千台泵车设备出现失联现象，仅山东区域就有上百台设备莫名消失，公司怀疑有人破解了他们的设备远程监控与控制系统（ECC 系统），导致企业遭受巨大经济财产损失，失联的泵车价值高达 10 亿元。据三一重工介绍，采购该公司泵车的很多混凝土客户是用"以租代售"的模式租用设备，每台设备上均安装了 ECC 系统，内含 GPS 模块，用于回传设备的位置信息，以及系统运行时各个传感器的工况信息，同时该系统也能让三一重工对设备进行中央管控。如果某个客户没有按约定支付租赁费用，三一重工可以通过总控向设备远程发送锁机，从而限制客户继续使用设备，这也是行业内的普遍做法。长沙警方经过数月侦查，抓获了一个专门破解工程机械系统的黑产团伙，其中一位是三一重工负责研发泵车系统的在职员工，由于该员工的内外勾结，造成相关技术机密的泄露。据调查，每破解一台设备，黑产团伙可获利至少 1.5 万元，在此诱惑下，这些人选择了铤而走险。

对于企业来说，遭遇这样的数据泄露事故，无疑会使企业的公众形象和声誉受损，客户对企业会产生不信任感，进而导致客户流失。对于上市公司来说，这种事故还会导致股价下跌，股东发起集体诉讼。2017 年，美国征信巨头 Equifax 公司发生 1.4 亿用户数据泄露事件。事件发生后，Equifax 公司股价下跌超过 30%，市值暴跌 50 多亿美元。此外，公司还面临用户集体起诉的 4500 亿美元赔偿。

❶ 《全球网络安全产业规模发展情况及趋势预测》报告，Gartner，2018 年 4 月发布。

信息勒索病毒威胁不容小视

除了黑产组织有针对性的定点攻击之外，传统的病毒威胁依旧存在，并且在大数据时代，这些威胁会来得更加凶猛迅速，破坏力也非常惊人。企业如果没有提前做好安全加固和防御工作，就会陷入被动，进而对业务产生破坏性的影响。

2018 年 8 月，台湾半导体产业龙头台积电的一个晶圆厂突然遭到病毒攻击，几个小时后，另外两个园区的晶圆厂也受到同样的攻击，直接导致北、中、南 3 处工厂的生产线全数停摆，台积电紧急动员几百名员工集体加班排毒，花了两天时间彻底控制住了病毒的扩散。这是台积电创立以来遇到的最为重大的生产线安全事件，直接影响了苹果、英伟达、超微、联发科等一线大厂芯片产品的出货量。台积电公司在发布会上表示，此次事故的原因并非外界猜测的遭遇黑客攻击，而主要在于员工操作不规范，将感染了 WannaCry 病毒的 U 盘插入主机，并且在未经安全扫描的情况下就接入内部网络，导致病毒迅速感染了内网几万台主机，造成主机关机或不断重启，进而影响了生产线的正常运作。据台积电预估，此次病毒感染事件导致第三季度晶圆出货延迟，第三季度毛利率下降约一个百分点，直接经济损失超过 11 亿元人民币。

WannaCry 勒索病毒在全球的爆发，也波及我国的众多基础设施。一时间满世界都是红色的勒索界面，银行 ATM 机、高校、机场、政府公安专网，或多或少都受到了影响。这也给国人开展了一次非常生动的网络安全普及课，让大家意识到，网络安全问题离普通人并不遥远。对于企业来说，如果没有提前做好安全补丁的预防工作，或者病毒爆发时缺乏有效的威胁感知和阻断手段，就很可能遭受巨大的经济损失。

业务运营的安全同样重要

除了传统意义上的技术安全防护之外，如果企业在业务层面考虑不周全，缺乏必要的运营安全防御手段，也会给自身带来较大的损失，其中最典型的就是"薅羊毛"现象。

2019 年 1 月，拼多多出现重大业务安全漏洞，"只需支付 4 毛钱，就可以充值 100 元话费"，黑产团队通过该漏洞盗取了数千万元平台优惠券，进行不正当牟利。拼多多官方声称，此漏洞是由于拼多多和某电视台节目合作，所提供的特殊优惠券接口被黑产组织发现并利用，此次事件损失达数千万元。家乐福从 2015 年开始，因传统零售业务受到电商的冲击，不得不开始试水网上商城，并推出自家的手机 App，但很快就遇到了黑产团伙的攻击，App 出现白屏、卡顿，导致用户流失严重。2018 年，黑产组织又开始了新一轮的"薅羊毛"活动，以至于家乐福每次发出的上万张优惠券在几秒钟内就被抢光。星巴克也曾经遭遇"薅羊毛"的威胁。2018 年 12 月，在星巴克上线的"星巴克 App 注册新人礼"营销活动中，黑产团伙利用大量真实手机号码在星巴克 App 注册虚假账号，领取活动优惠券。随后，星巴克紧急下线了该活动。网络安全厂商"威胁猎人"估计，短短一天半的时间，按普通中杯售价估算，星巴克损失可能达 1000 万元。

黑产已经形成了一条分工非常细致的产业链，其中的"羊毛党"，也已形成一整套线上线下的洗劫路径。一旦某企业推出优惠返利活动，羊毛党就会研究套利漏洞自动化，同时立即分享相关消息，吸引大量人员参与，从而掩盖他们的非法行径。根据腾讯安全团队的统计，国内黑产从业人员已超过 150 万人次，黑产规模高达 1000 亿元人民币，"羊毛党"惯用工具之一的运营商黑卡数量已超过 1.3 亿张。

虽然相关的法律法规尚未出台，但一些安全厂商已经开始提供专门针对黑产攻击的防护，如非正常手机卡的识别、"羊毛党"风控模型等。企业在数字化转型的过程中，也应该尽早引入相关厂商进行解决方案的咨询，从而减少此类安全漏洞带来的业务和经济损失。

5.2.3 国家安全与社会稳定挑战

当互联网技术越来越深地渗透各行各业以及每个人的生活当中时，线下线上空间的融合度越来越高，任何一起安全事件都不再是孤立的事件，破坏力会被无限放大，对于社会和国家来说也是巨大的安全风险。

工业控制系统安全威胁不容忽视

之前提到的三一重工的工程机械黑产案，以及台积电的"病毒门"事件，虽然最后都只是造成了企业的经济损失，并没有产生太大的社会破坏，但已足够引起人们对工业控制系统领域安全性的担忧。既然黑客组织和病毒能够渗透工控系统，那么国家和人民的生命财产安全同样也面临威胁。

国家之间的网络攻击并不少见，大多数攻击是通过黑客行为进行的，而"震网病毒（Stuxnet）"是世界上首个针对工业控制系统编写的破坏性蠕虫病毒，此事件也是世界上首例通过网络病毒武器定向攻击破坏现实世界实体基础设施的安全事件。

工业控制系统是水力、电力、交通、制造、石油化工、航空航天、军工等国家命脉行业的重要基础设施。这些系统一旦受到攻击，居民生活甚至国家安全便会受到严重威胁。传统的工业控制系统更多关注生产事故或者设备故障，极少关注信息安全和控制安全。"震网病毒"事件被曝光之后，工业控制系统安全受到了越来越多的重视，并被各国上升到国家安全战略的位置。据统计，2010 年后，由工业控制系统漏洞引发的安全事件呈现明显的上升趋势。

2015 年 12 月，临近圣诞节的时候，乌克兰部分地区上百万居民的家中突然断电。但这次断电和以往不一样，并不是由于电力故障，而是遭到了黑客攻击。据报道，黑客当天通过操控恶意软件，将电力公司的主控电脑与变电站断连，随后又通过植入病毒的方式对系统发起了攻击，此次攻击共波及约 60 座变电站。为了防止居民与电力公司联系，黑客还对电力公司的电话通信进行干扰，拖延攻击被发现的时间。这也是全球首例针对电力控制系统的大规模网络攻击。

这些大型网络攻击往往都带有明显的政治色彩。这种以破坏目标所属国的政治稳定、经济安全，扰乱社会秩序，制造轰动效应为目的的恐怖活动，被称为新时代的网络恐怖主义。随着全球信息网络化的发展，破坏力惊人的网络恐怖主义正在成为世界的新威胁。这种攻击技术被称为高级持续性威胁（Advanced Persistent Threat，APT）。APT 攻击通常会结合多种攻击方式，包括木马病毒、系统软件漏洞、摆渡攻击、深层次渗透攻击、社会工程学等，有计划、有组织地窃取核心情报数据，并部署控制网络，隐蔽性非常高。据统计，仅活跃在东亚地区的 APT 组织就有 7 个之多。针对 APT 的防御成为当下网络安全的重点之一。

以社交媒体为核心的网络舆论战

早期互联网采用的基本上是企业对个体的服务模式，网民之间的互动几乎为零，而在 Facebook 和 Twitter 等网络社交媒体兴起之后，网民个体之间的交流得到了极大的强化。大家不仅可以和自己的亲朋好友在线上互动，还可以关注名人的发言和动向，甚至可以和名人互动，这种新鲜感十足的互联网模式迅速得到了网民的认可。网络社交媒体的流行，很大程度上提高了个体在网络空间的言论自由度，但同时也造成了网络谣言的大量传播，给网络社交媒体蒙上了一层难以消除的阴影。更为严重的，是以网络社交媒体为核心的新型网络舆论战。

2018 年 3 月，Facebook 因用户数据泄露事件引起国际社会的广泛关注。一家名为"剑桥分析"（Cambridge Analytica）的英国大数据公司，被指控以不正当手段获取了 Facebook 超过 5000 万用户的信息数据，并利用这些数据干预多国政治选举，获取经济利益。剑桥分析公司通过锁定用户的信息、特征和价值观取向，向用户定向推送政治信息和广告，以此影响公众舆论。拥有庞大用户的网络社交媒体如果被蓄意利用，将会对相关国家的国内舆论和政治进程产生不可估量的影响。

美国伊隆大学的教授奥尔布赖特的研究显示，在选举中应用人工智能技术影响局势。他们通过分析网民心理模型，结合广告大数据和定位算法对网民进行全方位的画像，并基于热门新闻事件和政治话题制造带有误导性和偏见性甚至虚假的热点信息，再依靠精准的内容分发系统进行大规模推送，这种被称为"微宣传机器网络"（Micro-Propaganda Machine Network）的系统，可以影响选民观念。

除了这种短时间内定向制造的舆论攻势之外，更让人担忧的是长时间的网络意识形态的渗透。早在 2006 年，哈佛大学法学院教授、奥巴马的法律顾问凯斯·桑斯坦（Cass Sunstein）在其出版的著作《信息乌托邦——众人如何生产知识》里就提出了一个"信息茧房"（Information Cocoons）的概念。桑斯坦教授指出，通过他对互联网的考察，在信息传播中，公众自身的信息需求并非全方位的，而是只注意自己选择的东西和使自己愉悦的领域，久而久之，会将自身桎梏于像蚕茧一般的"茧房"中。互联网也由此被分裂成无数小群体，"物以类聚，人以群分"，表现出群内同质、群际异质的特征。小群体中的人，只选择自己偏爱的交流领域，与兴趣相合的人聚谈，极易过滤和忽视那些自己不熟悉、不喜欢、不认同的信息和观点，并强化自己原本的观点，逐渐形成趋同风格。

很多社交或短视频等大众媒体平台的信息流推荐引擎，也是基于用户的喜好进行推荐的，如果纯粹依靠算法驱动，很容易让用户陷入信息茧房之中。信息茧房现象如果被恶意组织利用，通过有组织、有预谋的长期运作，可以使某一类用户群体进入一个预设的"意识形态信息茧房"之中，使他们潜移默化地接受恶意组织想要传达的思想，从而达到某种政治目的。这种方式相当于在社会中埋下一颗种子，慢慢培育，最后借助某个突发事件，控制舆论，升级为社会群体暴力事件，直接威胁人民生命财产安全和社会秩序的稳定。

近年来，国际上发生了一系列事件，来自网络媒体的有组织、有预谋的舆论攻击，都起到了推波助澜甚至主导的作用。我国政府也在持续加强对网络舆论空间的治理，在新媒体时代努力做到科学分析社会舆情，正确引导社会舆论。

193

5.3　网络安全需多方共同治理

5.3.1　全方位体系化的顶层设计

网络空间是一个比人类社会、自然空间更庞大、更复杂的虚拟世界，并且这个虚拟世界正在和物理世界进行全方位的融合。随着 5G 和物联网技术的发展，这个万物互联的网络空间格局又将面临新一轮的重构。人类社会经历了几千年的演进，才从混乱无序慢慢进化到当前的文明法治时代。人类进入网络时代的时间有限，并没有成熟的网络空间治理经验，但我们可以将线下社会的治理经验和实践搬到线上，毕竟网络空间无非只是人类社会在虚拟空间的延伸。

全球网络空间治理权的争夺

网络空间是一个全球开放共享的空间，打破了物理疆域和国家边界的限制，不同城市、国家之间的人们可以轻松地聚集到一个虚拟社区进行交流和协作。但对这个虚拟空间的治理，就变得异常复杂。例如，一家美国公司创建的社交网络平台在中国运营时，中国网民和其他国家网民同处一个虚拟社区，那么规则应该由哪一方来制定？这个虚拟社区应该遵守哪个国家和地区的安全治理规则？又如，境外公司在存储国内公民数据的时候，这些数据的所有权归谁所有？现代国家普遍遵循以属地管辖为主、属人管辖为辅的管辖原则。而网络空间的存在动摇了这种传统管辖权的基础。网络空间的治理权，必然会导致国家之间的博弈，尤其是网络强国之间对治理话语权的争夺。

2016 年 12 月 27 日，我国国家互联网信息办公室发布了《国家网络空间安全战略》，提出了九大战略任务，并将"坚定捍卫网络空间主权"排在首位，强调"根据宪法和法律法规管理我国主权范围内的网络活动，保护我国信息设施和信息资源安全，采取包括经济、行政、科技、法律、外交、军事等一切措施，坚定不移地维护我国网络空间主权。坚决反对通过网络颠覆我国国家政权、破坏我国国家主权的一切行为"。

国家政策法规的顶层指导

网络空间的安全治理涉及所有参与方的切身利益，因此需要政府机构、行业组织、企业单位、技术群体和全社会民众共同参与治理。国家政府机构应承担总指挥、总规划师的角色，明确政府部门、网络建设者、网络运营者、网络服务提供者等各方的职责和分工。

政府主导除了能更好地划分各个参与者的责任之外，还有助于从根源上扫除一些毒瘤。例如，个人隐私数据的泛滥问题，根本原因还是法律的缺位以及存在巨大的数据变现利益。如果单纯依靠企业来保护用户的数据不被泄露，那么企业就会疲于救火，治标不治本。2017 年网安法的出台，对非法数据交易产业起到了非常强的震慑作用，个人隐私数据的保护得到了较为有效的管控。

网安法明确了国家将实行网络安全等级保护制度，网络运营者应当履行相应级别的安全保护义务。2019 年 12 月 1 日，国家标准《信息安全技术网络安全等级保护基本要求》（GB/T22239-2019）正式施行，该标准贯彻了网安法关于网络安全等级保护制度的最新要求，并替代了 2008 年发布的《信息安全技术信息系统安全等级保护基本要求》（GB/

T22239-2008），这意味着我国正式从"等保1.0"进入"等保2.0"的新阶段，对新时代的安全等级提出了更高的标准要求。新标准命名里的"信息系统安全"变更为"网络安全"，这一小小的变更蕴含着重要信息，等级保护的对象由原来的信息系统调整为基础信息网络、信息系统、云计算平台、大数据平台、物联网和工业控制系统等。新的等级保护标准具有很强的实用性，一方面它是监管部门合规执法检查的依据，是网络安全从业者开展网络安全工作的重要指导体系和制度，另一方面也是制定其他行业安全标准的重要参考体系架构，如人社行业等保标准、金融行业等保标准等。

企业自顶向下对安全的重视

除了国家层面顶层设计之外，企业在数字化转型的过程中，也需要自上而下对安全的高度重视以及高屋建瓴的安全体系的建设。数字化转型涉及的改造面非常广，既有业务形态的重塑，也有内部协同的流程改造；既涉及内部信息系统的建设，又涉及与外部第三方系统的集成对接，这些改造都会面临更多的安全问题。

很多企业管理层对安全的认知和重视程度往往不足，认为安全所带来的效益难以衡量，即使投入很大预算，也不能保证足够的安全。因此，在数字化转型的过程中，很多企业一味地强调业务价值，而把安全建设工作放在了一边。直到企业经历一些安全攻击或安全事故之后，才开始亡羊补牢，临时组建安全团队，被动式救火。这是国内众多企业的安全现状。其实，网络安全的建设，除了被动式地满足合规要求之外，对于企业在业务止损控险、品牌资产保护以及提升竞争壁垒方面都能带来可见的效益。

当企业的业务和员工发展到了一定规模，安全问题必然变得越来越复杂，此时如果没有启动基础的安全防御工程建设，当出现大规模安全威胁时，企业可能会毫无招架之力。2014年的心脏滴血（Heartbleed）漏洞、2018年的WannaCry勒索病毒，都是在很短时间内爆发并影响全球企业的。我国权威机构的统计，欧、美等国家的企业在病毒爆发之后，修复系统的速度远远高于我国企业。目前，我国的很多企业尚不具备安全态势的感知能力，更难以在很短的时间内迅速响应，构建病毒阻断方案，一旦遭遇网络安全威胁，将会面临巨大的经济损失风险。

从竞争角度来看，随着政府采购和世界 500 强等大型企业对安全重视程度的不断提升，越来越多的安全技术参数将会被纳入产品技术的招标选项当中。企业越早在产品和业务安全性上进行布局和投入，就能越早拉开与竞争对手的差距，形成稳固的竞争壁垒，因为安全技术的水平并不能在短时间内提升，而随着企业的不断发展，修复的成本只会越来越高。

体系化的网络安全建设

网络安全具有短板效应，企业整体的安全等级取决于其中最薄弱的环节。企业进行数字化转型的过程会涉及很多信息化系统的建设和改造，需要考虑的安全防御点众多，而黑客在实施安全攻击的时候，只需要寻找最薄弱的环节即可造成整个安全体系的崩盘。因此，企业在安全建设方面，需要从全局视角来统筹安排，不能只考虑单点的安全防御，否则一旦某个点被攻破，将导致整个安全防线被轻松绕过，进而引发重大的安全事故。

网络安全建设也并非纯粹是技术问题，企业在安全管控上容易重技术而轻管理，在安全产品层面容易重视硬件设备而轻视软件层面的防护。很多安全系统建设完之后，由于缺乏有效持续的运营，导致其在企业内部根本无法正常运行；在安全管理层面，重惩罚而忽视持续的意识培训建设，也会引发企业员工对安全的抵触。企业员工安全意识的强化是最后一道非常重要的关口，在整个安全管理链条上，每个环节都有员工的参与，如果忽视了员工的安全意识培训，就很容易导致整个安全体系建设功亏一篑。

5.3.2 网络安全的技术革新

当前，在国家的重视和政策引导下，网络安全产业得到了前所未有的发展机遇。但网络空间技术的复杂多变，决定了网络安全建设的技术难度非常高，需要更多专业的安全科技公司在安全技术和产品上持续研发投入，并借助技术革新和思维转变，更彻底地解决安全问题。

建立全面主动的安全防御体系

1983 年 11 月，美国计算机安全专家费雷德博士研制出第一例计算机病毒，而第一款杀毒软件直到 1987 年才出现，第一款商业防火墙直到 1992 年才诞生。之后，IDS、IPS、抗 DDoS、WAF 等安全产品才陆续出现。早期的网络安全处于一个被动的防御状态，在新的"矛"（病毒）出现之后，对应防御的"盾"才会被研发出来，安全技术的发展永远滞后于网络安全威胁。

智能时代面临的安全威胁类型、被攻击的终端类型和安全攻击的爆发速度，远远超过历史上任何一个时期。不管是传统的防火墙、杀毒软件和入侵检测产品，还是以事件分析、访问控制、安全审计等为代表的被动检测和防御技术，都已无法应对大规模、产业化的未知网络攻击威胁，建立更加全面主动的防御体系，才能适应当下安全防御的新需求。

一方面，传统安全产品需要借助大数据和人工智能技术进行革新。例如，针对恶意软件的防护，传统杀毒软件的基本思路是借助病毒特征码进行识别，而新型病毒的生产速度和传播速度超出了反病毒厂商的病毒库更新速度。根据统计，99% 以上的新威胁和恶意软件实际上源于此前已经存在的威胁和恶意软件的轻微"突变"，但这样的突变就很容易绕过杀毒软件的法眼。国内外一些安全研究人员正在试图利用深度学习来提升杀毒软件的鲁棒性，以更好地发现和阻断未知恶意软件的攻击。研究人员将原有基于软件二进制代码的特征码识别调整为针对软件外在可观测行为的学习和预判，包括网络流量特征、本地资源消耗特征、调用系统 API 特征等，使恶意软件识别准确率达到 98% 以上。同样的，针对网络流量的入侵检测，也正在从传统基于流量特征的规则编码，演进为基于大数据、人工智能技术的异常流量检测。

另一方面，需要建立更加全面的网络态势感知（Cyberspace Situation Awareness，CSA）系统和更智能化的安全运营平台。态势感知源于军事领域的作战思想，覆盖感知、理解和预测 3 个层次，是以安全大数据为基础，从全局视角提升对安全威胁的发现识别、理解分析、响应处置能力的一种方式，最终是为了决策与行动，助力安全能力的落地。面对复杂的网络安全环境，企业每天都会受到各类安全威胁，安全分析师每天需要在安全运营平台上确认大量的安全事件，但其中真正有威胁的事件并不多；如果降低规则的敏感度阈值，又会容易漏掉需要关注的安全事件。通过使用人工智能技术，能够建立模型来自动判别安全威胁指数，从而将安全人员从海量的威胁事件处理中解放出来，并提高应对真正安全威胁的能力。

探索基于区块链的安全可信互联网

2008 年，一个名叫中本聪（Satoshi Nakamoto）的日裔美国人发表了一篇名为《比特币：一种点对点式的电子现金系统》的论文，文章里描述了一种被他称为"比特币"的电子货币及其算法，并首次提出了区块链的概念。2009 年，中本聪发布了首个可用的比特币软件，并开源了软件源代码，正式启动了比特币系统的运行。由于比特币的设计理念之一是解决国家滥发货币导致的通货膨胀问题，因此整个系统被人为限制了货币总量，上限为2100 万枚。出于对这一新型金融系统前景的看好，全世界无数人加入了比特币的"挖矿"网络，并产生了众多比特币交易平台，进一步刺激比特币价格的飞速上涨。直至今日，比特币依然具有很大争议，但很多国家已经从一开始的完全抵触，变成积极开放的研究，比特币背后的区块链技术，也得到了更多高科技公司和资本的热捧。

互联网本身是一个去中心化的开放空间，用户基于对网站运营方的信任而使用网站服务。例如今天我们在淘宝、京东等电商平台上放心花钱购物，是因为我们信任这些电商平台不会携款跑路，平台也会确保商家不会收到钱不发货。美元之所以可以在全世界流通，是因为有美国强大的国家实力和信用背书。但是，这些信用体系都是由单一主体进行保障的，如果这个主体出现问题，对应的信用体系便会崩塌。

区块链技术伴随着比特币的火热，也一直在发展演进。区块链技术具有去中心化、不可篡改、不可伪造、可追溯性、匿名性、开放性的特征，是非常具有想象力和颠覆性的技术，很多人将其视为构建下一代可信互联网的基础技术。例如，在数字版权方面，传统的做法是依靠一个中心化的权威机构来进行版权的认证，认证和事后维权的成本非常高。而如果所有的版权机构都共建一条联盟链（由有限参与方构建的区块链网络），那么任何数字版权在联盟链中的信息都是一致且不可篡改的，数字版权的维权成本将会变得非常低。

除了数字版权之外，在公钥基础设施（PKI）管理方面，区块链技术也有很大的应用前景。PKI 是用于邮件系统、消息通信、网站服务和其他通信形式的公钥加密系统，其大多数技术实现都依赖于集中的第三方证书颁发机构（CA）来发布和管理密钥对。黑客可以通过攻击这些密钥管理机构来伪造证书，拥有国家背景的组织也可以通过挟持证书机构违规颁发恶意证书，以达到破解加密通道的目的。利用区块链技术，就可以使证书的管理不再依赖特定的国家或单一机构，任何组织都无法对证书进行恶意篡改，这就从根源上杜绝了伪造证书的问题。

互联网自诞生以来，一直缺乏有效的信任体系，也引发了很多安全问题，传统的基于国家政府信用背书的信任体系，在当下世界格局发生剧烈变化的背景下，也变得越来越不安全。也许在不久的将来，基于区块链的技术将重塑整个互联网的信任体系，改变下一代互联网的格局，催生更多全新的商业模式。

5.3.3　领军企业的责任担当

从工业文明到如今的现代文明，企业经历了盈利至上到关注自身社会责任的发展历程。企业越大，责任越大。互联网高科技公司和传统公司相比，在新兴技术方面的嗅觉更加敏锐，能较快地掌握和运用互联网等前沿科技来实现业务的开拓和高速发展。过去，只有政府机构才能掌握民众个人隐私数据，而如今很多互联网公司掌握着比政府机构更多的个人隐私数据，包括人口属性、家庭情况、地理足迹、交易行为等。这些新兴技术产生的新问题，往往超出了当前社会的法律法规甚至伦理认知的范围。

2018 年元旦刚过，支付宝推出了一个"全民账单"的营销活动，当用户登录支付宝账户后就会被推送营销页面，而在页面下方，支付宝利用接近背景色设计的小体字，设置了默认勾选的"我同意《芝麻服务协议》"选项，让广大用户在不知情的情况下"被同意"接受《芝麻服务协议》，并因此"授权"芝麻信用向第三方提供用户的个人信息，还可以对用户的全部信息进行分析并将结果推送给合作机构。这一行为被曝光后，引起了网民和媒体的公愤，并受到了监管部门的紧急约谈。值得思考的是，蚂蚁金服在2017 年年底才任命一位首席隐私官。随后，蚂蚁金服很快做出整改，2018 年 8 月，蚂蚁金服发布了《隐私保护和数据安全白皮书》，强调了隐私安全的重要性，并建立了智能防控系统。蚂蚁金融作为阿里巴巴在金融科技领域孵化的独角兽，在保护个人隐私方面需要以身作则。蚂蚁金服首席隐私官聂正军表示，"在隐私保护的路上，只有起点没有终点"。

2019年9月，在纳斯达克上市的陌陌公司推出了一款视频换脸App"ZAO"，用户可以通过上传自己的照片，将自己的脸"贴到"某电影或电视剧的场景中。这款App一夜之间刷爆朋友圈，但很快就被用户发现了其中的猫腻，该App的用户协议中存在霸王条款，协议授予陌陌公司在全球范围内永久免费、不可撤销、可转授权和可再许可用户肖像权的权利，该条款立刻引发了用户的恐慌。微信也当即对该App进行了封禁，紧接着工业和信息化部约谈陌陌公司相关负责人，要求其立即开展自查整改。

我们常说，一流的企业制定标准。领军企业通常占据着很大的社会资源，具有很大的影响力，他们通常也参与行业标准的制定。对自身技术优势进行卡位，提升市场准入门槛，有利于企业在长期的市场竞争中保持先手优势，在网络安全方面更是如此。领军企业设置的安全技术标准和参数，虽然提高了追随者与大公司竞争的难度，但也清除了那些安全级别不过关的企业，在某种程度上，符合优胜劣汰的法则。此外，互联网科技巨头由于本身具有较强的技术研发能力，企业内部往往配备了专业的安全技术团队保障自身业务的稳定发展，安全技术创新水平也相对较高。阿里巴巴的电商平台巨大的用户规模和交易规模，使其成为全世界黑客的攻击目标。在联合国数字合作高级别小组会谈中，马云曾表示，阿里巴巴的电商平台平均每天都要受到全球3亿次的黑客攻击，特别是"双11"一天的攻击量能达到十几亿次。面对如此众多的攻击行为，阿里巴巴的网络安全团队在防御实践中积累了丰富的经验，不断提升自身的防御技术，这些技术和经验，值得业界同行们学习。

除了互联网科技巨头，传统行业的领军企业，包括国营企业和民营企业，在产业数字化转型过程中，也必然会经历众多安全问题。而这些传统企业普遍拥有各行各业的关键基础设施，存储着重要的数据资源，安全问题不容忽视，一旦出现数据泄露或遭遇安全攻击，就可能危及国计民生。例如，通信行业龙头华为公司，其产品覆盖了全国大量的网络基础设施，一旦出现安全威胁，危害将非常严重；又如快递行业龙头顺丰，掌握着国内海量的居民个人身份证、居住地等高度敏感的信息，一旦数据泄露，将对国家信息安全造成很大破坏；还有电网电力、石油石化、电信、煤炭、民航、银行等关键行业，数据和基础设施的重要性更是不言而喻。

　　领军企业在网络安全方面必须做出表率，主动承担社会责任，在建设好企业自身高标准的安全防御体系的同时，还要起到引领作用，持续加大对安全的预算投入，积极参与行业的安全标准制定，助力安全科技行业研发更高规格的安全产品，带动安全产业的繁荣发展，形成良性循环。

6

CHAPTER 6

第 6 章

关于未来

随着产业智能的深度和广度不断增强，作为通用目的技术的学习型智能体，在以知识图谱为代表的知识表示技术的推动下，将与人类构成智能体社会，形成产业智能的未来图景。

6.1 产业智能发展趋势

当前，互联网、大数据、人工智能等技术高速发展、持续创新，为社会发展注入新活力。随着消费互联网向产业互联网不断升级，数字化会逐渐扩展到全产业链，互联网连接企业内外的人和资源，云计算提供充足的计算资源，使企业乃至企业生存环境中涉及的外部环境连成一个平台。平台化的环境，将逐渐改变生产关系，使企业内部的各个部门、企业外部的供应商和客户等逐渐由博弈转为共赢，由过去的基于资源的分工转向基于知识的分工。产业互联网加速迈向万物互联、数据驱动、平台支撑、组织重构的新时代。

万物互联。伴随着新一代信息技术的发展，传感器向着低成本、低功耗、微型化的方向演进，构建全面、实时、高效的数据采集体系。移动网络技术从 2G、3G、4G 向 5G、6G 等方向发展，构建低时延、高可靠、广覆盖的数据传输体系。云计算、大数据、人工智能等技术蓬勃发展，建立廉价、快速、高效的数据存储、计算和处理体系。总之，新一代信息技术正在推动产业互联网进入一个全面感知、可靠传输、智能处理、精准决策的万物互联时代。一切皆可数字化，数字化一切事物，数字化事物的一切。

数据驱动。企业竞争的本质是资源配置效率的竞争，核心在于高效而精准的决策能力。决策是指企业在特定条件下，通过收集信息构建解决方案并寻找优化方案的过程。决策的核心步骤是收集信息，也就是把正确的数据以正确的方式传递给受众。数据驱动的本质是通过生产制造全过程、全产业链、全生命周期的数据流动，由数据驱动创新，数据驱动生产，数据驱动决策，提高全产业链的运转，优化资源的配置效率。

平台支撑。平台是基于信息技术构建的连接多个实体的虚拟空间，是提供信息汇聚的互联网信息载体。产业互联网平台作为工业知识沉淀、传播、复用和价值创造的载体，必将成为抢占制造业主导权的新赛道，重新定义产业生态的新坐标，引导产业布局的新方向，制造大国竞争的新焦点。

组织重构。组织是社会的基本生产单元，是人类社会文明发展的基石。信息技术的普及，正在填充整个社会运行的"细胞"，"小前端 + 大中台"已成为数字经济时代企业组织架构演变的方向。进入数字经济时代后，企业内外部交易成本呈现明显下降趋势，企业形态向着扁平化、平台化、联盟化方向发展，组织重构将帮助企业构建更有弹性、差异性和灵活性的组织形态。

随着大数据、云计算等技术的快速发展，以及计算机硬件性能和计算能力的不断突破，机器学习算法不断优化，人工智能产业规模不断增长，相关企业数量大幅增加。人工智能具有强大的赋能性，将成为新一轮科技革命的引领力量，成为国际技术和产业竞争的制高点。当前，智能化已经成为技术和产业发展的一个重要方向，发达国家正在积极布局人工智能，纷纷出台战略性研究计划，加大科研投入，抢占技术和产业发展的源头。人工智能对于提升我国技术和产业竞争力、推动新一轮科技和产业革命同样具有重大意义。

具体来讲，新一代人工智能技术将在制造、物流、金融、交通、农业、营销等领域带来深刻变革，智能家居、智慧城市、智慧交通、智慧园区、智慧政务等应用场景不断成熟，从而直接促进经济繁荣；人工智能将在教育、医疗、法律、个人服务等方面改善社会面貌，提升生活质量。

未来，随着大数据、人工智能等新兴信息技术的不断发展，人工智能与传统产业的融合将不断深入，在带动传统产业向智能化转型的同时，中高端消费、创新引领、绿色低碳、现代供应链、人力资本服务等领域也将蓬勃发展，相互交融，不断推陈出新，人工智能产业将为社会创造巨大的收益。

6.2 学习型智能体

6.2.1 从解决问题视角看人工智能

人工智能究竟是什么？这个话题长久以来反复被人们思考和讨论，见仁见智，至今没有形成一致的定义。这里不再复述诸多的表述，也暂时抛开伦理视角，而从实用的角度，以工具的视角，提出另一个问题：人工智能技术到底能帮我们做什么？或者说，我们希望人工智能技术做什么？

提出这个问题，便于我们探讨如何更好地发展人工智能技术，以及如何使用这些技术来提升我们的力量，给产业带来改善和发展，给人类带来更大的福祉。

在不同领域中，人工智能的应用看起来千差万别，跟专业领域强相关。不过当我们拨开层层外衣，从更抽象的层次来看，这些人工智能技术实际都是在做着一类事情：解决问题。解决问题，换一种说法就是——提供答案。不要认为"问题－答案"这样的描述太过简单，实际上，这可能是最接地气、也最容易被所有人理解的一种表述形式。可以用排除法思考一下：我们生活和工作中，有什么事情不能被抽象成"问题－答案"的形式来表述呢？很少。例如，人们参加各种考试，实际就是在回答各种问题，通过回答问题的准确性评测一个人在某个领域的能力；生活中的各种决策，今天吃什么？"双十一"买什么？在哪买最好？这些都是在回答问题；工作的过程，就是在帮助企业解决各种问题，技术的、市场的、人事的、公司内部的、客户的，等等，都可以概括为，为一系列的问题找到答案或者求解答案的方法。

每个专业领域都有自己需要回答的问题：数字营销领域中，营销人员所有的努力，都是为了回答：谁是我的客户？我该怎么让我的客户买我的商品？司法领域，法官主要是回答：基于这个案情，公正的判决是什么？工业领域，根据角色不同，问题也各不相同，研究人员需要回答：有更好的方法解决这个问题吗？操作人员需要回答：为了保证系统正常运行，我现在该做什么？质检人员需要回答：这批产品里有不合格的吗？规划人员需要回答：接下来一段时间（一年或者一个月）我们该做什么？

假如，在某一个小领域，我们拥有一台能够准确回答所有问题的机器，而这台机器又能按照自己给出的答案执行，那么，这个小领域就实现了自动化。最简单、最日常的自动化场景，就是控制房间温度的空调系统，这个小系统实际上可以看成在回答一个日常问题：现在我该怎么调整阀门，使室内温度满足设定值，然后执行。这样，一个自动系统就实现了。

在某个领域，如果所有（或者大部分）问题的答案都可以由机器找出，所有（或者大部分）答案都能被机器执行，那么这个领域就实现了自动化。一个领域实现了自动化，就可以减少人力的参与，人的精力就可以用于提升自动化后的指标，或者投入那些还没有自动化的领域。

可以说，如果我们能得到一台可以随时随地回答任何问题的智能机器，那么我们所有的愿望都可以被满足。把人工智能技术发展的目标定位为此，看起来是一种比较实用的观点。目标的设立，不仅是为了达成，也是为了明确努力的方向，给行为提供价值评估。

那么这个目标有没有可行性呢？

没有计算机的情况下，解决问题的主体是人，说明人是有解决问题的能力的，如果计算机能够模仿人解决问题的过程，就能复现人解决问题的能力。人是怎么解决问题的？计算机和林林总总的算法又是如何在解决问题的语境下帮助人的呢？可以用下面这个图，将人的智能及各种算法做个对照（见图6.1）。

通过这个框架，我们可以一览人工智能算法和人的智能之间的关系。换句话说，从解决问题的视角来看，人类的各项技能都可以映射为计算机的某类算法。将这些算法拼装组合，计算机就能够做到很多人类可以做到的事情，并且由于具有算力和数据的优势，机器还经常在某些场合超过人类。

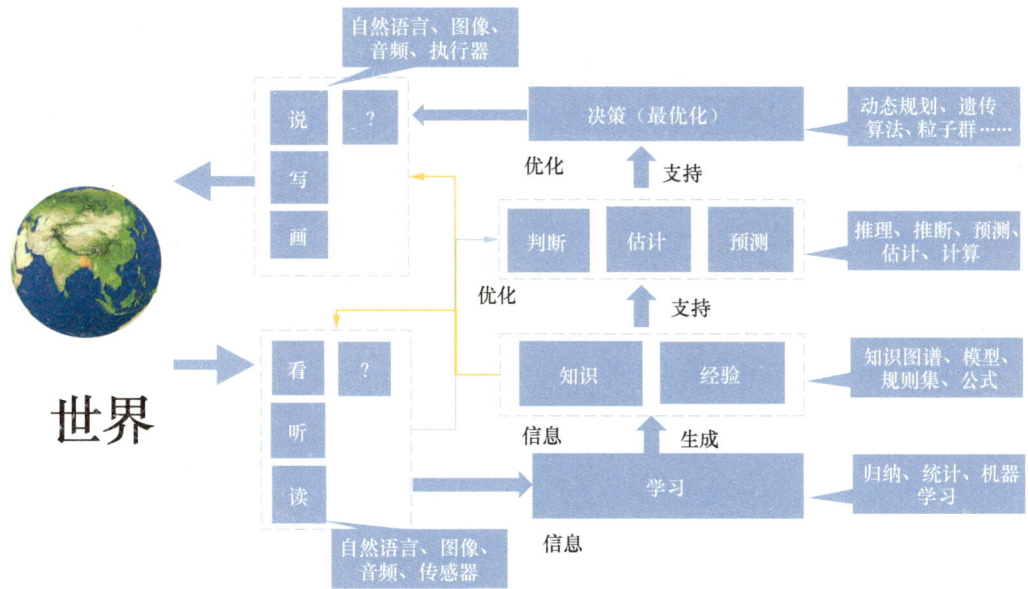

图 6.1　人工智能解决问题的框架

那么，用算法组装成的、能跟人一样解决问题的程序，在计算机里以什么形式存在呢？有一个经典实用的概念——智能体（Agent）。可以这么说，智能体就是在计算机世界里存在的、代替人来解决问题的程序（见图 6.2）。

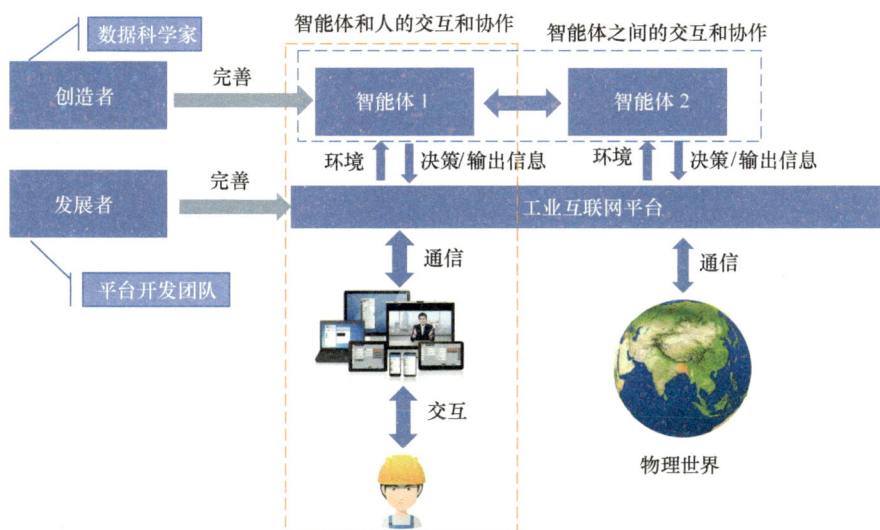

图 6.2　智能体的工作机理

6.2.2　学习型智能体的设计范式

什么是智能体？智能体是马文·明斯基（Marvin Minsky）提出的概念，他在《心智社会》（*The Society of Mind*）一书中将社会与社会行为的概念引入计算系统。此后又经过人工智能研究者们的共同探索，逐渐形成了对智能体的定义：具有智能的实体，任何独立的能够思考并可以同环境交互的实体都可以抽象为智能体（见图6.3）。

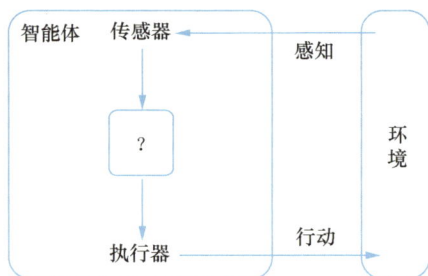

图6.3　智能体的概念

智能体的几个要素如下。

（1）环境（Environment）：智能体都处于某一个环境中。

（2）传感器（Sensors）：智能体从环境中获取信息的途径。

（3）执行器（Actuators）：智能体向环境输出的途径。

很简单，能感知环境并给出回应的实体（如果程序也算实体的话）就是智能体。

智能体具有下列基本特性。

（1）自治性（Autonomy）：智能体能根据外界环境的变化，自动地对自己的行为和状态进行调整，而不是仅仅被动地接受外界的刺激，具有自我管理、自我调节的能力。

（2）反应性（Reactive）：能对外界的刺激作出反应的能力。

（3）主动性（Proactive）：对于外界环境的改变，智能体能主动采取活动的能力。

（4）社会性（Social）：智能体具有与其他智能体或人进行合作的能力，不同的智能体可根据各自的意图与其他智能体进行交互，以达到解决问题的目的。

（5）进化性：智能体能积累或学习经验和知识，并修改自己的行为以适应新环境。❶

智能体的概念在计算机领域并不陌生，基于智能体的软件设计、使用多智能体进行复杂系统仿真和求解等，都已经被广泛研究和应用。那么，为什么我们现在又要重提这个概念呢？可以这么说：人工智能算法的蓬勃发展，给更加智能化的智能体的出现提供了越来越多样化的组件，更复杂、更丰富的智能体得以出现；随着数据深度和广度的积累、机器学习能力的提升以及知识表达形式的完善，在一些领域，智能体解决问题的能力呈指数级增长。

前面说到，计算机里的智能体由算法组装，能够帮人解决问题。如果一套程序能够持续、稳定地解决某个领域的某类问题，那么就称其为解决方案。所以，智能体是解决方案的一种存在形式。如果一类问题能被智能体解决，那么就能省掉人工。智能体能够构成的解决方案类型众多，下面是一些例子。

机器人：最像人的智能体，能采集信息并行动。

诊断助手：能帮助人们找出问题并提出修改或治疗意见来改正问题。

指导系统：能与人类进行交互，展示某些领域的信息，检查人类的知识或行为。

交易助手（推荐系统、检索系统）：了解人们的偏好，权衡竞争性的目标，能为人们的利益做出最优的选择。

上述耳熟能详的解决方案，都可以看成是智能体的一种实现，那么怎样去看待这些系统？它们有什么作用呢？一个作用是：可以用统一的范式去设计、优化这些智能体。这也引出了智能体和人工智能技术的关系。

图 6.4 为一个学习型智能体的设计范式，先解释几个关键的概念。

（1）目标（goal）：这是智能体最重要的部分，智能体以实现目标为目的。

（2）信念状态（belief state）：智能体对当前世界状态（world state）的认知。

（3）传感器模型（sensor model）：智能体观察真实世界状态，并将其转为信念状态的处理函数（模型）。

---

❶ 智能主体及其应用 . 史忠植，著 . 北京：科学出版社，2000.

（4）转移模型（transformation model）：智能体内部对世界（real world）的模拟，输入是当前状态和预期行动（action_i），获得对下一个状态（next_state_i）的预测。

（5）搜索（规划）模型（search model）：根据目标（goal）、信念状态等当前信息，使用搜索（规划）等算法，得到最优的行动选择，输出给执行器。这里可能用到转移模型（transformation model）对现实进行仿真，从而做有模型搜索。也可以直接进行无模型搜索。不过一般认为，有模型搜索能得到更好的结果。

（6）执行器：智能体对外输出的方式。

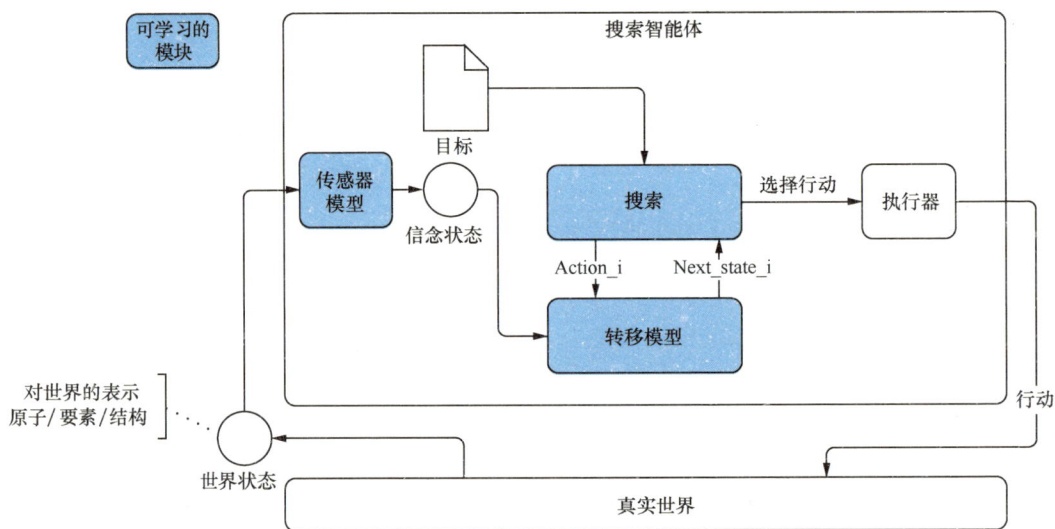

图 6.4　学习型智能体的设计范式

需要强调的是，传感器模型、转移模型、搜索（规划）模型都是可学习的，模型的形式并没有明确的定式，可以是明确执行的策略（公式、计算方法、传统的程序脚本），也可以是数据驱动训练出的模型。也就是说，人工智能领域探索得到的各类模型（简单线性到深度神经网络）都可以构成这些模型或者其中一个环节。这就是为什么人工智能技术的进步，能够不断赋能智能体，形成更多进阶的应用。现在蓬勃发展的自动机器学习，使这些智能体拥有了自我学习的能力，能够随时使用数据优化自己的某个模块的某个部分，在一些具体任务中创造人类无法企及的成绩。所以，学习型智能体的设计可以成为一种通用目的技术，用流程化的方式构建解决方案。

6.3　人机共生的智能体社会

6.3.1　智能体社会

人也是智能体吗？

通过此前的论述，我们拨开云雾，渐渐看到这样的场景：人工智能研究热潮中涌现出来的各种新技术，正逐渐作为零件，武装着智能体；智能体以解决方案的形式，慢慢地进入人们的生活，承担着各种工作，解放人们的时间和精力。技术越进步，智能体的能力越强，能解决的问题越多，跟人们的关系越紧密。随着互联网的延伸，一个巨大的网络逐渐触及世界的各个角落；随着物联网的发展，智能体能感知到、能执行的通道得到了更大的扩展；在数字世界（赛博空间）里，人和智能体之间的差异越来越模糊。可以认为，只要是人类通过计算机（含手机等终端）能够做的事情，给定指标，在该指标的判定下，智能体也能够做得足够好，这些事情都可以由智能体代劳。一旦接入数字的世界，人和智能体的差异终将难以区分。

正如《黑客帝国》描述的世界，在矩阵（Matrix）里，人和程序都以同样的虚拟形式存在，可以彼此交流，很难区别，构成一个可以运转的社会。这个社会作为一个解决方案，保证了机器城的能源系统正常运转。

当前，数字世界和现实世界本身正在加速融合，数字世界正在逐渐扩展到我们生活、学习、工作的各个环节，人们花越来越多的时间通过数字世界跟现实世界交互。人和智能体同样以数字世界为中介跟现实世界交互，此时，一个问题不得不提出：在这样的前提下，人和智能体的区别在哪里？或者更加严格地说，在数字世界无限扩张的情形下，生物智能体和数字智能体之间的区别在哪里？人类和数字智能体应该以什么形式共存？这种共存对于人类有什么意义？

这里，我们提出数字智能体这样一个更严格的概念，用于和人类这样的生物智能体进行区分。数字智能体用以指代在数字世界存在的，有感知、处理、执行过程，帮助人解决问题的程序。

211

人机共生

我们不妨只从人类的利益角度去看待人机共生这个大命题：人机共生对人类有什么好处？对于产业的发展有什么好处？如何让这种好处最大化？

从人类利益的角度看，数字智能体是一种新的智能形式，能够跟人类一起，解决各种各样的问题，作为人类的伙伴，帮助人类找到答案。数字智能体可以作为一个旅伴，在解决问题的旅途中跟人类一起，或披荆斩棘，或闲庭信步，共同进退，相依相伴。在解决问题时，人和数字智能体是平等和互补的，哪些环节由人负责，哪些环节由数字智能体负责，都依据问题本身的性质和对象的特点而定。

如何面向解决问题，使人和数字智能体组成的团队效能最高呢？这是一个实际的问题，也是产业智能领域需要特别探索的问题。

新型生产关系：智能体社会

提出智能体概念的马文·明斯基（Marvin Minsky）在他的著作《心智社会》里提到：即便每个智能体只能做一些低级智慧的事情，这些事情完全不需要思维或思考，我们也会以一些特别的方式把这些智能体汇聚到社群中，从而产生真正的智能。换句话说：低级智慧的智能体通过形成智能体社会表现出高级智慧。

这个思想并不晦涩，如果我们把人当作智能体的一种，就可以拿人类社会来类比。在人类组成的社会中，个人的能力有限，能够解决的问题也有限，不过由一群人组成一个组织（家庭、公司、国家），就能产生高级的智能，解决更多的问题。智能体之间，人和数字智能体之间的组织形式也有类似的规律。

根据明斯基的理论，若干个智能体可以组合成智能组，这些智能体彼此协调，使智能组可以实现较复杂的功能。他举了一个例子，一个负责堆积木的智能组，可以由负责整体的智能体（或称建设者）以及几个辅助的智能体（分别是开始、添加、结束）共同构成，然后建设者下辖的智能体们，又进一步下辖更基本的智能体。

这种方式从技术角度很容易理解：把一个大任务进行层次划分，每个子任务会相对简单，这就使复杂的问题得以解决。这样的工程思维已经为人们所熟悉。如果从智能体的视角看待这种层次划分，会更有意思。

（1）这个体系里的每个智能体是自治的，有自己的特长，通过不断在各种情景下努力达成目标而改进自身（称为学习）；

（2）个体的进步（完成特定任务的能力增强）会带来整体利益的提升；

（3）智能体之间通过层级组织，形成有序性，上层智能体通过目标设定和监督执行的方式，协调下层智能体的行动，从而完成整体目标；

（4）智能体之间可通信，通过消息传递获取信息、知识，从而协调行动；

（5）智能体的个体能力、智能组内的消息传递方式、智能组的组织形式决定了智能组的能力。

智能体的组合形成了智能组，术业有专攻的这些智能组们，在一个生态环境下，互相协作，互相碰撞，构成了更大范围的社区，成为智能体社会。要形成一个智能体社会，有以下3个要素需要满足。

（1）智能体：存在两个以上的智能体。

（2）通信：智能体之间能够进行通信。

（3）环境：智能体存在于特定环境中，并能够与环境互动（感知、执行）。

在智能体社会中，智能体、智能组都是动态的。

（1）智能体可以产生、发展、消亡。

（2）智能组也会经历产生、发展、消亡的生命周期。

智能体跟智能组的关系也是动态的，智能体可以离开某个智能组加入另外的智能组，同一个智能体也可能属于多个智能组，只要它能实现多进程的任务处理。这就是人类社会的泛化，在智能体社会中，人、数字智能体混合，或者数字智能体作为一类新的成员加入人类社会的演化之中。

这是一个带有美感的壮阔画面：智能体构成人脑，构成单个人，人又组成组织，人类组织构成人类社会。从微观到宏观，都可以用智能体社会的概念来表达，这种跨领域的概括，可以带来经验和规则的复用。智能体社会的概念给我们对未来的憧憬提供了一个思考框架。

人类将在科技的发展和社会的进步过程中，逐渐看到一个由人类和数字智能体通过数字世界连接形成的智能体世界。在这个视角下，我们需要不断探索如何让人和数字智能体组成的智能体社会更利于解决问题。

6.3.2　超级智能体

知识图谱：联接智能体社会的语言

基于智能体社会的概念，构成智能体社会的要素中有智能体之间的通信。智能体的通信方式实际上决定了智能体社会的智能程度，为什么这么说？让我们思考一下通信方式对人类社会的影响。

在原始的状态下，人类通过身体语言进行交流，智能组规模很小，跟其他动物之间的差别不大。

在口语出现后，更复杂的信息可以口口相传，出现了流传的故事。部落文化形成，人类的知识开始跨代流传，出现原始的知识沉淀方式，知识带来人们共享的认知，人类社会的集聚性提升。伴随着人类的集聚，人类构成的智能组能力提升，人类开始超越其他动物，其他的动植物开始沦为资源，于是对资源的争夺也开始出现在人类的智能组之间。

文字的出现使更大范围的人类得以共享信息，而且信息存储的持久性提升，失真程度变小。信息传递（书信、公文）范围远超人类感官所及使高层智能体能够更好地监督低层智能组，出现了政权。知识的存储（书籍）能够使后人了解前辈的故事和见解，人类也开始有了可回忆的历史。

文字的存储复制技术（印刷术）、语音的存储复制技术（录音）、影像的存储复制技术（录影）等的出现，使人类知识传播的广度（跨地域、时间）和深度（更多的维度、更大的信息量）都在不断扩展。各种仪器和传感器的出现，使测量记录很多人无法感知的信息成为可能，扩大了人类组成的智能体社会对环境的感知维度。人类的知识库不断积累和扩充，加速着人类社会的现代化和一体化，人类的文明程度呈指数级增长。

互联网的出现使人们可以即时分享被数字化的信息，能被记录下来的信息，都能通过互联网即时触达人类社会的每一位成员。通信的时延在缩短、感知的维度在增加、通信的成本在降低，这些都推动着人类智能体社会不断向更高阶的智能跃迁。计算机程序语言是人类与数字智能体的第一种通信方式。人们通过计算机程序语言定义数字智能体，并把自己的知识交给计算机编译，也可以随时通过修改程序或者参数，来改变计算机的行为（命令它们做事情）。这个时候的数字智能体，更像是人类制造的机器，哪怕仅仅是作为机器，也已经极大促进了人类社会的智能化和自动化程度。

以机器学习为代表的人工智能技术的出现，为数字智能体带来了学习能力，它们的行动方式不再完全由计算机程序确定，而可以从数据中学习。可以认为它们已经开始具备"思考"能力，能够从"给命令式"的沟通转向"给目标式"的沟通。在有些情况下，给定目标后，数字智能体通过学习，做得会比人类更好，而且这样的情况越来越多，这样目标从简单的控制温度在某一个设定值，到复杂的下围棋，再到扑克博弈和即时战略游戏，数字智能体都能够轻松胜任，甚至打败人类专业选手。数字智能体正变得越来越聪明，我们告诉它们背景知识、约束和目标，它们来找到答案。而这3个要素正是定义一个问题的标准形式，这种通信方式能简化为：提出问题，得到答案。同时，通信往往是双向的，人类可以向数字智能体提问，数字智能体也可以向人类提问，知识标注、知识录入、线上反馈等，都是数字智能体向人类提问的表现形式。进行背景知识、约束、目标的信息传递，就是我们跟数字智能体之间的通信方式，而这种通信方式的层次，已经接近人类之间的交流层次。这是人类和数字智能体之间新的语言，这种语言就像人类语言一样，如果能被记录（被表示）、存储（跨越时间）、传播（跨越空间），就能作为媒介联结智能体，改变智能体社会的组织形式，提升智能体社会的智能程度。

通过智能体社会这个概念体系的棱镜，我们可以看到人类社会发展的脉络，也可以渐渐看清未来，畅想人和数字智能体如何形成一个高效的面向解决问题的智能体社会。我们看到，想要拥有更好的未来，一个联结智能体社会内部成员的语言是决定因素。到目前为止，语言的传播和存储问题已经被互联网及云存储等技术解决，人和数字智能体之间沟通语言的表达能力将是未来智能体社会进步的主要推动力。

那么，什么样的沟通语言拥有好的表达能力、更有效地传递信息呢？上文提到，面向解决问题，这种语言需要能够传递背景知识、约束和目标。人类通过自然语言和数学语言可以完成这类信息的传递，不过大部分人掌握的是自然语言，数学语言的门槛高，无法普及。

215

在人类社会中，自然语言是一种受众广泛的知识描述（解决问题需要的背景知识）和问题描述语言。如果能让数字智能体学会理解和输出自然语言，通过自然语言跟人交流关于解决问题的一切，那么数字智能体就能触达每一个人，从而更好地解决问题。

不过，这里有一个很难逾越的鸿沟：自然语言描述的知识（knowledge）和问题（query），如何让数字智能体理解，并转化为数字智能体内部能够计算的形式？这个主题，人们已经有过很多探讨和实践，目前很多人机对话机器人，都可以在一定程度上实现人机的自然语言交互，但是与真正的自然语言理解，或者说通用的自然语言理解相比，还有一定距离。再者，自然语言是人类在交互过程中产生的，是基于口语和文字的载体演化而来的，在表达知识方面并非最有效率的方式，我们依然需要寻找一种更适合在人与数字智能体之间进行高效沟通的语言工具。实际上，一种极具潜力的语言形式正在产生，可以成为人和人之间、人和数字智能体之间就知识和问题进行沟通的优秀语言之一，这就是之前提及的知识图谱。下图比较了几种知识表示的优缺点（见图 6.5）。

	优点	缺点	数据结构
文本	人类友好，资源丰富，最常见的只是存储方式	信息获取慢，机器难以直接获取所需信息	序列
表格	机器获取信息效率高，只存储核心信息	格式单一，从文本形成效率低，复杂信息或关系表达困难	数组
知识图谱	自由，适合负责信息表达，比表格容易形成	表达形式待完善	图

图 6.5　不同知识表示方式的优劣分析

上图中，文本（自然语言）、表格（数据表、张量）、图（E-R 图、知识图谱）等都可以认为是描述知识和问题的方式。从人和机器的理解难度来讲，它们都各有优缺点。

可以认为知识是对世界的描述，问题可以理解为在某个前提下对知识的查询。基于这个理解，一种好的知识描述语言，应该具备对世界细节的描述能力，并且有高效的查询方式。

图将世界表达为实体和关系，是数据结构中最复杂的一种，复杂的表示形式带来更强的表达能力，能更简洁和灵活地表示知识和问题，不过相比于针对某些问题特别设计的表达形式，图有时候可能会带来查询和计算效率的降低。现在图数据库的崛起、算力的提升，会在一定程度上提升效率，于是知识图谱这类技术日渐流行。

用图的方式表示知识，在人类解决问题的过程中也很常用，如人们写作时列的提纲，设计组织和系统时用到的架构图，梳理知识时用到的思维导图等，都是以图的形式来组织知识。知识图谱作为组织知识的形式，有望成为人与人之间、人与数字智能体之间沟通的通用语言。

有了共同的语言，智能体（人和数字智能体）就具备了形成智能体社会的基础。可以设想这样的画面。

（1）人们可以通过这种语言表达自己掌握的知识，进行讨论、验证、校准。

（2）人们的知识经过该语言的表达，存入知识库，被数字智能体掌握。

（3）数字智能体之间可以通过该语言传递知识，就解决问题进行协作。

（4）数字智能体可以在实践中不断总结知识，用该语言表达出来，供人类学习。

（5）人们可以直接通过该语言和若干数字智能体就解决问题进行沟通、协作。

有了上述语言，结合当前日渐丰富的各类人工智能模型，解决问题可以形成下面的流程。

（1）定义问题，即对问题的形式化表示，明确已知和待求。

（2）针对（1）得到的问题表示，得到解决问题的模型结构，这里的模型是泛化的概念，可以理解为问题的解决框架。

（3）采用历史数据，对（2）中得到问题解决框架中的未知部分进行填充。如果是统计机器学习模型，这个步骤就是模型训练，填充的是模型中的权重。

（4）应用（3）中得到的解决方案来解决问题，可能用到预测或规划。这个过程可以通过设计出一个数字智能体进行封装，或者说数字智能体是这个过程的产出物。

这个流程中需要用到的知识和模型都来自知识库的存储，解决问题后产生的解决方案（数字智能体）也会存入知识库，成为案例。

一种通用的知识表示语言（包括描述一个数字智能体），可以实现上述过程的全自动化。一旦实现了上述过程的全自动，其影响远远大于想象：一个可以自我学习、自动设计数字智能体的超级智能体将会出现，并将在解决问题领域超越人类（见图6.6）。

在人工智能技术日臻完善的未来，有没有可能诞生综合各种技术所长、结构完善，在各项任务上超过人类，并能不断学习以自我进化的超级智能体呢？

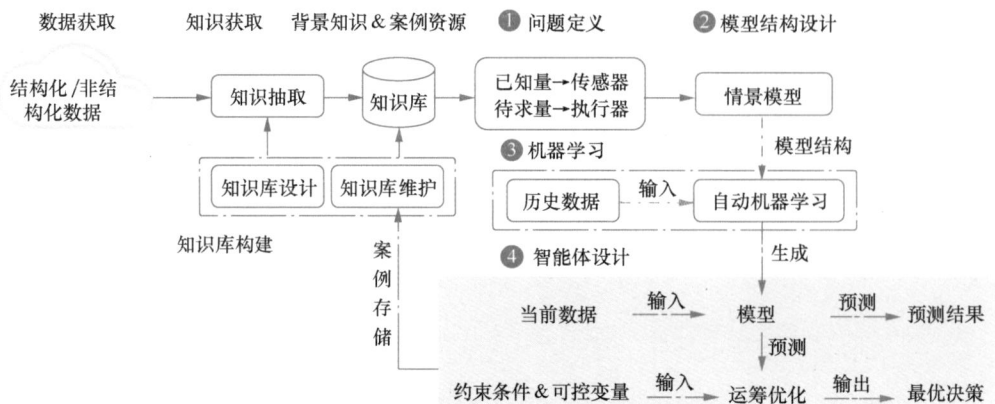

图 6.6　智能体解决问题的流程

前面提到，目前人类解决问题中用到的各种技术（思维方法）基本上都可以面向任务用算法来替代，也就是说各种特定数字智能体可以代替人类解决各种特定问题；类似知识图谱这样的知识表示语言，有望成为人和数字智能体之间进行知识沟通的语言，使人和数字智能体可以组成智能体社会；数字智能体可以被大量复制和存储；基于知识库和自动机器学习等技术，可以实现数字智能体设计的自动化。

基于这些前提，我们可以想象一个人类和数字智能体面向解决问题形成的智能体社会。因为有了更高效的知识沟通和知识沉淀（数字智能体本身可以作为知识进行存储，视为问题的解决方案）方式，这个智能体社会解决问题的能力会快速发展，并呈几何级增长。智能体社会是实现高阶智能的组织形式，而面对问题进行数字智能体设计的能力使这个社会具备了不断完善和发展的基础。如果把这个智能体社会看成一个整体，那么它迟早会发展成为一个超级智能体，其中人类在解决问题中的角色会越来越偏于上游，越来越偏向于提出问题。也许这就是超级智能体的未来，也是人类在这个智能体社会的角色转变。

我们对这样的未来是抱着乐观态度的，因为提出更多更有意义的问题，也许才是人类应该做的事情。人类是这个超级智能体中最重要的一部分，逐渐从各个组件汇聚到驾驶舱，不断提出各种关系全人类福祉的高级命题，由超级智能体的其他部分去解决。也许只有当我们摆脱了烦琐问题的约束，才会静下心来了解我们自己及我们生活的环境。正如我们的祖先在摆脱了野兽的袭击、食不果腹的生存威胁后，才沉静下来用文字思考自身和群体，我们也会在摆脱烦琐问题的劳累后，用相互之间的真诚沟通和相处，构建人类社会的美好未来。

现阶段，发展产业智能的根本目标是利用大数据、人工智能等新一代信息技术，推动各行各业产业链整体升级，从而更好地满足人类社会发展的需要。2020 年突如其来的新冠病毒肺炎疫情，将因其高传染性、全球扩散、公众健康危害性永载史册；其对经济的影响和破坏同样让现代人类社会深感无助。全球封锁、万城隔离、停工停产，让人不得不联想 20 世纪 20 年代末的经济大萧条。但是，正如 2003 年 SARS 疫情后中国消费互联网高歌猛进一样，此次疫情过后，我们必然迎来产业互联网的春天。这是因为，人们渴望，不要再让疫情等自然灾害影响工作、生活、社会正常运转，人们渴望能够随时随地办公和工作。这些现实且紧迫的需求，必将推进产业互联网、产业智能的发展。

我们已经看到，国家已经开始部署开展包括 5G、大数据中心、人工智能、工业互联网等新型基础设施建设，这将为产业智能发展创造前所未有的机遇和条件。有了这些新型基础设施建设的政策，加上产业觉醒、技术推动、市场需要和资本助力，我们已然看到了产业智能欣欣向荣的发展景象。我们衷心期待，政府和行业主管部门能够在这一新型基础设施建设大潮中，高瞻远瞩、高屋建瓴，加强顶层设计，助力产业智能的发展。

构建新一代 IT 基础设施。产业智能发展离不开数据、算力，数据采集是一项基础工程，需要万物互联，算力构建更要结合产业布局，这些都需要整体规划和部署。我国正在加快建设 5G、NB-IoT 及天地一体卫星网，构建高速、移动、安全、泛在基础网络，这将为万物互联打下坚实的基础。但基础网络之外，还需要引导各行各业为万物部署传感设备，分门别类构筑物联网平台，实现数据集中管理和应用；需要引导构建各类公有云、私有云及边缘计算等算力基础设施，以及行业数据中心，为万物智能创造基础条件。

构建国家级和行业级知识互联、知识智能平台。知识是人类智慧的结晶和历史的沉淀。如何将通用知识和各行各业的专业书籍、报刊、论文、影像甚至产品说明书、专家和专业人士脑中的经验，以代码的形式变成结构化数据，以知识库、知识智能平台重新编译存储，供产业智能平台随时随需抽取和应用，同样是一项大工程。随着这项工程的开启，万物智能和智能社会将会有更加坚实的基础，产业智能将拥有源源不断的智慧源泉。

引导企业升级 IT 设施并加大投入。除了通用基础设施，要实现产业智能发展，各行各业必须加大 IT 设施建设力度，增加 IT 投入。在企业内部，需要加快从过去基于业务流程的 IT 设施向基于数据的 IT 设施升级，打破过去信息化建设中烟囱式的各类业务信息化系统，从底层打通不同系统之间的数据；在企业外部，要为整个产业链 IT 设施的互联互通做好充分准备，积极互联互通，以确保产业链各企业的数据打通，体现整个产业链全量数据的价值。

建立统一数据标准。打通产业链数据，打通跨行业、跨产业数据，必须要有统一的数据标准、数据接口和数据规范。因此，需要从国家战略层面，加强顶层设施，构建国家数据标准、数据使用标准，规范 IT 基础设施接口标准，为数据连接、打通和统一应用创造条件，为数据智能打下基础。

促进数据共享和交易。随着产业互联和产业智能的发展，越来越多的数据将变为国家、企业甚至个人资产，数据将成为产业发展的基本生产要素。因此，需要通过法律、政策等一系列措施，引导、促进数据共享，支持和鼓励数据交易，推进数据资产合理、高效流动，从而更好地推动数据应用，发展数据资产价值。

强化数据安全保护。产业智能的发展将加速推动人类社会进入数字化智能社会，万物将随需连接，数据将无处不在。保护连接入网的各类设施、设备，保护设施、设备运行运转产生的各类数据，保护应用数据产业的各类成果，确保设施、设备安全，确保数据不被入侵、窃取、攻击和非法利用，以及保护个人隐私数据，都将是空前的难题。既需要法律法规的支持，更需要技术的保障，还需要每一个人的参与和努力。

推进产业智能发展，是一项极为庞大和复杂的系统工程，需要所有参与者齐心协力，贡献智慧。产业智能为人类社会描绘了更好的未来，让我们共同期待更加美好的明天。